한반도의 통일전략

핵무기 없는 북한, 그리고 글로벌 시장경제의 북한

이영휘 지음

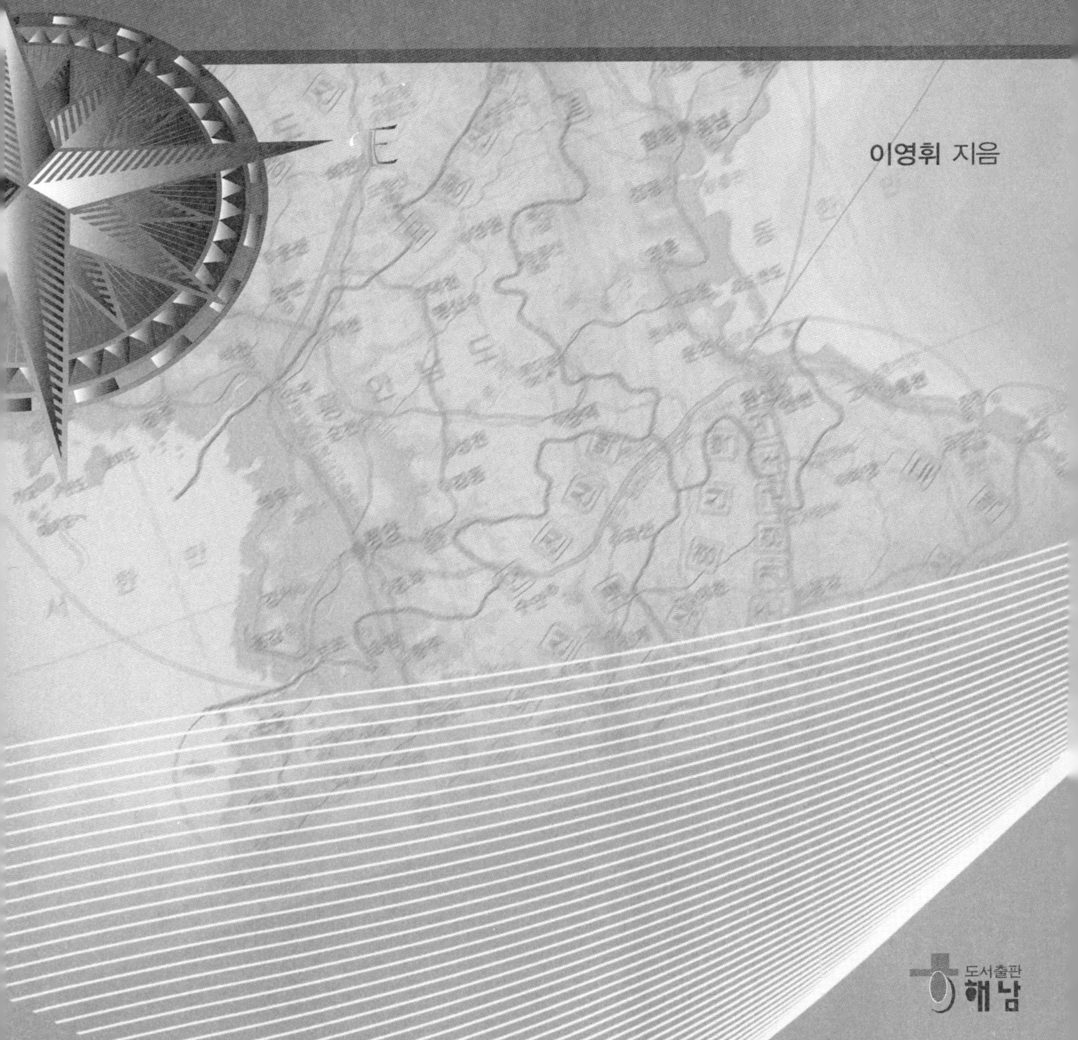

도서출판 해남

한반도의 통일전략

핵무기 없는 북한, 그리고 글로벌 시장경제의 북한

2012년 11월 19일 초판1쇄 인쇄
2012년 11월 23일 초판1쇄 발행

저 자 이영휘
발행인 노현철
발행처 도서출판 해남
서울특별시 서대문구 충정로 3가 227-1 우리타워 6F
전화 739-4822 팩스 720-4823
e-mail haenam30@dreamwiz.com
homepage www.hpub.co.kr
등록 1995. 5. 10 제 1-1885호

저자와
협의하에
인지 생략

ISBN 978-89-6238-056-9 93320

서 언

2013년은 한반도 통일전략의 새로운 해가 되길 바란다. 이번에는 정말로 국제개발 경험과 이론 그리고 국제적인 규율과 규약에 적합한 통일전략을 수립하고 집행하여야 한다.

저자가 영문판 *From Nuclear To Global: Transforming North Korea's Development Strategy*를 출판하였을 때는 2008년 2월 29일이었다(국문판 『핵무기로부터 경제의 세계화로: 북한의 경제개발 전략 전환을 위한 권고』는 2008년 5월 20일이었다). 그때는 6자회담의 북한 비핵화 과정이 잘 진행되기는 하였었으나 북한 경제의 개혁·개방 과제가 6자회담에도 포함되지 못하고 북한도 개혁·개방을 고려하지 않아 크게 우려하였다. 그리하여 저자는 6자회담이 잘 진행되더라도 북한의 근본적인 경제의 개혁·개방 방법을 제시했었다.

2008년을 넘기기 전에 비핵화 검증절차로 2005년 9월 19일 6자회담의 공동선언은 3년 만에 끝이 나고 북한의 비핵화 과정은 더 나빠지고 북한의 경제상황은 더욱 악화되었다(북한의 새 정부는 2012년 6월에 "우리식의 새로운 경제관리체제 확립에 대하여" 운영 중이라 하나 근본적 개혁·개방은 요원하다).

미국의 새 대통령 선거가 2012년 11월이며 중국의 새 지도층이 2012년 11월에 등장하는데, 그보다 더 중요한 것은 한국이 '핵무기 없는 북한' 그리고 '글로벌 시장경제의 북한'을 위한 통일전략을 수립하고 집행할 북방정책과 역사적인 사명을 잘 발휘할 수 있는 리더십 있는 대통령을 2012년 12월에 선출하여야 된다.

다시 제언하지만 한국의 통일전략은 국제개발 경험과 이론 그리고 국제적인 규율과 규약에 적합하여야 되며, 결국은 '핵무기 없는 북한' 그리고 '글로벌 시장경제의 북한'을 위하여 모든 정력과 노력이 있기를 바란다.

2012년 11월
워싱턴 디시 교외에서
이영휘

차 례

약 어 표

ASEAN(Association of Southeast Asian Nations) 동남아시아국가연합

BDA(Banco Delta Asia) 방코델타아시아은행

BMW(Bonded Manufacturing Warehouse) 보세공장제도(또는 보세창고)

CBI(Caribbean Basin Initiatives) 카리비안유역 이니셔티브

CBTPA(US-Caribbean Basin Trade Partnership Act) 미국-카리비안유역 무역파트너십법

CEPA(China-Hong Kong Closer Economic Partnership Agreement) 중국-홍콩 간의 경제강화협정

CFEC(Cooperative Foreign Exchange Center) 협동화폐거래소

CIQ(Customs, Immigrations, and Quarantine) 세관, 출입국관리 및 검역

DMZ(Demilitarized Zone) 비무장지대

DPRK(Democratic People's Republic of Korea) 북조선인민공화국

DR-CAFTA(Dominican Republic-Central America Free Trade Agreement) 도미니카공화국-중미 자유무역협정

EEC(European Economic Community) 유럽경제공동체

EFTA(European Free Trade Association) 유럽자유무역협회

EPZ(Export Processing Zone) 수출공단

EU(European Union) 유럽연합

FAO(Food and Agriculture Organization) 식량농업기구

FDI(Foreign Direct Investment) 외국직접투자

FTA(Free Trade Agreement) 자유무역협정

GATT(General Agreement for Tariff and Trade) 관세와 무역에 관한 무역

협정
GNI(Gross National Income) 총국민소득
GDP(Gross Domestic Product) 총국내생산
GNP(Gross National Product) 총국민생산
GNP(Grand National Party) 한나라당
GSP(Generalized System of Preference) 특혜관세제도
IAEA(International Atomic Energy Agency) 국제원자력기구
IBP(International Best Practice) 국제적 모범
ILO(International Labor Organization) 국제노동기구
IMF(International Monetary Fund) 국제통화기금
ISC(International Subcontract Agreement) 위탁가공계약
Lao PDR(Lao People's Democratic Republic) 라오스
L/C(Letter of Credit) 신용장
KDI(Korea Development Institute) 한국개발연구원
KIEP(Korea Institute for International Economic Policy) 대외경제정책연구원
KITA(Korea International Trade Association) 한국무역협회
KLC(Korea Land Corporation) 한국토지공사
KOTRA(Korea Trade-Investment Promotion Agency) 대한무역투자진흥공사
MDG(Millennium Development Goal) 천 년의 개발목적
MDT(Millennium Development Target) 천 년의 개발표적
MEFTA(US-Middle East Free Trade Agreement) 미국-중동 자유무역협정
MFN(Most Favored Nation) 최혜국
MIGA(Multilateral Investment Guarantee Agency) 국제투자보증기구
NK(North Korea) 북한
NTR(Normal Trade Relations) 정상적 무역관계
OECD(Organization for Economic Cooperation and Development) 경제협력개발기구

OEEC(Organization for European Economic Cooperation) 유럽경제협력기구

OJT(On-the-Job-Training) 현장실습교육

OPZ(Outward Processing Zone) 역외가공지역

PDC(Public Distribution Center) 국영상점

PDS(Public Distribution System) 국가유통망

QR(Quantitative Restriction) 양적 규제

ROK(Republic of Korea) 대한민국

SEZ(Special Economic Zone) 경제특구

SME(Small and Medium Enterprises) 중소기업

UN(United Nations) 국제연합

UNICEF(United Nations Children's Fund) 유엔아동기금

USAID(United States Agency for International Development) 미국제개발처

WDI(World Development Indicator) 세계개발지표

WFP(World Food Program) 세계식량계획

WG(Working Group) 실무그룹

WTO(World Trade Organization) 세계무역기구

Chapter 1

머 리 말

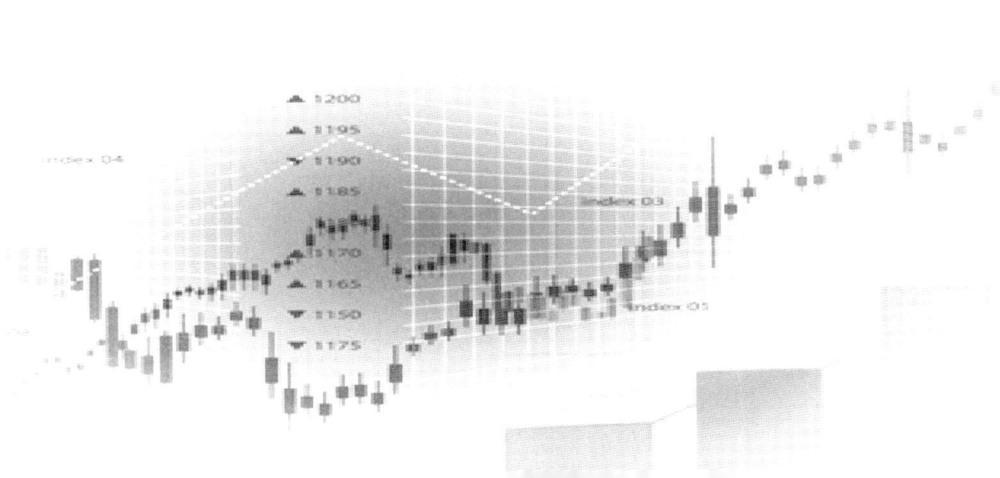

저자가 영문판 *From Nuclear To Global: Transforming North Korea's Development Strategy*를 출판하였을 때는 2008년 2월 29일이었고, 국문판 『핵무기로부터 경제의 세계화로: 북한의 경제개발전략 전환을 위한 권고』를 출판하였을 때는 2008년 5월 20일이었다. 6자회담(한국(대한민국), 북한(조선인민공화국), 미국, 일본, 중국, 소련)은 2005년 9월 19일 제4차 회담의 공동선언에 의하여 북핵과정에 대해 발을 내딛었다. 북한의 2006년 10월 9일 첫 번째의 북한 핵실험으로 2005년 9월 19일의 공동선언이 지연되었으나, 2007년 2월 13일의 초기 및 다음 조치를 시행하여 북한의 비핵화에 대해 한 발자국을 내디뎠다. 그러나 2008년 가을에 비핵화 검증절차로 의견을 좁히지 못하여 2005년 9월 19일 6자회담의 공동선언이 불행하기도 3년 만에 아무 결과 없이 종결되었다. 이것은 북한이 'Globalization'을 통한 북한 경제의 세계화보다는 핵무기를 계속 증대하는 잘못된 길을 선택한 것이다.

영문판을 출판할 때는 6자회담의 북한 비핵화 과정이 잘 진행되기는 하였었으나 저자는 6자회담의 과정 속에 북한 경제의 개혁과제가 포함되지 못한 점을 항상 우려하였다. 만약 북한의 비핵화 과정이 잘 된다 하더라도 북한 경제의 근본적인 개혁과제를 저자는 제시하였으며, 특히 남북경제협력 관계에 초점을 두어서 2008년 2월 29일에 책을 출판하였다.

2008년 가을에 공동선언을 한 후 3년 만에 북핵 문제가 6자회담에서 성공 없이 종결되어 북핵 문제와 북한 경제의 근본적인 개혁과제는 더 긴급을 요하게 되었다. 이는 1994년의 합의사항(agreed framework)을 경수로로 대체하지 못하다가 북한의 우라늄 첨가물(uranium enrichment)로 인하여 2002년 말에 비핵화 조약(NPT)에서 탈퇴하였고, 북핵은 옳지 않은 길로 가고 있었다. 2008년의 가을 이후인 2009년 5월 25일에는 북한은 제2차 핵실험을 하여 유엔안전보장이사회 제재 1874를 받게 되었다. 김정일 이후 미국과 북한이 2012년 2월 29일에 미국은 240,000 metric ton의 식량지원을 해 주는 대신, 북한은 영변의 농축 우라늄(enriched uranium)의 검증을 국제원자력기구에서 받도록 하였으나 북한이 제재 1874에 어긋나는 장거리 로켓을 김일성 100주년 생일에 발사하기로 하여 2012년 2월 29일 합의에 이르지 못하였다. 그리하여 2012년 말경의 미국(11월)과 한국(12월)의 대통령선거와 중국의 새 지도자의 등극으로 1994년에 시작한 북한의 비핵화 노력이 2013년에나 새로운 국제 무대에서 논의할 수 있게 되어, 약 20년 만에 북한의 핵과 피폐된 북한 경제의 참상을 다시 논의하게 되었다. 많은 경험을 토대삼아 북한의 비핵화와 'Globalization'은 더 이상 퇴보할 수 없게 되었다.

1983년 6월 덩샤오핑(Deng Xiaoping)의 지도로 김정일이 중국의 첫 번째 방문지의 개혁과 개방을 추종하였던지, 그 후 개혁·개방에 적극 도움을 준 다른 중국 지도자가 있었다면, 북한은 개혁과 개방으로 핵무기에는 관심이 없었을 것이다. 또는 노태우 대통령 하에 1992년 2월 18일에 남북기본합의서가 '통행·통신·통상'과 함께 채택되었다면, 북한은 2012년에는 $47.2 billion(현재의 $1.5 billion가 아닌)으로 남북교역이 잘 되어 핵무기에 무관심하였을 것이다.[1)] Globalization이 아닌 북핵을 택한 과오를 이제는 회복할 수는 없지만 많은 배움을 얻을 수 있을 것이다. 북한은 2012년 6월 28일 "우리식의 새로운 경제관리체제 확립에 대하여" 태스크포스(TF)를 구성해 운영 중이라고 제6장에서 소개하였는데, 북한이 가장 필요한 것은 북한의 수출산업이지만 이를 위해서는 외국과의 제휴형태인데 북한의 비핵

1) 구체적인 추정치에는 제2장 각주 10)을 참조.

화 과정이 잘 진행되기 전에는 이것을 기대할 수 없다. 한반도의 통일전략을 제시한다. 한반도의 통일전략을 수립하는데, 우리는 많은 교훈을 잘 터득하여 중장기적인 안목이 필요할 것 같다.

제2장은 '주체사상'이 Globalization을 통한 북한 경제의 세계화보다는 핵무기를 증대하는 잘못된 길을 선택한 것을 요약하였다. 제3장은 북한의 생존을 위한 경제 세계화의 막중함을 강조하였고, 제4장은 2002년 7.1조치 및 후속조치 때의 북한 경제현황을 요약하였다. 제5장은 '햇볕정책'의 2000년 6월 15일 그리고 2007년 10월 4일의 정상회담과 프로젝트 등을 요약하였고, 제6장은 '핵무기 없는 북한' 그리고 '글로벌 시장경제의 북한'을 위한 한반도의 통일전략을 소개하고 대통령 후보들의 소견들에 대한 저자의 의견을 제시하였다. 제7장은 한반도 통일전략을 위한 북한의 수출산업의 육성지침을 제시하고 북한의 세계화 정책에 대한 공동선언을 추천하였다. 마지막으로 제8장에서는 맺는 말로 대통령 후보에 대한 천거를 하였다.

Chapter 2

'주체사상'과 북핵 문제

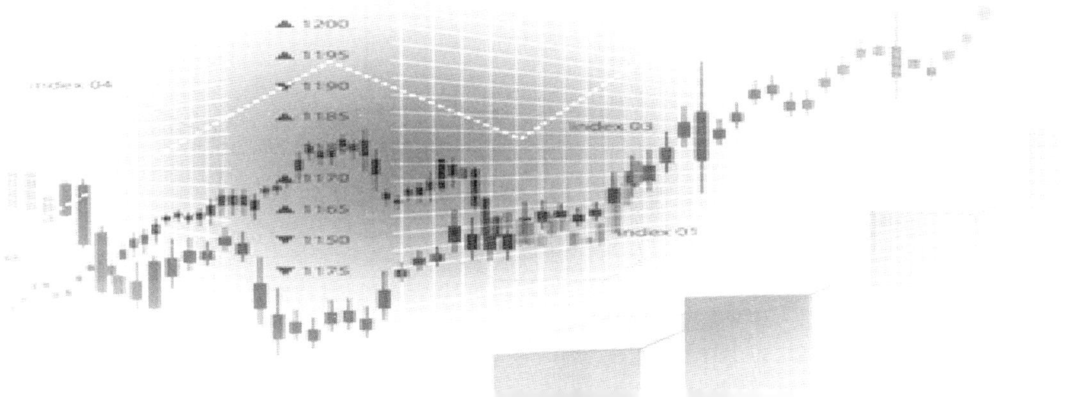

미 국방성의 북한 핵무장을 제거하는 건의 서한(2010년 4월)[1]에 의하면, 북한에 있어서 Globalization과 핵무장을 해제하기 위한 선택을 다음과 같이 요약한다.

정치·경제적 Globalization에서 오는 국제적이고 또는 양국간의 경제적 이득을 도와 주는 조치를 북한에게 공여하는 대가로 북한을 비핵화할 수 있도록 조치하였다.

북한은 미국(과 여러 국가 간)의 외교관계를 수립함으로써 미국과(여러 국가와)의 교역과 투자관계가 유익하도록 조치하였으나, 북한이 미국(여러 국가 간)과의 합의사항을 준수하고 미국(여러 국가 간)과의 외교관계를 수립하고 여러 나라와 교역과 투자관계를 유지하는 Globalization에서 얻는 경제적 이득을 취할 수 있는 '목적'에 등한시하고 Globalization의 경제적 이득을 얻는 '방법'이 습득되지 않아, 비핵의 합의사항을 이행하지 못하고 핵화를 더 촉진하여 국제적인 기준과 합의사항을 무시함으로써 그 많은 UN 안전보장이사회의 제재를 받았다.

첫 번째는 1994년의 합의사항(agreed framework)[2]에 의한 경수로(light water reaction: LWR)를 규약에 어긋나는 북한의 우라늄 엔리치먼트(uranium enrichment) 프로그램으로 인하여, 경수로를 다 완공하지 못하고 KEDO(Korea Peninsula Energy Development Organization)의 한국 경비의 $1 billion(이자 제외) 이상[3]과 $400 million(매년 500,000 metric tons 중유를 포함한 미국 경비)[4]으로 지

1) NUCLER POSTURE REVIEW REPORT(April 2010) Prepared by the US Department of Defense.
2) International Atomic Energy Agency, Information, INFIRC/457, 2 November 1994.
3) Jung Ho Kim, "The US's Strategic Responses to North Korea's Foreign Exchange Demands," *Exim North Korea Economic Review*, Summer, 2011.
4) Assistance to North Korea by the Congressional Research Service, January 22, 2009.

급하였다. 그러나 2002년 말에 북한이 비핵화조약(NPT)에서 탈퇴하여 미국과의 외교관계를 수립할 수 없었고 교역과 투자를 추구하지 못하였다.

중국은 1994년에 15여 년간(1979~1994)의 사회주의를 버리면서 아시아의 새로운 스타로 부상하였고, 동구권은 모두 사회주의를 버리고 자본주의 개혁(reform)에 종사하였다. 1995~1998년에 북한의 아사(인구의 10퍼센트)를 가져온 외환부족의 극심한 심각성을 본 후에도 개발전략의 개혁을 가져오지 못하고 사회주의와 주체정책의 전반적인 개혁과 Globalization의 의미를 모르는 것은 세계에서 북한밖에 없는 것 같았다(쿠바는 사회주의이지만 핵무기나 미사일 등에 몰두하지 않고 있다).

두 번째는 2005년 9월 19일 6자회담 전문[5](크리스토퍼 힐(미국) 그리고 중국, 일본, 한국, 러시아 및 북한의 대표가 서명한)이 북한의 2006년 10월 9일의 첫 번째의 핵실험으로 인한 UN 안전보장이사회 결의문 1718로 지연되었다. 그런데 북한이 2007년 2월 13일에 2005년 9월 19일의 초기 조치와 그 다음 조치를 시행하기로 발표하였다. 북한이 비핵화에 한 발자국을 내딛게 되자 다섯 개의 미국-북한의 정상화 관계 등의 작업반(working groups)을 형성하고, 심지어 북한이 테러리즘의 스폰서라는 것을 미국이 제거하였으나 비핵화 검증절차로 의견을 좁히지 못하여 2008년 가을 3년 만에 2005년 9월 19일의 6자회담은 성공 없이 종결되었다. 북한이 미국, 일본의 국교관계 정상화와 교역과 투자보다는 북한의 핵무기에 몰두하였던 것이다. 크리스토퍼 힐은 "진실로 북한의 지도자가 핵무기를 버릴 진지한 결정을 하고 있는지"를 항상 의심하였었다고 하였다.

사회주의와 주체정책의 전반적인 개혁을 구상할 수 없을

5) Mike Chinoy, Meltdowun, St. Martin's Press, 2008, pp. 382~383.

때에, 핵무기 제거와 북한의 경제개혁을 구체적으로 겸비할 수 있도록 할 수 있었나? 중국, 일본 그리고 한국의 2005년도 무역 총액이 $3,077 billion을 이루고 있는 세계에서 가장 동태적이고 다이내믹한 경제대국들이 세계에서 가장 낮은 북한의 사회주의($3,077 billion의 0.1%인 $3 billion에 불과)를 보고 있었다. 일본과 특히 홍콩, 싱가포르, 대만과 한국의 개발 경험이 중국의 개발정책 수립자들에게 개혁과 개방을 위한 이정표를 제공하였다. 도시 정부인 '홍콩, 싱가포르'가 아닌 그리고 경쟁자인 '대만'이 아닌 한국의 경제적 개방과 개혁, 그리고 국제적인 경제통합의 경험을 주의 깊게 주시하였다. 특히, 박정희 대통령이 경제의 혼란에서 1960~1970년대의 성공적인 개발전략을 전환시킨 경험[6]을 중국이 1979년 이후에(20년 이후에) 주의 깊게 고려하였었다.

많은 사람들은 잘 모르고 있으나, 김정일의 첫 번째(1983년 6월) 중국 방문의 주인공은 덩샤오핑이었다.[7] 사실 덩샤오핑은 김정일을 제일 먼저 중국의 개방 초기의 선전(Shenzhen)을 방문하도록 하였다. 왜냐 하면, 제일 먼저 실수 없게 그리고 결정적으로 인상 깊게 크게 감명받도록 하기 위함이었다. 만약 북한이 중공의 개혁과 개방을 주의 깊게 추종하였다면 역사는 달라졌을 것이다. 무역과 외국투자를 위시한 개혁과 개방을 추종하였다면 북한은 한국과 같이 잘 성공했을 것이며 핵무기에는 관심이 없었을 것이다. 그러나 덩샤오핑 이후에는 중국에 그러한 지도자가 없어 북한이 '사회주의와 주체사상'의 전근대적인 비

---

6) Rhee, Yung Whee, *Bruce Ross-Larson, and Garry Pursell. How Korea Did It? From Economic Basket Case To Successful Development Strategy In the 1960 and 1970s*(Second Edition), Random House, Seoul, 2010.

7) "Chat-to-China" Choo Choo: Kim Rides the Rails Again by Aidan Foster-Carter in May 23, 2011 at 38 North(US Korea Institute AT SAIS).

전을 그대로 유지하고 있다. 이러한 북한의 개혁·개방의 실책으로 핵과 미사일 개발로 이어졌던 것을 이제야 중국 당국이 절감하고 있다.[8)]

『노태우 회고록』[9)]에 의하면, 1992년 2월 18일 평양에서 제6차 남북고위급 회담이 열렸다. 이 회담에서 남북 양측은 5차 회담에서 채택한 '남북 사이의 화해와 불가침 및 교류협력에 관한 합의서'('한반도 비핵화에 관한 공동선언'과 함께 그러나 '핵사찰 규정'이 미완성이었음)를 정식으로 발효시켰다. 그러나 '통행·통신·통상의 3통위원회'를 설치할 수 없어 '남북기본합의서'의 교류협력이 아무 의미가 없어졌다. 만약 '통행·통신·통상'이 1992년부터 잘 설치되어 '남북기본합의서' 교류협력이 잘 이행되었다면, 북한은 현재 $1.5 billion가 아닌 $47.2 billion—30배가 넘는—의 수출[10)]을 성취하고, 노벨 경제학상을 수상한 로버트 루카스 주니어(Robert E. Lucas, Jr.)가 주장하는 가장 중요한 현장실습교육(on-the job-training)을 남한이 북한에게 제일 중요한 공헌을 하고 계속 지속하도록 하였을 것이며(Lucas, Jr., 2002), 핵무기와 대량살상무기에는 전혀 관심이 없었을 것이다. 이러한 '통행·통신·통상'은 세계의 모든 국가들이 하는 통상을 정상적으로 허락하여 달라는 것이었다.

---

8) *JoongAng Daily*, July 5, 2012.

9) 『노태우 회고록』 하권, 조선뉴스프레스, 2011.

10) 대우는 방글라데시의 봉제 수출을 1980년 초부터 벌써 시작하였으며 2008년에는 3.5백만 공장과 수출 인프라를 너무나 잘 하고 있다(Rhee and Belot, 1990; Rhee, 1990). 방글라데시는 1985년에서 $131.48(million)에서 시작하여 2009년에 $15.570(billion)으로서 24년간 118배로 봉제 수출이 증가하였다. 1992년에 "통행·통신·통상"과 남북기본합의서가 유효하였다면, 북한은 1992년 $200(million)에서 2012년까지 20년간 봉제 수출로 118배로 무난하게 성취하고 그리고(방글라데시에서 못한) 노동집약적 타 제조업을 북한은 또한 그만한 규모로 하여 모든 수출로 $47.2(billion)을 자신있게 할 수 있었을 것이다.

'통행·통신·통상'이 불통된 상태에서 2000년 6월 15일의 김대중-김정일 제1차 남북정상회담[11]과 2007년 10월 4일 노무현-김정일 제2차 남북정상회담에서 그 이상 보다 더 중요한 일이 무엇인지 알 수 없었으니, 소위 남한의 '햇볕정책'의 남북고위급 회담들은 북한을 '사회주의와 주체'의 전근대적 사고방식에서 적어도 남북교류를 통해서라도 세계 각국과의 교역을 같이 할 수 없었던 것은 참으로 너무나 후회할 수밖에 없다. 이러한 노태우·김대중·노무현 대통령들이 북한의 개혁·개방에 더 적극적이지 못한 점에 대한 남한의 실책이 2012년 남한 대통령선거에서 크게 논의되기를 기대한다.

세 번째는 2009년 5월 25일에는 2차 핵실험을 하여 UN 안전보장이사회의 제재 1874(2009년 6월 12일)를 받게 되었다. 2010년 3월에는 한국 해군함정 천안함의 폭침으로 46명이 사망하였으며, 국제적인 조사단에서 북한 잠수함이 천안함을 전복시킨 것으로 판단하였다. 2010년 11월에 북한이 헤커 지그프리드(Siegfried Hecker, 그 전의 U.S. Los Alamos National Laboratory 책임자)에게 영변의 새로운 최신형 우라늄 시설을 2,000 원심분리기(centrifuges)와 같이 보여주였다. 한편, 2010년 11월 23일 북한의 대포사격으로 150개 포탄이 연평도에 투하되어 2명의 군인(해병대)과 2명의 시민이 사망하였다.[12]

11) 크게 놀라운 것은 남북이 가장 최근 합의한 '남북기본합의서'가 '통행·통신·통상'의 3불통으로 아무 의미가 없는 것을 재생하려는 남측의 노력이 전혀 없었다는 데는 무엇을 위한 정상회담인지 크게 놀라지 않을 수 없다(박관용, 『통일은 산사태처럼 온다』, 경덕출판사, 2006). 한편, 김대중 대통령은 2000년 노벨평화상(Nobel Peace Prize) 수상 후인 2000년 12월 10일 Nobel Lecture에서 "Without democracy the market economy cannot blossom, and without market economies, economic competitiveness and growth cannot be achieved", 다음 문구에 "North Korea must initiate its market economy without any delay, even if it is not ready for democracy"를 넣지 못한 것을 본인은 너무나 크게 후회한다(Nobelprize.org, Nobel Lecture, December 10, 2000)고 언급하였다.

북한의 김정일 이후 새 정부가 과거 18년간의 비핵화의 시험을 다시 재고하기 위하여, 미국과 북한이 2012년 2월 29일에 다음과 같은 제안을 하였다. 즉, 미국은 240,000 metric ton의 식량지원을 해 주는 대신 북한은 영변의 농축 우라늄의 검증을 IAEA(International Atomic Energy Agency)에 하도록 하겠다고 하였다. 물론 북한의 현존한 핵무기(Plutonium)를 이어그린먼트에 제외하고 있으나 영변의 시설이라도 농축 우라늄의 현상태를 미국은 알고 싶은 심정이었다(영변 이외는 농축 우라늄 시설이 있는지 알 수 없음). 그러나 북한은 UN 안전보장이사회의 제재 1874(2009년 6월 12일)에서 금지한 장거리 로켓(Unha-3 Rocket)을 김일성 100주년 생일에 발사하기로 2012년 3월 17일에 공고함으로써 2012년 2월 29일 약속을 무의미하게 하였다.

예를 들면, 러시아 디미트리 메데예프 대통령은 로켓 대신 식량을 국민에게 공급하기를 바란다고(로켓으로 북한의 1년치의 식량을 공급할 수 있다고 함) 핵무기 정상회담에서 언급하였다(2012년 3월 26일). 북한은 운하-3 로켓을 국제적인 반대에도 불구하고 2012년 4월 13일 발사하였으나 로켓이 1분 30초 후에 비행 도중 파손되었다. UN 안전보장이사회는 만장일치로 2012년 4월 13일 발사는 UN 안전보장이사회의 제재를 어겼으며 '심각한 안전보장의 우려'를 자아냈다고 2012년 4월 16일 발표하였다.

한국 정부의 한 관리는 북한은 13개의 핵무기 폭탄을 가지고 있을 수 있다고 추측하였다.[13] 미국의 핵안보 관련 연구소인 과학국제안보연구소(ISIS)는 2012년 8월 16일 발표한 "북한

12) Congressional Research Service, US-South Korea Relations, November 28, 2011.

13) Korea *Joongang Daily*, May 3, 2012.

의 플루토늄 및 무기급 우라늄 추정 비축량" 보고서[14]에서, 6~18기의 핵무기(플루토늄)를 이미 보유하고 있다고 추측하고, 2015~2016년에 48개의 핵무기(우라늄)를 가질 것이라고 추정하였다. 국제원자력기구(IAEA)가 2012년 8월 30일에 내놓은 보고서를 통해 북한이 영변 핵시설에서 해 온 실험용 경수로 건설 공사가 상당히 진전을 보았다고 밝혔다. 국제원자력기구는 "경수로 건물에 동이 설치되었다"면서 "그 내부에는 기기설비를 장착했을 가능성이 있으며 냉각시스템은 이미 갖춘 상태로 이는 중대한 진척"이라고 지적하였다.[15] 2012년 6월 18일 오바마 대통령은 의회에 보낸 통지문을 통해 북한이 미국에 비상하고 특별한 위협이 되고 있다면서 국제비상경제권법(International Emergency Economic Powers Act)에 따라 북한을 국가비상 대상으로 계속 지정하였다.[16]

북한은 'Globalization'의 이득을 이용하여 국민들의 복지를 챙기지 않고 핵무기의 길로 가려고 하는가?[17] 'Globalization'의 이득을 이용하여 국민들의 복지를 향상시키려면 북한은 많은 개혁작업을 제일 먼저 성취하여야 된다. 또한 그러한 Globalization 전략과 개혁에는 우선순위로 핵무기를 반드시 버려야 한다. 또한 북한의 강제수용소를 없애려면[18] Globalization 전략과 개혁이 필수적이다. 결론적으로 말하면, 북한이 경제의 세계화를 할 능력과 의지의 결여로 인하여 세계에서 단 하나뿐인 사회주의

14) "North Korea's Estimated Stocks of Plutonium and Weapon-Grade Uranium" by Institute for Science and International Security.
15) *Yonhap News*, "IAEA "북한, 경수로 건설 크게 진전", 2012. 8. 31.
16) *The Korea Times*, October 19, 2012.
17) 북한의 새 헌법(April 13, 2012 Version)은 북한의 핵무장을 기정사실로 인정하고 있다.
18) North Korea's "hidden gulag: The West's indifference is inexcusable," Washington Post Editorials of April 13, 2012.

와 주체를 버리지 못함으로써 외국기업과의 적극적 제휴 및 자국의 비교우위를 활용한 외화획득의 극대화 기회를 놓치고, 세계경제화의 밀접한 관계에서 얻는 동태적 이득 등을 최대한으로 이용하지 못하여, 낙오된 상태에서 핵무기 개발에 몰두하는 과오를 범하고 있다. 이는 절대 용납할 수 없으며 따라서 북한의 핵무기 폐기와 세계경제를 이용하는 Globalization을 포괄하는 새로운 구상이 절실하게 필요하다. 북한은 2012년 6월 28일 "우리식의 새로운 경제관리체제 확립에 대하여"에서 태스크포스(TF)를 운영 중이라고 제6장에서 소개하였는데, 북한이 가장 필요한 것은 북한의 수출산업인데 이를 위해서는 외국과의 제휴형태이다. 그러나 북한의 비핵화 과정이 잘 진행되기 전에는 이는 기대할 수 없다는 것을 알고 있을 것이라고 생각한다.

한국은 2012년 12월 대통령선거에서 북한의 비핵화와 새로운 개발전략을 수립할 수 있는 구상을 제시할 수 있는 지도자를 절실히 요구한다. 미국은 2012년 11월에 대통령선거가 있으며, 중국은 새 지도자 시진핑의 등극, 러시아 푸틴의 권좌복귀, 연내로 예상되는 일본의 총선 등(과 여타 세계 지도자들과)으로 새로운 리더십들을 기대하고 있다. 따라서 한국의 새 지도자는 북한의 비핵화와 새로운 개발전략을 이러한 열강 지도자들과 깊이 있는 협의를 거쳐 해결할 수 있는 방안를 제시하여야 한다.

Chapter 3

북한의 생존을 위한 경제 세계화의 막중함

- 북한의 과거 경제개발전략의 극단적인 대내지향성
- 북한과 동아시아 슈퍼스타 경제의 비교
- 북한과 동아시아 체제전환경제의 비교
- 동아시아 슈퍼스타 경제와 동아시아 체제전환경제로부터 북한이 배워야 할 교훈: 북한 경제개혁을 가로막는 4개의 장애요인

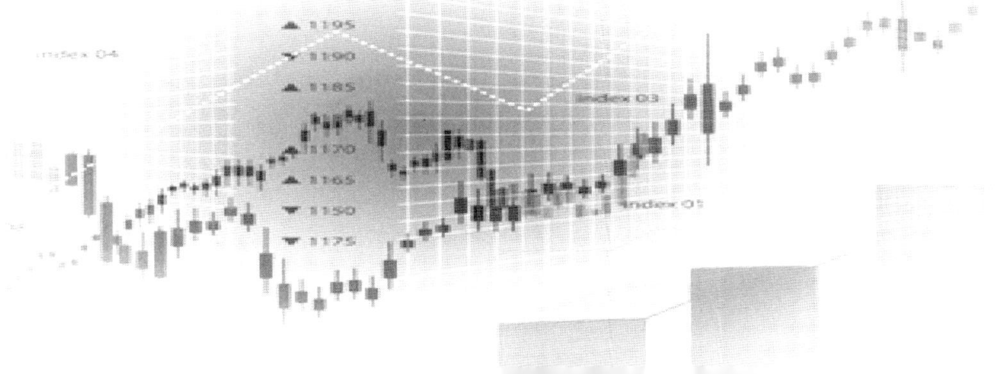

지난 세기 말에 우리는 세계경제 발전에 있어서 두 가지의 파격적인 사건을 목격하였다.

첫 번째 파격적인 사건은 남한(대한민국)·대만·홍콩·싱가포르 등 이른바 동아시아의 슈퍼스타 경제들이 1960년대 초부터 채택하였던 대외지향적 개발전략의 괄목할 만한 성공이었다. 그러한 성공에 감명을 받아 그 후에 모든 개발도상국들이 그렇게 성공적인 개발전략의 전부 또는 일부를 모방하려고 노력하였다.

두 번째 파격적인 사건은 1970년대 말경이나 1990년대 초부터 시행되었던 중앙집권적인 계획경제에서 자유시장경제로의 체제전환이었다. 대부분의 개발도상국들과 마찬가지로 대부분의 전(前) 사회주의 경제들도 자기들 경제를 세계화할 목적으로 대외지향적 개발전략을 모방하려고 시도하였다.

이러한 세계경제 발전상의 파격적인 사건들에서 눈에 띄게 제외된 것이 북한(조선인민공화국)이었다. 북한은 주로 사회주의 경제체제를 그대로 유지하였을 뿐 아니라 대내지향적이었으며 세계경제로부터 고립되어 왔다. 동아시아의 슈퍼스타 경제 중 하나인 한국, 가장 성공적인 시장경제로의 체제전환국인 중국, 그리고 붕괴된 소련의 핵심이었던 러시아 등과 경계를 맞대고 있으면서도, 북한은 불행하게도 위에서 언급한 두 가지 파격적인 사건 가운데 어느 하나에도 관여하지 않았다. 그 결과로 북한 경제는 세계경제로부터 계속 고립되어 있으며, 침체된 경제를 이어 가게 되었다.

북한은 상기한 세계경제사에서의 두 가지 파격적인 사건의 예외인 특수한 사례로 흔히 취급받고 있지만, 여타의 전 사회주의 경제와 개발도상국 경제가 지난 세기에 혜택을 많이 받았듯이, 북한 역시 앞으로 이러한 파격적인 사건으로부터 혜택을

받지 못할 이유는 없다.[1)]

북한이 '핵무기 없는 북한'과 '글로벌 시장경제의 북한'을 향하여, 경제를 세계화하기 위한 대외지향적 개발전략을 집행할 수 있는 기회는 오늘도 주어져 있다. 이제는 북한의 과거와 미래를 세계경제 발전의 전략과 경험이라는 넓은 시야를 갖고 관찰할 때가 되었다. 21세기의 세계화 시대에 북한의 경제적 생존과 후생은 북한이 이러한 경제의 세계화를 위한 도전을 얼마나 성공적으로 지체 없이 맞을 수 있느냐에 달려 있다. 북한의 인민들도 과거부터 계속 진행되고 있는 세계의 경제개발 노력으로부터 고립되기를 멈추고 '천년기(millennium)의 개발목적'[2)]을 성취함으로써 세계경제의 혜택을 누릴 수 있어야 한다.

전 사회주의 국가들이 1970년대 말과 1990년대 초에 시장경제로의 전환을 시작하기 전에도 동아시아의 슈퍼스타 경제가 1960년대 초에 창안한 대외지향적 개발전략이 모든 개발도상국 경제를 감명시켰었다. 그러한 대외지향적 개발전략을 창안한

1) 노벨 경제학상 수상자 솔로우 박사가 설명하였듯이, 물리적 과학과 달리 경제학에서는 단순한 경제현실을 잘 이해하려면 높은 수준의 경제이론을 통달하여야 한다(Solow, 1963). 과거 반 세기 동안의 북한 경제발전에 대해, 고차원적인 세계경제 발전경험에 비추어 본 넓은 관찰을 하지 않고서는 북한의 현재 경제현실조차 깊이 있게 이해하기 힘들 것이다. 예를 들면, Lee(2000)가 북한 연구에 있어 비교분석적 방법의 중요성을 강조하지만, 그러한 심도 있는 북한 연구에 있어서 북한 경제의 세계화를 주제로 삼은 연구가 앞으로 이루어져야 한다.

2) 천년기의 개발목적(MDGs)과 천년기의 개발표적(MDTs)을 통해 국제사회가 공동으로 개발에 대한 확대된 비전을 서약하고 있다. 유엔 회원국들이 2000년 9월에 천년기의 개발선언을 만장일치로 채택하였으나 북한은 참석하지 못하였다. 유엔 총회는 천년기의 개발선언을 실시하기 위한 로드맵의 일부로 8개의 MDGs와 15개의 MDTs를 승인하였다. 예를 들면, 개발목적 1은 극빈을 없애는 것이며, 개발표적 1은 1990~2015년 사이에 평균 한 사람의 하루 소득이 미화 1달러 미만인 가난한 주민의 비율을 반으로 줄이는 것이다(World Bank, 2005b). 전 유엔 사무총장 코피 아난은 "세계는 모든 국가들이 엄숙히 서약한 천년기의 개발선언을 실시하기 위한 실질적인 전략을 절실히 필요로 하고 있다"고 호소하였다(Annan, 2005).

동아시아 슈퍼스타 경제들이 모두 다 시장경제였다. 한편, 인도나 아르헨티나같이 1960년대와 1970년대에 대내지향적이었던 경제도 시장경제였다(Balassa and Associates, 1982; Bhagwati, 1978). 모든 사회주의 체제 전환경제가 시장경제가 되었으나 모든 체제전환국이 다 경제의 세계화에 성공하지는 못하였다.

이와 같이 시장경제는 경제의 세계화를 위한 필요조건이지만 충분조건은 아니므로 전 사회주의 경제나 여타 체제전환경제는 하나가 아닌 두 개의 연관된 도전에 직면하였다. 즉, ① 경제의 세계화, ② 시장지향적 전환이 그것이다. 적지 않은 체제전환경제들이 경제의 세계화에 실패한 주된 이유는 경제의 세계화와 시장경제로의 체제전환이 원천적으로 분리될 수 없다는 것을 인식하지 못하였기 때문이라는 점이 확실해 보인다. 결과적으로 북한은 핵무기 없는 북한과 시장경제로의 전환과 경제의 세계화라는 삼중의 도전에 직면하고 있다. 핵무기 없는 북한에 더하여 북한의 2002년 7월 1일 및 후속조치가 북한 정부에서 기대하였던 실적에 미치지 못한 것은 북한이 이러한 삼중의 도전에 지체 없이 직면해야 한다는 것을 여실히 보여주고 있다.

경제의 세계화란 개발도상국 또는 체제전환경제와 선진국경제 간의 연관을 넓히고 깊게 하는 것이라고 개념지을 수 있을 것이다. 개발도상 또는 체제전환경제들은 선진국(또는 타 개발도상국이나 체제전환국) 경제와의 국제무역 및 자본·자금·기능·기술의 이전을 통해 막대한 혜택을 받아 왔다. 1990년대에 개발도상국의 수입과 수출은 1조 9,000억 달러 미만에서 거의 4조 6,000억 달러[3)]로 크게 증가하였다. 개발도상국에 대한 순외국직접투자가 240억 달러에서 1,840억 달러로 늘어나는 등

3) 이후부터는 미 달러를 그냥 달러로 표시함.

사적 해외자본의 유입이 극적으로 팽창하였다. 국제무역과 외국직접투자(및 여타 형태의 해외자본 유입과 기업체 간의 제휴)가 팽창한 개발도상국들은 그에 준하는 빠른 경제성장을 이루었다(World Bank, 2001; USAID, 2002). 경제의 세계화는 과거 25년 동안(1980~2005년)보다도 앞으로 올 25년 동안에 세계 평균 소득 수준의 더욱 급속한 성장을 가져올 수 있을 것이며, 이러한 추세에 개발도상국들이 중추적 역할을 할 것이다(World Bank, 2007).

1980년대와 1990년대의 경제 세계화에 관한 한 연구보고서(Hannon and Rhee, 2002; USAID, 2002)에 의하면, 111개 개발도상국 중 46개국은 경제의 세계화 면에서 정상적인 국가인 반면, 65개국은 경제의 세계화에 뒤떨어진 나라이다. 정상적인 세계화 국가들은 1인당 평균 국내총생산이 1980년대에 연 2% 미만 성장하다가 1990년대에는 연 3% 이상으로 늘어난 반면, 세계화에 뒤진 나라들은 1인당 평균 국내총생산이 1980년대에 평균 −0.5%씩 매년 축소되다가 1990년대에는 연 −3%씩 더욱 축소되었다. 이러한 충격적인 경제성장의 격차를 가져온 주된 원인은 무역·금융 및 기술면에서 세계경제와의 통합 격차였다. 코피 아난 전 유엔 사무총장이 지적하였듯이 "오늘날의 불평등한 세계경제의 주 실패자들은 경제의 세계화에 노출된 자들이 아니라 그러한 경제의 세계화에서 제외된 자들이다"(Annan, 2000).

대외지향적 개발전략을 택한 개발도상국들은 경제의 세계화에 성공하였으나, 대내지향적 개발전략을 택한 개발도상국들은 경제의 세계화에서 낙오되었다. 대외지향적인 개발전략은 보통 노동, 토지 및 자연자원 등 개발도상국 경제의 비교우위에 입각하여 외화를 획득할 수 있는 생산과정, 생산물, 산업분야 및 사업에 특화하는 것을 강조하며, 외국의 투자·차관·지식·기술 및 경영을 유치하여 외국기업 및 금융기관과의 다양한 제휴를 통한 이득을 최대한 획득하는 것이다. 외국의 사기업과 제휴하는 개발도상국의 사기업이 주로 국내의 공장과 해외시장 활동을 통하여 대외지향적 개발전략을 이끌어 가는 중추적 역할을 하며, 개발도상국 정부의 역할은 주로 사기업의 자유로운 활동을 가능하게 하는 정책과 사업환경을 보장하는 것이다.

이에 반해 대내지향적 개발전략은 수입대체산업과 활동을 강조함으로써 개발도상국의 비교우위를 이용하지 못하며, 따라서 그렇게 절실히 필요로 하는 외화획득의 기회를 놓치고 만다. 외화획득의 증가가 보장되지 않고 국가의 비교우위를 이용하지 못하는 경제구조를 가져오는 대내지향적 개발전략은, 외국기업과 은행들이 그 개발도상국의 외채상환 능력 및 외국기업과 제휴하는 데 필요한 국내정책의 집행능력을 신뢰하기 어렵다. 또한 그로 인하여 외국직접투자를 포함하여 외국기업이나 금융기관과의 각종 형태의 제휴를 유치하기가 더욱 힘들어진다. 모든 사회주의 국가들이 대내지향적이었는데, 그 중에서도 북한은 가장 극단적인 경우였다. 북한은 아직도 세계에서 둘밖에(북한, 쿠바) 없는 사회주의 국가이지만, 쿠바는 경제개발에 성공을 못하였지만 핵무기와 대량살상무기에는 몰두하고 있지 않다. 북한은 세계에서 가장 고립된 국가일 뿐 아니라 이상에서 설명한 대로 저소득후진국이 핵무기와 대량살상무기에 몰두하는 과오를 범하고 있다.

북한의 과거 경제개발전략의 극단적인 대내지향성

1990~2009

〈그림 3-1〉(〈표 1〉, 부록 I 참조)에서 볼 수 있듯이 북한 경제는 1990~1999년 중에 매년 음(즉, 마이너스)의 성장이라는 어려움을 겪었다. 1990년과 2009년을 비교하면, 19년 후에 북한의 총국민소득은 3% 감소하였다. 이와 대조적으로 같은 기간에 모든 저소득층 후진국의 국내총생산(GDP)은 2.3배 증가하였고, 중국의 GDP는 13.6배 이상, 그리고 베트남의 GDP는 13.6배가 증가하였다(World Bank).

그러한 음의 경제성장률을 감안할 때, 100만 내지 250만 명 주민(북한 주민의 5~10%에 해당)의 사망을 가져온 1995~1998년간에 일어난 북한의 역사적 아사(두 개의 추계치(Natsios, 2001; Haggard and Noland, 2007a)에 의함)를 포함한 북한의 사회주의와

그림 3-1 북한의 총국민소득 · 수입 · 수출(10억 달러), 1965~2009년

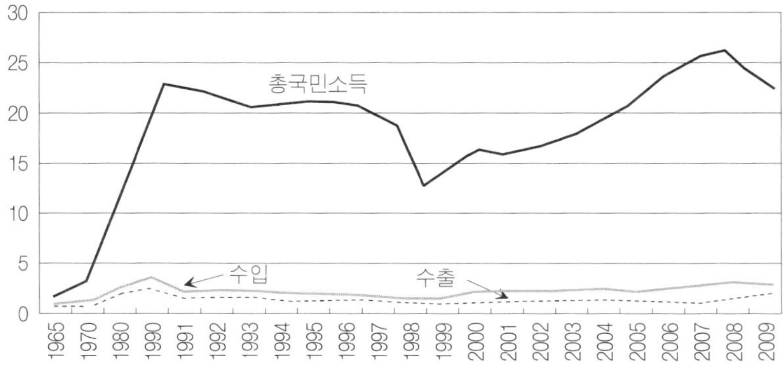

주체에서 오는 비극적인 식량과 의료위기, 연료부족, 그리고 산업기반 및 하부구조의 퇴폐는 불행하게도 놀라운 일이 아니었다.

1990년대 북한 경제의 붕괴는 사회주의와 주체에서 오는 대내지향적 비시장경제를 대외지향적 시장경제로 조금씩이라도 변화시킬 새로운 경제개발전략을 수립하고 집행하지 못한 결과라고 할 수 있다. 북한 경제의 붕괴는 근본적으로 외국자본과 기업을 유치하여 북한의 비교우위에 입각한 국제무역을 통하여 외화를 획득하지 못한 누적된 실패에 그 원인이 있다. 그러한 실패의 결과는 만성적인 외환부족 현상이었다.

미미한 정도의 외국투자와 새로운 외국차관(북한의 2000년 현재 외채 총액은 국민소득의 74%인 125억 달러이었다(KIEP, 2003a)) 및 여타 형태의 외국기업과의 제휴의 전무로 인하여 1990년대 북한의 미미하며 퇴보한 경제의 세계화를, 〈그림 3-1〉의 연간 수입·수출, 그리고 외국원조로 메우는 무역적자가 잘 보여준다. 2000년 남북정상회담 전인 1999년에 북한의 연간 수입은 1990년 연간 수입의 1/4도 되지 않았다. 그 후 북한의 연간 수입은 증가된 외국원조로 인하여 2000년 이후에는 증가하였다.

북한의 경제적 침체에 대한 총체적인 이해를 하려면 1960년대부터 현재까지 북한의 경제개발전략에 대한 역사적인 개관이 필요하다.

1960~1990년대

과거 반 세기 동안 북한의 부진한 경제발전 실적은 만성적인 외환부족 현상을 가져온 사회주의 경제와 주체사상의 대내지향적이고 비시장적인 개발전략 때문이었다. 그리고 이러한 만성적인 외환위기가 북한의 현재의 식량·연료 및 보건위기와 경제활동의 침제를 가져오게 되었다.

북한의 5개년계획(1957~1961년)과 제1차 7개년계획(1961~1970년) 기간이었던 1950년대와 1960년대에 체험한 최초의 외환부족은 비교우위나 외화획득 능력이 없는 사회주의 경제와 주체사상을 주창한 중공업과 군수산업에 주로 투자한 결과였다. 공산권에서 원조가 중단되자, 북한은 설립된 공장을 운영하는데 필요한 원료를 수입할 외환부족에 직면하게 되었다. 6개년계획(1971~1976년) 기간인 1970년대 초반에 북한은 수입수요를 충족시키기 위하여 서구 국가로부터 차관을 받을 수 있었지만, 외부 원조나 차관자금으로 외화획득 능력이 있는 공장을 건설하지 못하였기 때문에 1970년대 중반부터 다시 외채상환의 어려움을 겪게 되었다. 그럼에도 불구하고 북한은 제2차 7개년계획(1978~1984년)과 제3차 7개년계획(1987~1993년) 중에 비교우위에 입각한 수출을 통하여 외화획득을 확대할 수 있는 새로운 전략을 세우는 대신, 사회주의와 '주체'사상에 근거를 둔 수입대체정책을 계속 고집하는 것으로 외환부족 문제를 다루고자 하였다.

1984년의 합영법 제정은 북한이 무역발전을 위한 외국투자의 역할을 인식하였다는 신호로 보였으나, 북한의 개발전략이나 외국인 사업환경에 현격한 변화가 없었으며, 외국투자나 수출실적이 별로 향상되지 못하였으며, 제3차 7개년계획의 실패를 인정하고 북한은 농업뿐 아니라 경공업과 수출산업을 강조한다는 명목 하에 추가계획(1994~1996년)을 채택하였다. 그러나 그러한 계획의 수정도 북한의 개발전략을 근본적으로 대외지향적으로 바꾸기에는 너무 단편적이고 늦은 감이 있었다. 1991년에 지정한 나진·선봉 경제무역특구와 1992년에 제정한 새로운 외국인 투자법규 등도 외국기업에 대한 양호한 정책과 사업환경을 제공하지 못하였다. 이 때문에 1990년대에 외국직접투자와 위탁가공 등 수출지향적인 외국기업과 북한 기업의 제휴를 유치하는 데 성공하지 못하였다. 끝으로, 위에서 요약한 바와 같이 북한 경제는 1990년대에 전 사회주의 경제의 체제전환 노력에 합류 실패, 동구권 경제와의 무역 및 다른 관계의 와해(KOTRA, 1999; 2000a) 등의 악영향으로 만성적인 외환부족에서 탈피할 수 없었고, 1999년만 제외하고 매년 음의 경제성장을 기록하였다.

북한과 동아시아 슈퍼스타 경제의 비교

어느 정치학자들은 박정희가 선도한 한국의 개발모형보다는 덩샤오핑이 선도한 중국의 개발모형이 북한에는 더 적합할 것이라고 제안하였다(Moon, 2004). 그러나 21세기 초에 북한이 직면한 독특한 상태를 고려할 때, 북한이 21세기에 그 막중한 개발전략의 도전을 해결하는 데 있어, 개발전략 경험의 중요성에 비추어 어느 한 나라의 정치경제모형이 효과적인 지침을 제공할 수는 없다. 그러나 21세기의 북한은 모든 개발도상국과 체제전환국이 겪은 20세기의 개발전략 경험으로부터 배울 것이 아주 많다. 특히, 북한은 과거 반 세기 동안 대외지향적 개발전략에 가담할 기회를 이미 놓쳤기 때문에, 첫째로 동아시아의 슈퍼스타 경제, 특히 한국의 개발전략 경험에서 많이 배워야 한다. 다음으로, 중국의 경험에서 배울 것이 많이 있다. 중국의 경제발전 성공의 가장 중요한 요인은 성공적인 동아시아 슈퍼스타 경제의 개발전략과 정책의 모방 노력, 그리고 동아시아 슈퍼스타 경제의 세계화 첨병이었던 기업들 가운데 일부인 해외 중국 기업과의 밀접한 제휴였다. 동아시아 슈퍼스타 경제의 대외지향적 개발전략은 독창적이며 국제적으로 가장 모범적이라는 인정을 받아 왔다.[4] 1997년의 아시아 금융위기가 이러한 개발전략의 신뢰도를 손상시킨 것이 아닌가 하는 의문을 제기하는 독자들도 아마 있을 것이다. 그러나 대외지향적 개발전략이 아시아의 금융위기를 가져온 것은 아니다. 금융위기는 동아시아 슈퍼스타 경제의 일부와 태국·말레이시아·필리핀 및 인도네시아 등 여타 실적이 좋은 아시아 경제들이 건전한 금융기구를 구축하는 속도가 늦었기 때문에 일어난 것이다. 단기 해외 사적 자본의 과격한 유입에서 오는 혜택을 잠재적 위험을 만들지 않으면서 극대화하기 위해서는 이러한 금융기구가 필요하였다(World Bank, 1998; Stiglitz, 1998). 〈그림 3-2〉(〈표 1〉, 부록 I 참조)에서는 북한의 1965~2010년간의 연간 국민총소득(10억 달러 단위)을 동아시아의 국제적 모범 세계화 국가 중의 하나인 한국과 비교한다. 〈그림 3-2〉에서 대만·싱가포르 또는 홍콩을 한국 대신 동아시아의 국제적 모범 세계화 국가로 북한과 비교할 수도 있었다. 그러나 남한으로 하여금 국제적 모범 세계화 경제를 대표하게 할 때, 인적 자원, 언어 및 문화적 요소의 차이의 영향을 제거함으로써 북한과 국제적 모범 세계화 경제 간의 개발전략상의 차이에서 오는 영향에 초점을 둘 수 있을 것이다. 남북 간의 인적 자원, 언어 및 문화적 요소는 북한의 인구가 남한의 약 절반[5]이라는 사실을 제외하고는 별로 큰 차이

4) 동아시아 슈퍼스타 경제의 대외지향적 개발전략의 성공에 대하여는 Balassa (1982), Rhee, Ross-Larson, and Pursell(1984), World Bank(1933), Stiglitz(1998), 그리고 Rhee, Ross-Larson, and Pursell(2010)를 참조할 것. 그리고 이러한 경제들이 자기들의 대외지향적 개발전략을 위하여 사용하던 주 정책도구에 대하여는 Rhee(1985; 1989; 1994)를 참조할 것.

5) 2009년도 북한의 인구가 2,400만 명이었고, 같은 해 남한의 인구는 4,900만 명이었다(World Bank, 2011).

그림 3-2 1960년대, 1970년대, 1980년대, 1990년대 및 2010년의 북한의 총국민소득 (10억 달러)을 동아시아의 모범적 세계화 경제인 남한과 비교

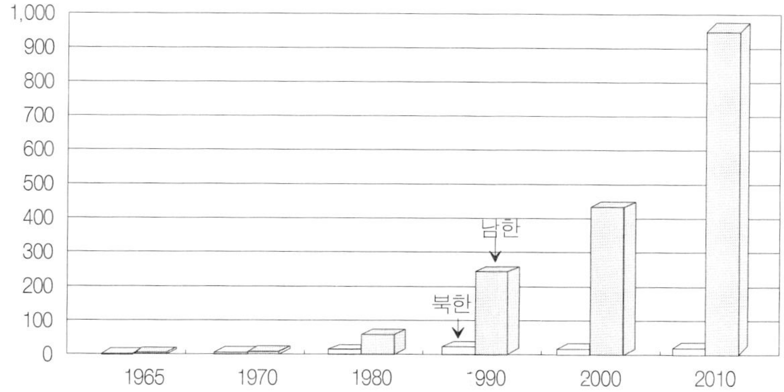

가 없기 때문이다. 〈그림 3-2〉에서 보여 주듯이, 북한의 1965년 국민총소득은 남한 국민총소득의 2/3에 가까웠지만, 북한의 2010년 국민총소득은 남한 국민총소득의 1/39에 불과하였다.

〈그림 3-3〉(〈표 1〉, 부록 I 참조)에서는 경지 세계화의 초생아라는 것을 잘 나타내는 북한의 1965~2010년간 수출액을 국제적 모범 세계화 경제 가운데 하나인 남한과 비교한다. 1965년에는 북한의 연간 수출액이 남한보다 약간 높았었으나, 2010년에 북한의 수출액은 남한 수출액의 1/309이라는 참담한 격차를 보였다.

〈그림 6-1〉은 남한의 수출위주의 글로벌한 남한의 대외지향적 개발전략과 북한의 사회경제, 주체사상, 그리고 대외지향적 개발전략이라는 두 가지 상반되는 개발전략의 결과를 나타내고 있다. 1965년에는 북한의 무역-국민총소득 비율이 20%로 남한과 동등하였으나, 북한에는 10% 이내로 계속 떨어진 반면에, 남한의 무역-국민총소득 비율은 80%로 계속 늘어났다. 위에

그림 3-3 1960년대, 1970년대, 1980년대, 1990년대 및 2010년의 북한의 상품수출 (10억 달러)을 동아시아의 모범적 세계화 경제인 남한과 비교

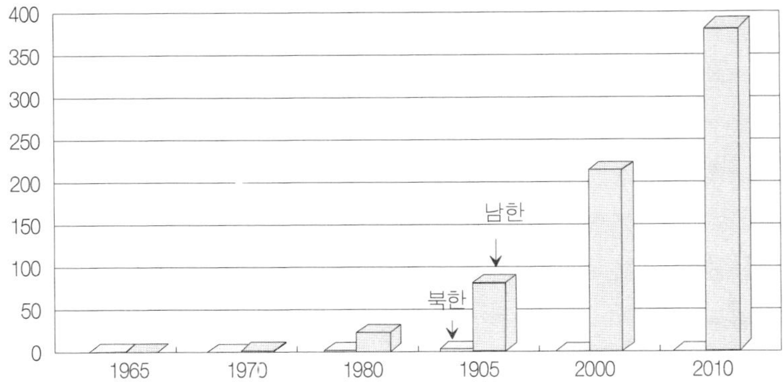

서 보여준 것과 같이, 모든 저소득층 후진국의 평균 무역-국민총소득 비율은 1990년의 25%에서 2000~2007년 기간에 40~63%로 늘어났다.

결론적으로 말하면, 북한 경제가 세계화를 할 능력과 의지의 결여로 인하여 외국기업과의 적극적 제휴 및 자국의 비교우위를 활용한 외환획득의 극대화 기회를 놓치고, 세계경제와의 밀접한 관계에서 얻는 동태적 이득 등을 최대한으로 이용하지 못한 것이 주로 북한의 경제침체를 가져오게 하였다. 영국의 잡지 *Economist*(2000)는 「세계화의 경우」라는 제목의 글에서 "빈곤을 퇴치하는 데 있어서 남북한의 차이를 설명하는 것은 세계화이다"고 기술하였다. 다시 말해, 만약 북한이 1960년대 초부터 남한과 같이 대외지향적 개발전략을 채택하였다면, 북한의 과거 반 세기 동안의 경제발전 실적은 남한과 같이 괄목할 만했을 것이다.

한국의 박정희 대통령은 1960년대 초에 남한 경제를 세계

화하기 위하여 총력적인 개발전략을 시작하였다. 홍콩·대만·싱가포르 등 다른 동아시아 슈퍼스타 경제도 유사한 개발전략을 채택하였다(Rhee, 1994). 그에 반하여 북한은 비교우위가 없는데도 불구하고 중공업과 군수공업을 건설하는 데 힘을 쏟았다. 위에서 지적하였듯이, 중공업의 순외화획득 능력의 부재로 인하여 북한은 1970년대 중반에 외채를 상환하지 못하게 되었을 때부터 외환부족의 어려움에 직면하기 시작하였다. 박정희 대통령이 시작한 대외지향적 개발전략을 모방할 의사가 북한 지도자에게 전혀 없었던 것은 아니었다고 알려져 있었지만, 북한은 남한의 기적을 가져온 주요 정책과 경제행태를 재생산할 노하우나 의지를 갖고 있지 못하였다.

북한과 동아시아 체제전환경제의 비교

북한은 중국과 기타 동아시아 체제전환국 경제의 개발전략 경험에서 배울 것이 많이 있다. 그 국가들이 동아시아 슈퍼스타 경제의 개발전략을 모방하려는 성공적 노력을 하고 있기 때문이다.

〈그림 3-4〉(〈표 2〉, 부록 I 참조)에서는 동아시아 체제전환경제의 1990년과 2009년의 1인당 평균 수출역(미 달러 기준)을 같은 해에 북한의 1인당 평균 상품수출액과 비교한다. 라오스·캄보디아·중국과 베트남의 1인당 상품수출액은 1990년에 20달러, 13달러, 63달러 및 45달러에서 2009년에는 각각 157달러, 280달러, 903달러와 656달러로 증가하였다. 북한의 1인당 상품수출액은 1990년에 114달러에서 2009년에는 44달러로 감소하였다. 또한 1990년에 북한의 1인당 수출액은 〈그림 3-4〉에 있

그림 3-4 1990년과 2009년의 동아시아 체제전환국과 북한의 1인당 상품수출액(미 달러)

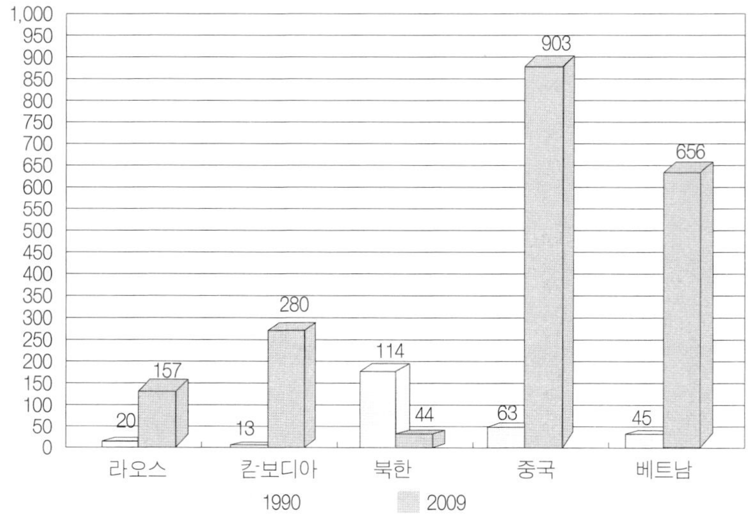

는 5개국 가운데 제일 높았으나, 2009년에는 제일 낮은 위치로 떨어지게 되었다. 그러한 수출실적의 실망스러운 결과가 아마도 북한으로 하여금 불법적 무역 등 비정상적인 활동을 통하여 외화획득을 시도하도록 하였는지 모르지만, 그러한 활동이 북한 경제를 세계화하려는 장래의 노력에 필수적인 국제사회로부터 신용을 받는 것을 어렵게 만들었다.[6)]

〈그림 3-5〉에서는 1990년과 2009년 사이의 동아시아의 체

6) 예를 들면, 북한 기관들이 마카오에 있는 방코델타아시아은행에 예치하였던 2,500만 달러의 돈을 2005년 9월에 미국 재무성이서 돈세탁의 명목으로 동결시켰다(US Department of Tresury, 2007). 2007년 6월 14일 미국 재무성이 북한의 비핵화 과정을 진척시킬 목적으로 뉴욕의 연방준비은행으로 하여금 그 동결된 돈을 러시아의 중앙은행을 통하여 극동에서 운영하고 있는 한 러시아 시중은행의 북한 계좌로 이체시키도록 조치하였다(*Washington Post*, 2007a).

그림 3-5 1990년과 2009년 사이의 동아시아 체제전환국과 북한의 총국내생산 성장률(%)

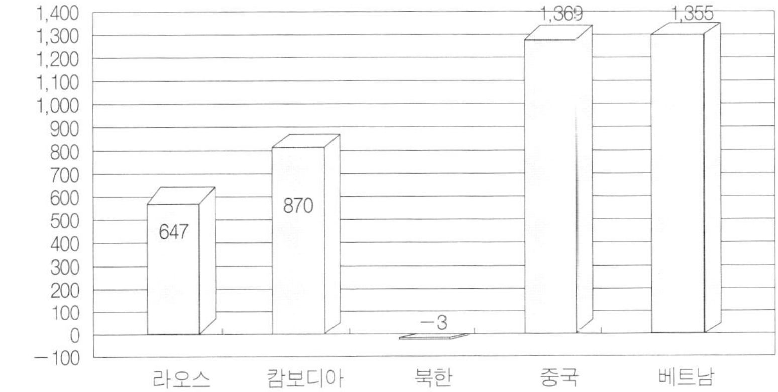

제전환경제의 국내총생산 성장률을 같은 기간 동안의 북한의 국내총생산 성장률과 비교한다. 라오스·캄보디아·중국과 베트남의 1990년과 2009년 사이의 국내총생산 성장률은 각각 647%, 870%, 1,369% 및 1,355%였으나, 같은 기간 북한의 국내총생산 성장률은 −3%였다.

〈그림 3-4〉와 〈그림 3-5〉는 결국 전 세계적인 경제의 세계화 노력으로부터 낙오됨으로써 초래한 북한의 파탄된 경제를 보여준다. 라오스와 캄보디아는 1980년대의 중국과 베트남 경제의 세계화 전략을 본따서 1990년대에 자기들 경제의 세계화 정책을 채택하게 되었다. 이들 동아시아 체제전환경제의 수출과 소득의 성장실적이 동구권 및 전 소련 경제의 수출과 소득 성장 실적보다 월등하게 우월하였다. 이들 동아시아 체제전환 경제들의 무역체제 개혁과 외국직접투자, 여타 외국기업과의 적극적인 제휴정책이 이들 경제 성공의 중추적 역할을 하였다

(Martin, 2001).

동아시아 슈퍼스타 경제와 동아시아 체제전환경제로부터 북한이 배워야 할 교훈: 북한 경제개혁을 가로막는 4개의 장애요인

위에서 본 북한과 동아시아 슈퍼스타 경제 및 동아시아 체제전환경제 간의 경제실적 차이는 개발전략 차이로 인한 것이다. 또한 북한의 시장지향적 개혁과 경제의 세계화를 가로막아 왔던 것은 다음과 같은 4가지 장애요인이었던 것으로 판단된다.

① 주체사상: 반(反)경제의 세계화 이념, 또는 경제의 세계화에 대한 이해나 지식의 결여
② 북한식 사회주의 제도
③ 남북한 기업제휴 활동이 중국과 홍콩·대만·싱가포르 기업 간 제휴의 자유로운 활동을 모방할 수 없었던 점
④ 중공업과 군수공업에 과대투자를 가져온 선군정책

장애요소 1: 주체사상: 반경제의 세계화 이념, 또는 경제의 세계화에 대한 지식의 결여

주체사상에 대한 최초의 정식화는 1965년 4월에 이루어졌다. 당시 반둥회의 10주년을 기념하여 인도네시아를 방문 중이던 김일성은 알리 아르함 사회과학원의 한 연설에서 주체 확립과 관련하여 "사상에서의 주체, 정치에서의 자주, 경제에서의 자립, 국방에서의 자위, 이것이 우리 당이 일관하게 견지하고 있는 입장"이라고 설명하였다.[7] 오늘날 우리가 흔히 말하는 주

체사상은 폭넓은 의미, 즉 북한 사회에서 김일성주의는 곧 주체사상인 것이다. 북한체제를 한 마디로 규정한다면 유일체제라는 말로 표현할 수 있다. 김일성에 대한 무조건적인 충성을 맹세하고 김일성 사상의 절대화를 요구하고 있는 원칙은 김일성을 김정일로 그리고 김정은으로 바꾸는 것 외에 아직은 변화가 없었다.[8)]

그러나 1970년대 말경이나 1990년대 초부터 시행되었던 모든 중앙집권적인 계획경제에서 자유시장경제로 약 20~30년의 체제전환에서 북한만 제외하고[9)] 거의 완결되고 있다. 다시 말하면, '민간경제의 막강한 힘'이 시장경제로의 체제전환으로 누구에게나 이론과 실무에서 전적으로 지지되었다는 것을, 북한만이 20~30년간의 오랜 경제의 세계화에 대한 무지로 인해 깨닫지 못하고 결국은 핵무기의 막다른 길을 걷고 있다.[10)] 단 하나밖에 없는 북한의 사회주의가 자유시장경제와 새로운 개발전략으로 더 이상 지연을 하기 힘들고 북한의 국가적이고 또한 국제적인 의미를 위하여 주체사상은 역사를 다하였다. 그리하여 주체사상은 이제는 장애요소 2(북한식 사회주의)의 시장경제 체제전환으로 더 이상 지연되지 않도록 하고, 장애요소 3(남북한의 기업제휴 활동이 중국과 홍콩, 대만, 싱가포르 기업 간 제휴의

7) 남한의 박정희 대통령은 남한이 시장경제이지만 새로운 1960~1970년대의 대외지향적(즉, 수출지양적) 개발전략을 전폭적으로 추진하고 있을 때에 (Rhee and Others, 2010), 북한은 비시장경제 위에 더욱더 비시장뿐 아니라 '주체사상'으로 더 대내지향적으로 추가를 하였었다. 북한이 1960~1970년대에 남한보다 대등했다는 것을 북한은 잘 모르고 있다. 즉, 1965~1970년대를 보면 Globalization Index가 남한과 북한이 1965년에 20에서 출발하였으나 1970년에 남한은 35이나 북한은 24일 뿐 아니라 1970년 이후 남북한의 대치된 상황을 잘 알 수 있다.

8) Lee(2000).

9) Lee(2000), 북한의 1992년 헌법에 주체사상이 북한 통치의 원칙임.

10) 지구에서 쿠바만이 사회주의이지만 핵무기나 대량살상무기(WMD)에 관여되지 않고 있다.

자유로운 할동을 모방할 수 없었던 점)을 또한 시장경제체제의 모범으로 아주 많이 활발하게 남북교역이 활성화되어야 한다. 장해요소 4(중공업과 근수공업에 과대투자를 가져온 선군정치와 정책)는 북한식 사회주의에서 시장경제와 경제개발 전환을 하기 위하여 6자회담과 그 이상의 그간의 UN 안전보장이사회에서 요구하는 핵무기를 폐기하고 새로운 한반도 통일의 전략으로 진전할 때가 된 것 같다.

역설적으로 이와 같은 자기의존 이념이 자국주민의 생존에 필요한 최소한의 식량마저 외국원조에 의존하고 '달러화폐를 선호'하는 경제를 가져오게 되었다. 북한은 2000~2004년간 국제수지 적자의 1/3 내지 반 이상을 국제사회의 인도적 지원으로 보충하여 왔다. 한국의 통일부 통계에 의하면, 2000~2004년 기간에 국제사회의 대북 인도적 지원 중 남한이 제공한 비율은 38.5%(2000년), 27.5%(2001년), 34%(2002년), 53.1%(2003년), 그리고 61.1%(2004년)였다(Export-Import Bank of Korea, 2006; Ministry of Unification, 2006a). 더구나 이 통계에는 남한이 과거 수 년간 매년 50만 톤 가량씩 지원한 식량원조가 포함되어 있지 않다. 2007년에 제공된 40만 톤 식량지원의 톤당 비용은 380달러로 알려져 있다(NKchosun.com, 2007g). 이 통계에 의하면, 50만 톤의 식량원조비용은 약 2억 달러로 추산된다. 이러한 김대중-노무현 정부의 지원에도 불구하고 북한을 새로운 개발전략으로 전환하는 데 아무런 도움을 주지 못하였다.

장애요소 2: 북한식 사회주의 체제

(1) 후진국 중에서 가장 낙후된 외환통제정책

북한의 부족경제는 우선 세계에서 가장 비효율적인 외환통제정책의 산물이다. 2002년 7월 1일에 30여 년간 고정되었던 공정환율의 70배에 달하는 환율인상 후 4년 만인 2006년에 암시장환율의 27배에 달할 정도의 비현실적 공정환율을 다시 유지하였다. 2009년 11월 말의 화폐개혁 후 2012년 4월에는 암시장환율이 2년 5개월 만에 41배에 달한 공정환율을 유지하였다.[11] 단일환율제도를 유지하지 않고 이러한 상상할 수 없는 암시장-공정환율을 유지할 수 있는가? 북한의 규모에 적합하지 않은 북핵과 국방예산, 그리고 말할 수 없는 저환율을 유지하여 가장 후진된 정책을 보여주고 있다.

(2) 주체를 버리고 과감한 민간 주도경제를 할 때가 되었다

우선 수출산업에서 시작하여야 되나 북핵의 해결 없이는 해외기업의 관심이 없다. 우선 위탁가공부터 출발하여 해외기업의 신뢰가 중요하다.

(3) 자유로운 노동이동과 노동시장 활동 허용

과감한 민간 주도경제를 확립하려면 노동시장 활동을 허용하여야 된다.

(4) 일관된 거시적 안전정책

외환통제정책은 거시적 안전정책의 일부에 불과하며 단일환율제도도 북핵과 국방예산을 떠난 거시적 안전정책의 일관된 틀 안에서 보아야 한다.

11) "북 해외근로자 월급 본인 몫 10~20% 불과", 연합뉴스, 2012. 6. 24.

장애요소 3: 남북한의 기업제휴 활동이 중국과 홍콩·대만·싱가포르 기업 간 제휴의 자유로운 활동을 모방할 수 없었던 점

반 케메나데(Van Kemenade)의 1997년도 저서 『중국, 홍콩, 대만 주식회사: 새로운 제국의 동태(*China, Hong Kong, Taiwan Inc.: The Dynamics of a New Empire*)』가 상징하듯이, 1970년대 말과 1980년대에 시작한 수출 위주의 위탁가공, 합작 및 직접투자 형태의 중국과 홍콩·대만·싱가포르 기업 간의 자유로운 그리고 급속하게 팽창된 제휴가 없었다면, 중국 경제는 그토록 괄목할 만한 속도의 세계화를 그렇게 빨리 시작할 수 없었을 것이다. 중국의 새로운 대외지향적 개발전략을 실천에 옮기는 데 있어서, 동아시아 슈퍼스타 경제의 기업으로서 1960~1970년대에 축적한 국제시장 진출경험과 국제적인 연락망을 갖춘 해외 화교기업과의 제휴가 다른 어느 외국이나 국내기업, 정부기관의 공헌보다 더욱 중차대한 개척자 역할을 하였다는 것은 아무리 강조해도 지나치지 않을 것이다. 이러한 중국과 해외 화교기업의 자유로운 제휴는 중국과 인근 정부와의 간헐적인 정치적·군사적 긴장에도 불구하고 보장되었다는 것을 잊지 말아야 한다. 불행하게도, 북한의 세계시장 진출에 개척자적 역할을 할 남북한 기업의 제휴를 중국과 해외 화교기업 간의 사례처럼 보장해 줄 수 있는, 덩샤오핑 같은 비전과 영도력 있는 북한의 지도자가 있기를 바란다.

위에서 서술한 대로 1992년 2월 18일에 남북기본합의서가 '통행·통신·통상'과 함께 그 효력을 역사적으로 발휘하였다면 북한은 현재 $1.51 billion가 아닌 $47.2 billion—30배가 넘는—의 수출을 성취하고, 로버트 루카스 주니어가 주장하는 가장 중요한 현장실습교육을 남한이 북한에게 제일 중요한 공헌을 하여 계속 지속하도록 하였을 것이며(Lucas, Jr., 2002), 핵무기와 대량살상무기에는 전혀 관심이 없었을 것이다. 이러한 '통행 · 통신 · 통상'은 세계의 모든 국가들이 하는 통상을 정상적으로 허락하여 달라는 것이었다. 북한이 주체정책이 후진국 개발에 치명적인 것을 알고 이상의 수배의 노력이 앞으로는 남북기업 간에 있기를 기대한다.

장애요소 4: 중공업과 군수공업에 과대투자를 가져온 선군정치와 정책

북한은 노동집약적 경공업을 등한시하고 중공업과 군수공업을 지나치게 중시하는 선군정책으로 인하여 외화획득을 할 수 있는 국가적 능력을 갖추지 못하였다. 더구나 국가예산과 국가 전체 가용자원의 높은 비율이 군수경비에 지출되기 때문에 국가경제의 침체와 경제체제의 비효율을 가져왔다는 점은 의문의 여지가 없을 것이다. 북한의 실제 연간 군사비는 2001~2003년도부터 50억 달러로 추정되었는데, 이는 공식 자료에 기록된 국가예산의 14~15%보다 훨씬 많은 44~51%에 달한다(NK chosun.com, 2003b). 또한 주민생활과 관계된 부문을 등한시하면서 유도탄과 핵무기를 포함한 군사력 증대를 위하여 국민총생산의 35~40%를 계속 투자하고 있는 것으로 추정되었다(*Washington Times*, 2004). 해외국가들은 북한의 선군정책에 대한 부정적 인식으로 인하여 북한 제품에 대해 수입을 규제하거나 높은 수입관세를 부과하였다. 선군정책은 북한 제품의 국제시장 접근까지 어렵게 만들었던 것이다.

UN 안전보장이사회 제재 1718(첫 번째의 핵실험, 2006년 10월 9일)과 UN 안전보장이사회 제재 1874(두 번째의 핵실험, 2009년 5월 25일), 그리고 우리는 앞으로 6자회담 및 새로운 비핵화

규제의 해결이 빨리 있기를 기대한다.

지금까지 북한의 경제개혁을 가로막는 4가지 장애요소를 간략하게 소개하였다. 제4장에서는 북한의 경제운영을 개선하기 위한 2002년 7월 1일의 조치와 그 후의 조치가 이러한 4가지 장애요소를 어떻게 다루었는지를 고찰하기로 한다.

Chapter 4

2002년 7월 1일 조치 및 후속조치 때의 북한 경제현황

· 2002년 7.1조치 때의 북한 경제

· 2002년 7.1조치

· 7.1조치 및 후속조치의 평가

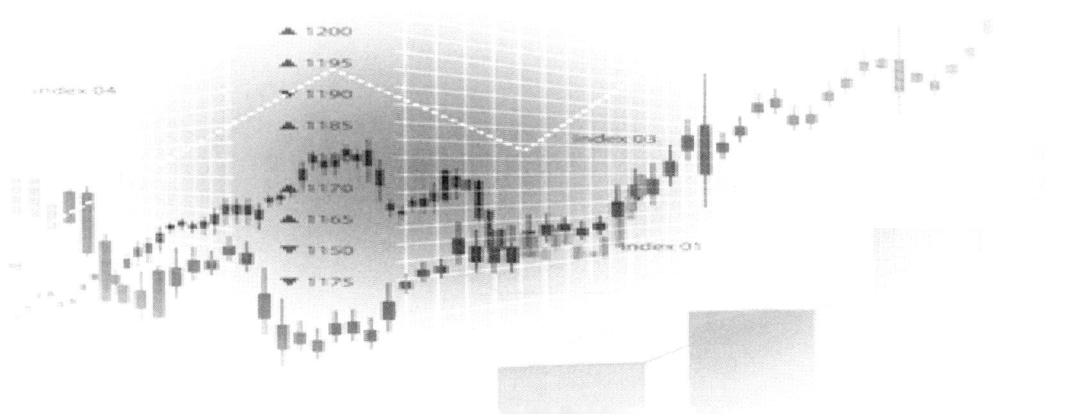

북한의 2002년 7월 1일 조치(이하 7.1조치라고 부름) 및 후속조치들은 북한 경제침체의 근본원인, 즉 경제의 세계화에서 낙오된 근본원인을 해결하려고 시도하지 않고 경제침체의 악영향을 주로 다루려고 시도하였다. 제4장 그리고 〈그림 4-1〉~〈그림 4-5〉에서 보여준 북한 경제의 침체상을 신병(身病)에 비유한다면, 7.1조치와 후속조치들은 북한 경제의 침체를 가져온 질병을 제거하려는 노력이라기보다는 병의 징후를 주로 다루려는 시도였다.

2002년 7.1조치 때의 북한 경제

〈그림 4-1〉은 7.1조치 이전의 북한의 경제상황을 요약한 것인데, 특히 북한 경제에 대한 중앙집권적 계획, 명령 및 통제와 국내 암시장활동 간의 상관관계를 보여준다.[1] 이러한 경제의 세계화에서의 낙오와 관계된 요소들은 〈그림 4-1〉의 원형 안에 기술되어 있고, 낙오의 영향이나 경제적인 결과는 사각형 안에 기술되어 있다. 사각형에 요약된 사태가 2002년 7.1조치의 동기를 제공하였다. 〈그림 4-1〉의 각 부분은 다음에서 설명한다.

◈ 외환(및 노하우) 위기(원형 (가))

제3장에서 논의한 바와 같이, 북한 경제침체의 근원은 1970년 말이나 1990년 초에 세계화의 너무나 심각한 시점에서 사회주의와 주체사상이 세상에서 자취를 감출 때, 북한 민간주도(국내 및 외국)를 통한 경제의 활력소와 창의를 전혀 허락하

1) 예를 들면, 1990년대의 북한 식량위기, 연료위기 그리고 외환위기를 분석한 Institute of National Unification(1997)을 참조할 것.

그림 4-1 2002년 7.1조치 이전의 북한의 경제상황

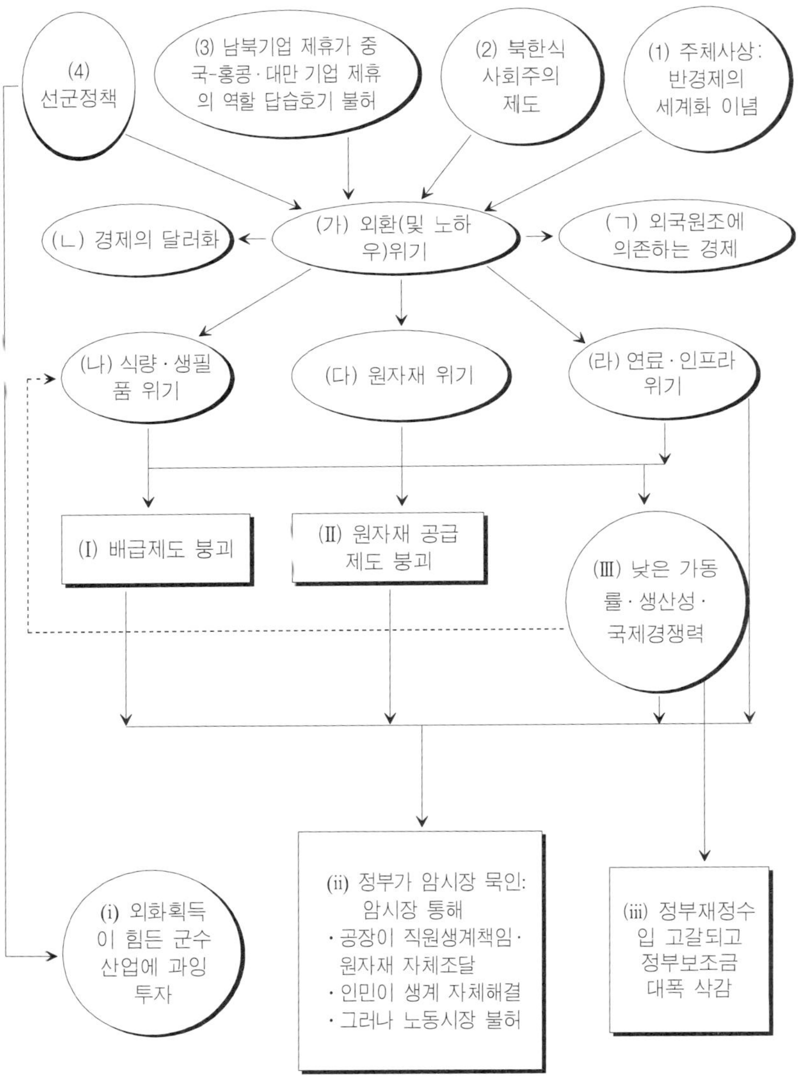

지 않음으로써 북한 및 외국기업과의 제휴부족, 그리고 생산품, 생산 및 해외시장 마케팅에 대한 노하우 부족으로 "외환"의 너무 심각한 부족이었다. 이러한 외환과 노하우 위기는 아래에 요약한 4가지 장애요인으로 인한 북한의 비시장적·대내지향적 개발전략 때문에 초래되었다.

◈ 4개의 장애요인 (1)~(4)

4가지 장애요인은 다음과 같다.

(1) 주체사상: 반경제의 세계화 이념: 2002년 7.1조치시 10~20년이 계획경제에서 자유시장경제로의 새로운 모든 전환을 거부하는 나라는 어느 후진국 어느 선진국에도 없고 오로지 북한밖에 없었다. 그러나 2002년 7.1조치는 새로운 시장경제의 활력을 소생시키는 기미가 전혀 없었다.

(2) 북한식 사회주의 제도: 2002년 7.1조치에 '주체사상'과 '선군정책'을 다른 어떤 민간 위주로 양보를 한다는 것은 추호도 상상할 수 없었다. 예를 들면, 외환통제정책에서 암시장환율과 공정환율 차이는 2002년 7.1조치 순간에서만 있었고(30여 년 고정된 환율을 70배 인상 후), 4년 만에 암시장환율이 27배의 공정환율을 넘었고 최저환율은 국방에만 계속 국한되었다.

(3) 남북한 기업제휴 활동이 중국과 홍콩, 대만, 싱가포르 기업 간 제휴의 자유로운 활동을 모방할 수 없었던 점: 주체사상 때문에 로버트 루카스 주니어(Robert E. Lucas, Jr.)가 주창하는 1992년 2월 8일의 '통행·통신·통상'의 '불통'으로 제일 중요한 현장실습교육(on-the job-training)을 못하도록 한 것은 잘 알려져 있다. 북한은 현재 $1.5 billion가 아닌 $47.2 billion—30배가 넘는—수출 이외의 현장실습교육을 하지 못하였다.

(4) 중공업과 군수공업에 과대투자를 가져온 선군정치와

정책: 2002년 7.1조치는 선군정치와 정책을 그대로 유지하였다. 2002년 7.1조치와 현재의 2012년 7월 간에는 많은 변화가 있었으므로 북한의 핵무기 제1차(1996. 10)와 제2차(2009. 5) 핵실험으로 인한 UN 안전보장이사회의 제재 1718과 UN 안전보장이사회의 규제 1874 및 6자회담과 또는 더 큰 틀에서 비핵무기의 해결이 빨리 있기를 기대한다.

이들 4가지 장애요인에 대한 근본적인 개혁의 부재로 인하여 외환위기와 노하우 위기(원형 (가))가 계속되었으며, 외국원조에 의존하는 경제(원형 (ㄱ)), 경제의 달러화(원형 (ㄴ)), 그리고 식량과 생필품 위기(원형 (나)), 원자재 위기(원형 (다)), 연료 및 인프라스트럭처 위기(원형 (라))가 초래되었다. 한편, 이러한 의기들이 정부의 배급제도 붕괴(사각형 (I))와 정부의 원자재 공급제도 붕괴(사각형 (II)), 그리고 북한 공장과 기업소의 매우 저조한 가동률, 생산성 및 국제경쟁력(원형 (III))으로 이어졌다.

◈ 외국원조에 의존하는 경제(원형 (ㄱ))

제3장에서 언급한 바와 같이 북한 주체사상의 참된 아이러니는 주체사상이 북한의 외환(과 노하우)위기를 초래하였고, 이로 인해 북한은 식량이나 비료 등 시급한 생산요소에 대해 더욱더 외국원조에 의존하게 되었다는 것이다(Korea Institute for National Unification, 1997; Yang, 2001; KIEP, 2003a; Ministry of Unification, 2006a). 북한의 현재 및 미래의 외환획득 부족상태는 이와 같은 긴급한 물자들을 자기능력으로 구입하거나 외국에서 외상으로 수입할 수 없게 만들었다.

◈ 경제의 달러화(또는 달러라이제이션)(원형 (ㄴ))

주체사상의 또 하나의 아이러니는, 북한의 높은 인플레이션 및 공정환율과 암시장환율 간의 너무나 극심한 차이로 인하여 미국 달러와 여타 외국통화가 북한의 원화를 대치하여 비공식적으로 국가의 통화역할을 하게 되었다는 점이다(Smith, 2005). 북한 정부는 2003년에 유로만을 법적으로 용납되는 외환으로 선포하였으나, 미국 달러에 대한 북한 주민들의 선호를 꺾을 수는 없었다. 한국은행의 연구보고서(Joins North Korea Net News, 2002)와 KDI 연구보고서(NKchosun.com. 2003a)에 의하면, 2002년 7.1조치 이전에 북한 주민들이 보유하고 있던 외국화폐는 약 10억 달러로 추정된다. 이 액수는 1달러당 북한 돈 200원이라는 당시 암시장환율로 환산한 북한 유통통화량의 2.6배에 해당하며, 2002년 북한 국민총소득의 약 6%에 해당하는 것으로 계산되었다.

◈ 식량과 생필품 부족, 원자재 등 생산요소 부족, 그리고 연료 및 인프라스트럭처의 취약으로 인한 위기(원형 (나)~원형 (라))

경제의 세계화가 잘 되어 있는 개발도상국들은 식량과 생필품, 원자재와 중간재, 연료 및 인프라스트럭처를 현대화하는데 필요한 자원 등의 심각한 부족에 직면하지 않을 것이다. 이러한 물자 중 국내생산이 부족한 부분을 수입하기에 충분한 수준의 외환을 수출, 차관, 외국인 투자를 통해 제공할 수 있기 때문이다. 이와 달리 북한은 수출이나 차관, 외국인 투자를 통한 외환조달에 실패하였기에 이러한 물자들을 절실히 필요한 때 수입할 수가 없었다. 1990년대의 극심한 기근과 아사 이후에 북한은 남한, 중국, 그리고 여타 국가들의 인도적 지원 때문에 그 이상의 아사를 방지할 수 있었다(Korea Institute of National Unification, 1997; Yang, 2001; KIEP, 2003a).

◈ 정부배급제도의 붕괴(사각형 (I))

사회주의 경제체제가 전통적으로 보장하였던 것 중 하나는 주민들 전원에게 적정한 식량과 생필품을 크게 보조된 낮은 가격으로 공급해 주는 것이었다. 그러나 위에서 언급한 바와 같이 1995~1998년의 비극적인 아사야말로 정부배급제도가 너무도 무섭게 붕괴되었다는 것을 여실히 보여주는 증거였다.

◈ 정부의 원자재 및 생산요소 공급체계 붕괴(사각형 (II))

사회주의 경제체제가 전통적으로 보장해 온 또 하나의 분야는 국가의 생산단위, 즉 공장·기업소 및 협동농장에 원자재와 중간재를 적절하게 공급하는 것이었다. 그러나 북한은 아마도 군수산업을 제외하고는 그러한 생산요소의 적절한 공급을 이행할 수가 없었다.

◈ 극히 저조한 가동률·생산력 및 국제경쟁력(원형 (III))

생산요소 부족, 연료부족, 인프라스트럭처 취약, 그리고 비효율적인 공산주의 고용제도로 인한 낮은 노동의욕 등으로 인하여 1990년대에 공장과 기업소의 극히 저조한 가동률·생산성 및 국제경쟁력을 초래하였다.

◈ 외화획득력이 없고 해외시장에서 수입규제의 위험을 초래할 가능성이 많은 군수산업과 중공업에 과잉투자를 초래한 선군정책(원형 (i))

〈그림 4-1〉의 원형 (4)에 보여준 4가지 장애요인 중의 하나인 선군정책에 의하여, 외환위기에도 불구하고 군수산업과 중공업은 필요한 원자재와 중간재를 공급받는 데 있어 다른 산업보다 항상 우선순위를 보장받아 왔다. 그리하여 우선순위가 높

은 군수산업은 다른 산업보다 중앙계획제도의 혼란이 적었으나, 정상적인 국제무역상의 비교우위가 없고, 해외시장 접근에 많은 제약을 야기하는 것을 무릅쓰고 과잉투자를 함으로써 만성적인 외환위기를 초래하는 데 제일 큰 원인이 되었다. 북한 전체 산업생산에서 군수산업과 중공업이 차지하는 비율은 1963년의 40%에서 1990년에는 70%로 증가하였다(KIEP, 2003a, p. 477). 북한의 이러한 과잉투자는 핵무기와 대량살상무기를 갖게 되었지만, 개혁과 개방을 위하여는 핵무기를 포기해야 될 지경에 이르렀다.

◈ 암시장 또는 비공식적 국내시장 활동(사각형 (ii))

김일성시대부터 북한 정부는 농가의 작은 텃밭에서 생산된 농작물을 농민시장에서 판매하는 것을 허가하였다. 그 후 사각형 (I)에서 보여준 배급제도의 붕괴로 인하여 농민시장이 도시지역도 포함하여 전국적으로 허락되었다. 처음에는 공식적으로 허가되는 식량과 생필품을 농민시장에서 공정가격의 5%를 초과하지 않는 시장가격으로 거래하도록 하였다. 그러나 공정가격이 비현실적으로 낮아서 생기는 거대한 초과수요가 존재하는 상태에서 정부의 규칙을 강요하는 것이 불가능하다는 것을 인정할 수밖에 없었고, 결국은 농민시장이 암시장으로 팽창되는 것을 마지못해 묵인할 수밖에 없게 되었다.

다른 한편, 공장과 기업소의 경우는, 첫째 정부의 원자재 및 중간재 공급제도와 기능이 와해되었기 때문에 수입원자재를 수입할 수 있는 외환을 스스로 벌어들이든지, 아니면 필요한 생산용 자재를 암시장에서 자체조달하도록 장려하게 되었다. 둘째, 배급제도의 붕괴(사각형 (I))와 생산단위의 극히 저조한 가동률(원형 (Ⅲ)) 때문에 이들이 국내 암시장활동을 통하여 고용원들을 자급자족(사각형 (ii))시킬 수 있도록 권고하게 되었다. 그러나 공장이나 기업소 수준에서 개인의 소유가 전혀 허락되지 않았고 노동자의 자유로운 이동도 허락되지 않아 노동암시장이 형성될 틈이 없었다.

◈ 정부재정 수입원의 고갈과 정부보조금의 대폭 삭감(사각형 (iii))

정부재정 수입원과 정부재정 지출의 형태가 파격적인 변화를 맞게 되었다. 북한 정부의 전통적인 주요 재정수입원은 기업소의 거래액에 부과되는 세금과 기업소의 잉여금이었다. 정부의 전통적인 재정지출 형태는 '인민경제' 지출로 알려진, 기업소와 소비자들에게 지불된 정부보조금이었다. 그러나 공장과 기업소의 극히 저조한 가동률(원형 (Ⅲ))로 인하여 1995~1999년간에 기업소 거래액과 잉여금에 의존하던 정부의 재정수입이 대폭 감소하게 되었고, 그로 인하여 정부보조금도 대폭 삭감될 수밖에 없었다(사각형 (iii)).

위의 4개의 장애요인 (1)~(4)의 전반적인 개혁·개방이 2012년 7.1조치에 있었다면, 지금쯤은 많은 개혁·개방이 이루어짐으로써 외환위기도 많이 좋아졌을 것이고 그로 인한 생필품, 원자재, 그리고 인프라도 좋아졌을 것이나 그렇지 못한 것이 안타깝다.

2002년 7.1조치

동기: '경제개혁'이 아닌 '경제관리 개선'

북한 정부는 7.1조치를 '경제관리 개선'조치라고 공식적으로 지칭하였으며, '경제개혁'이라는 용어를 쓰지 않았다. 이는 암시적이지만 매우 중요한 차이임에 틀림이 없다.

북한 지도자가 2000년 10월에 내린 「사회주의 경제관리의 개선과 강화에 대한 지침」은 7.1조치의 이론적 근거와 정책방향을 제시하였다(*JoongAng Daily*, 2002). 이 지침을 통하여 북한식 사회주의 원칙 내에서 북한 당국이 정의하는 '실리'를 추구할 것을 장려하였다고 간주된다. 모든 생산수단의 정부소유와 생산목표, 가격결정, 그리고 여타의 명령과 통제를 통한 국가자원의 중앙에서의 할당이라는 기본 원칙에 비추어 볼 때, 실리라는 명분으로 허락되는 참된 융통성은 주로 공조직 내부 안에서 일어나는 것에 국한되는 것으로 보인다. 지방관리나 하급관리에게 권한을 분산하거나, 당 관리의 권한을 기업소 지배인에게 이양하는 등이 그 예가 될 것이다. 따라서 이 지침의 실리라는 명목 하에 새로운 사적·시장지향적 시도들이 얼마나 많이 허용되었는지는 명확하지 않다. 더구나 그러한 실용주의가 북한 경제의 세계화를 위한 새로운 의도를 상상하지 못하였다.

따라서 〈그림 4-1〉의 맨 위 4가지 원형에 기술되어 있는 북한의 외환위기를 가져온 장애요인 (1), (2), (3) 및 (4)에 대한 근본적인 변화를 시도하는 데 북한은 최상의 우선순위를 부여했어야 하였다. 그러나 7.1조치의 동기와 목표는 〈그림 4-1〉의 맨 아래 사각형 (ii)와 (iii)에 기술되어 있는 암시장활동과 기업소의 재정적 자율문제를 다루는 데 있었던 것 같다. 다시 말하면, 북한의 7.1조치는 고질적인 부족경제의 참된 근원은 등한시한 채 정부배급체계 밖에서 일어나는 암시장활동 및 기업소의 정부재정으로부터의 독립 등 부족경제가 초래한 경제적 영향을 다루는 것을 주요 목적으로 여긴 것으로 보인다.

2002년 7월 1일 이전에, 상품생산은 정부통제 하에 있는 공장과 기업소, 협동농장에서 이루어졌는데, 정부의 금고와 국영상점의 금전출납기는 텅텅 비어 있는 반면, 어떻게 2년간의 정부예산액과 비슷한 거금을 개인과 암시장이 축적하고 있는가 하고 북한 관리들이 개탄하였다고 한다(Cho and Others, 2003). 아마도 7.1조치의 주요 동기는 개인과 암시장이 갖고 있는 거금을 국가유통망으로 끌어들이려는 것이었던 것으로 보인다.

주요 항목

7.1조치는 6개의 주요 항목으로 구성되었다. ① 공정가격의 인상, ② 배급제도의 단계적 폐지, ③ 공정기본임금 인상, ④ 북한 원화의 평가절하, ⑤ 기업소의 회계를 정부의 예산과정으로부터 완전히 분리, ⑥ 기업소의 제한적인 자율권 허용으로 다음에서 이러한 항목들을 하나씩 고찰한다.

◈ 공정가격 인상

7.1조치는 식량과 기타 생필품의 국가유통망을 통한 공정판매가격을 그 당시의 암시장 가격수준으로 인상하였다. 주곡의 공정가격 인상이 제일 파격적이었다. 쌀과 옥수수 가격이 각각 550배 및 400배 인상되었다. 기타 가격도 10~60배 인상되었다(〈표 3〉, 부록 I 참조). 국영상점의 수매가격도 역시 인상되었다. 모든 상품의 공정가격이 평균 25배 인상되었다. 이러한 공정가격 인상의 목적은 대부분의 암시장거래를 국가유통망을 통한 거래로 유도하려는 것으로 보였으나 계속적으로 인상되어야 하는 공정가격으로 유인되지 못하였다.

◈ 배급체계의 단계적 폐지

〈그림 4-1〉의 사각형 (I)에서 보여준 바와 같이 2002년 7월 1일 이전에 정부의 배급체계가 이미 붕괴된 상태였기 때문에 7.1조치를 통해서 쌀, 옥수수 및 감자[2)]와 같은 몇 가지 주곡품을 제외하고는 배급표에 의한 전통적인 배급제도를 폐지시켰다. 7.1조치는 배급표 없이 화폐지불에 의한 정상적인 상업적 거래를 통해서 국가유통망을 다시 회복시키는 것을 목적으로 삼았다. 공정기본임금의 대폭적인 인상이 당초에는 이러한 대폭적으로 인상된 공정가격에도 불구하고 화폐지불을 가능하게 하였었다.

◈ 공정기본임금 인상

7.1조치는 공장·기업소 및 정부기관의 종업원들의 공정기본임금을 대폭 인상함으로써, 대폭 인상된 상품의 공정가격 하에서도 기본적인 생활비를 감당할 수 있도록 하였다. 공정기본임금은 평균 18배 증가하였다(〈표 4〉, 부록 I 참조). 만약 첫째로 기업소들이 경영실적이 좋아서 적어도 인상된 공정기본임금을

2) 2003년 11월~2004년 10월간의 쌀, 옥수수 및 감자의 1일 평균 배급량은 305g이었다. 세계식량계획(WFP)에 의하면, 2005년 1월에 1일당 평균 배급량이 250g으로 떨어졌는데, 이는 2001년 1월에 계획하였던 1일당 배급량인 575g의 반도 안 되는 양이었다(Joins NK Net News, 2005). WFP의 아세아 국장인 Banbury(2005)가 또한 북한 정부의 유통망도 평균 북한 주민의 배급량을 1인당 300g에서 250g으로 삭감하였다는 것을 확인하였다. 그는 "북한 주민들은 대부분 심각한 영양부족으로 고통을 받고 있다. 지난 10월에 북한에서 UNICEF와 WFP이 실시한 영양현장조사에 의한 통계가 이와 같은 실상을 확인해 주었다. 1/3 이상의 북한 인구가 만성적 영양실조 상태에 있다. 북한의 산모들의 약 1/3이 영양실조와 빈혈증으로 고생하고 있다. 그래서 북한에 계속적인 아주 심각한 식량위기가 존재한다. 통계와 현장관찰을 통해서 이러한 상태를 확인할 수 있다"라고 언급하였다. WFP의 혜택을 받는 사람의 수는 650만 명으로 이는 북한 전체 인구의 약 1/3에 해당된다. 이러한 정도의 원조를 유지하려면 적어도 매년 약 2억 달러의 비용이 드는 약 50만 톤의 식량을 외부로부터 지원하였어야 했다(NKchosun.com, 2005a).

노동자들에게 지불할 수 있었고, 둘째로 국영상점에서 인상된 공정가격으로 소비자들에게 팔 수 있는 충분한 공급량이 있었다면, 노동자들은 이와 같이 대폭 인상된 공정기본임금으로 기본 생활에 필요한 지출을 감당할 수가 있었을 것이다. 그러나 7.1조치 이후에도 상품의 부족현상이 잔존하거나 새로운 공급량이 부족하여, 노동자들이 인상된 공정가격을 내고도 필요한 식량과 생필품을 국영상점에서 구매할 수 없었다면, 그들은 일부 부족분을 농민시장에서 공정가격보다 높은 가격으로 구입할 수밖에 없었을 것이다. 또한 기업소에서 받는 임금이 늘지 않는다면, 노동자들이 필요한 식량이나 생필품을 공정가격으로 구입할 수 없기 때문에 실질임금은 점차 떨어질 수밖에 없었다.

◈ 북한 화폐의 평가절하

2002년 8월에 북한 정부는 북한 화폐의 대미 달러환율을 〈그림 4-2〉에서 보여주는 것과 같이 1달러당 2.2원에서 153원으로 거의 70배나 대폭 인상하였다. 그러나 이 평가절하는 2002년 8월 현재의 암시장환율을 공정환율로 정하였다는 일시적 정책결정에 불과하였다. 계속적인 환율조정을 통하여 실질적 적정환율을 유지하는 것이 아직 준비되지 않은 북한의 새로운 개발전략의 가장 핵심적인 요소 가운데 하나였어야 했다. 계속적인 물가상승 하에서 2002년 7월 1일의 한 차례 명목임금 인상이 안정적인 실질임금을 보장할 수 없었던 것과 마찬가지로, 2002년 8월의 한 차례 평가절하만으로는 실질적인 적정환율을 계속 보장할 수 없었다는 것은 자명한 사실이다.

◈ 정부예산 과정을 기업소 회계로부터 분리

7.1조치는 정부예산을 기업소의 독립채산 과정으로부터 완

전히 분리시켰다. 즉, 기업소들이 새로운 조세[3])를 제외하고는 예전과 같이 기업의 수입 일부를 정부의 세입원으로 이전시키지 않는 대신, 정부로부터 보조금도 예전과 같이 받지 않도록 되었다. 이러한 결정도 다른 조치들의 경우와 비슷하게, 〈그림 4-1〉의 사각형 (iii)에서 보여준 바와 같이 7.1조치 이전에 이미 일어나고 있던, 정부예산의 세입과정을 기업수입으로부터 분리하던 추세를 7.1조치가 공식화한 것이었다.

◈ 기업소의 부분적 활동자율성 허용

7.1조치에서 강조된 기업소 경영실적치는 '번 수입'으로서 '이윤'과 '임금지불'의 재원이다. 7.1조치는 기업소가 번 수입을 극대화하고, 납세 후 남은 수입을 고용원의 임금지불과 기업소득의 내부 유보에 쓰도록 자율성을 부여하였다. 번 수입은 총판매액에서 총생산용 원자재와 중간재 비용을 뺀 액수이므로, 기업소들이 번 수입을 극대화하기 위해서는 생산과 판매를 극대화하고 생산용 투입물자비용을 최소화해야 하였다. 이러한 과정에서 새로 설치된 원자재시장, 기업 간의 잉여물자 교환 및 기업 간의 잉여인력 임시조정 등이 허용되었다. 이와 같은 어려운 책임에 반해서 7.1조치가 기업에 허용한 자율성은 아래에서 고찰하는 바와 같이 일부에 불과하였다.

이러한 공정가격과 화폐의 평가절하는 2002년 7.1조치에서 현실화한 것은 잘 하였으나, 이러한 평가와 가격현실화가 계속적으로 이루어지지 못하여 6개월, 1년 후면 벌써 공정가격과 암시장가격이 크게 차이가 나고 고정환율과 암시장환율이 크게

3) 경제활동의 거래액에 의존하는 간접세 중심의 조세제도로부터 기업소의 이윤에 의존하는 직접세 중심의 조세제도르 전환시켰다. 한편, 소비재 수입관세를 배로 올렸다.

차이가 났다. 그러므로 기본적인 개혁·개방 없이는 더 감당하기 힘들게 되었다.

7.1조치 및 후속조치의 평가

개 관

위에서 요약한 6개 항목으로 구성된 7.1조치와 아래에서 언급하는 후속조치들이 다음에 분석하는 몇 가지 주요 경제적 결과를 초래하였다. 특히, 이러한 주요 경제적 결과의 부정적 측면은, 〈그림 4-1〉의 맨 위 원형 (1)~(4)에 기술된 북한의 개인기업을 허락하지 않고 주체 위주의 비시장적 및 대내지향적 개발전략과 밀접한 관계를 가져온, 장애요인 (1)~(4)에 대한 근본적 개혁을 7.1조치가 시도하지 못한 데에 직접적으로든 간접적으로든 기인한 것이다. 이 4가지 장애요인들이 밀접한 상관관계를 갖고 있는 것과 마찬가지로, 8가지 경제적 결과도 서로 밀접한 상관관계를 갖고 있다. 결국 7.1조치와 후속조치는 제3장의 앞부분에서 강조하였던 시장지향적 개혁과 경제의 세계화를 위한 노력의 시작이라는 이중적 도전에 대처하는 데 실패하였다. 이러한 이중적 도전은 본질적으로 서로 분리될 수 없다는 것을 인식하지 못한 채 내려진 7.1조치 및 후속조치는 북한경제의 회생을 위하여 매우 시급하였던 진정한 시장지향적 개혁도, 경제의 세계화를 위한 진지한 노력도 시작하지 못하였다.

위에서 지적한 바와 같이, 북한 당국이 7.1조치를 '개혁'을 위한 조치가 아니라 '개선'을 위한 조치라고 한 것은 이 두 개념 간의 큰 차이를 비교적 조심스럽게 다루었다는 점을 보여준다. 이에 반해 남한 내부나 밖에서는 7.1조치를 개혁을 위한 조치라고 조심성 없이 부르는 사람들이 상당히 많았다. 예를 들면, 2004년 8월 4~5일간 평양에서 열린 제2차 조선연구 세계대회에 참가하였던 유일한 미국인 Kenneth Quinones는 북한이 7.1조치를 통해 시작한 '시장지향적 경제개혁'(개인기업의 허락 없이 어떻게 시장지향적인 경제저력을 발휘할 수 있겠는가?)을 중단한 이유는 개혁이 실질적인 이득보다는 물가상승만 초래하였기 때문이라고 언급하였다(NKchosun.com, 2004g; Napsnet, 2004).

또한 남한 내부에서 '개혁'과 '개방'을 두 개의 다른 개념으로 생각하는 사람들이 상당이 있었던 것을 보면, 추가적인 혼동이 있었던 것 같다. 예를 들면, 7.1조치가 개혁을 위한 조치라고 부주의하게 말할 뿐 아니라 북한의 개혁이 개방을 위한 첫 단계라고 언급하는 사람들이 있었다(Kim, 2003). 7.1조치를 개혁을 위한 조치라고 지칭하기 힘든 주요 이유 가운데 하나는 7.1조치가 개방을 주요 목표로 전혀 고려하지 않았다는 것이다. 결국, 현재 경제의 세계화 시대에도 매우 오랫동안 대내지향적 개발전략을 견지해 온 북한에게는, 특히 개방에 중점을 두지 않는 개혁이란 있을 수 없다. 〈그림 4-1〉의 맨 위 원형 (1)~(4)에 기술한 4가지 장애요인에 대한 근본적인 개혁과 개방에 관하여 7.1조치가 별로 의미 있는 시도를 하지 못하였다는 구체적 증거 및 그러한 시도의 결여가 8가지 경제적 결과의 부정적 측면에 직·간접적으로 영향을 미쳤다는 것을 아래에서 분석한다.

북한은 2012년 6월 28일 "우리식의 새로운 경제관리체제 확립에 대하여"에서 다음과 같은 내용을 실시하기 위한 태스크포스(TF)를 구성해 운영 중이라고 제6장에서 소개하였으나 그 내용이 아직은 명확하지 않다. 그것은 ① 군과 내각으로 양분된 경제사업을 내각으로 일원화한다. ② 협동농장의 분조단위를 축소(농민 수확 중 30% 개인소유 인정)한다. ③ 기업의 경영자율권을 확대한다. ④ 국가기관 사무원과 교육, 의료 등 종사자에 한해서만 국가배급제를 한다. ⑤ 그러나 개인이 마음대로 공장·기업소를 설립할 수 없고, 기업소 간부들도 예전처럼 노동당이 임명하거나 해임한다.

경제적 결과

(1) 외환통제정책의 개혁 전무

위에서 명확히 보여주었듯이, 북한의 부족경제는 비효율적 개발전략이 초래한 만성적인 외환위기의 산물이다. 불행하게도 2002년 7.1조치와 후속조치는 〈그림 4-1〉의 제일 윗부분 원형 중의 하나인 장애요인 (2), 즉 북한식 사회주의 체제의 고유한 명령 및 통제제도 중 가장 중요한 부분인 외환 및 무역통제정책 개혁을 위한 조치를 취하지 못하였다.

◈ 30여 년간 고정되었던 공정환율의 70배에 달하는 환율인상 후 4년 만인 2006년에 북한은 암시장환율이 공정환율의 27배에 달할 정도의 비현실적 공정환율을 다시 유지

다음과 같은 두 가지의 놀랄 만한 사실이 1970년대, 1980년대, 1990년대와 2002년 7.1조치 이후의 북한 외환통제정책의 특징을 보여준다. 첫째, 북한은 1달러당 북한 통화 2.15원 내지 2.2원의 공정환율을 1970년대 초부터 2002년 7.1조치 때까지 30년간 고정시켜 왔으며, 〈그림 4-2〉에서 보여주듯이 7.1조치를 통하여 환율을 1달러당 153원으로 70배 인상하였다. 둘째, 2006년에는 암시장환율이 공정환율의 27배가 되었으나, 7.1조치 이후 특기할 만한 추가적인 공정환율 조정을 시행하지 못하였다.

그림 4-2 2002년 7.1조치 이전과 이후의 북한의 공정환율(1달러당 북한 원)

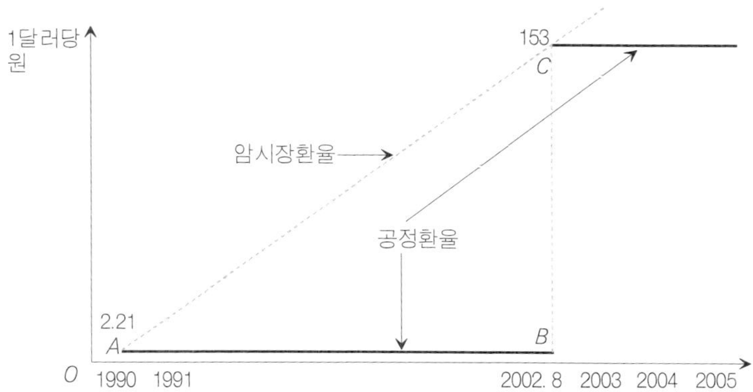

자료: 〈표 5〉, 부록 I.

이러한 사실이 다른 어떠한 정책이나 경제현상보다도 더 명백하게 북한의 경제개발전략이 반시장경제 지향일 뿐 아니라 '반경제의 세계화'적이었다는 것을 보여주고 있다.

〈그림 4-3〉은 7.1조치 이후의 암시장환율(1달러당 북한 원)의 급속한 증가를 달러 공정환율(달러 공정환율은 북한의 기준외국통화인 유로가 달러에 비하여 평가절상된 관계로 7.1조치 때의 1달러당 153원에서 2006년에는 1달러당 140원으로 약간 내려갔음)과 비교한다. 2006년의 암시장환율이 공정환율의 27배나 되는 것은 〈그림 4-2〉에서 보여준 21배의 쌀값 증가율이 대변하는 높은 물가상승률, 그리고 7.1조치 이후 결코 개선되지 않은 외환위기 상황에 비추어 보면 매우 당연한 것으로 보인다.[4] 결국

4) NKchosun.com(2004b)에 의하면, 2004년 2월의 북한 암시장환율은 1달러당 1,400원이었다. The Export-Import Bank of Korea(2004)에 의하면, 2004년 8월의 암시장환율은 1달러당 2,300원이었다. NKchosun.com(2005b)에 의하면, 2005년 1월의 암시장환율은 1달러당 2,600원이었다. 북한에 자주 여행하는 한 상인에 의하면, 2006년의 암시장환율은 1달러당 3,800원까지 올랐다. 북

그림 4-3 2002. 7. 1~2006 북한의 공정환율과 암시장환율(1달러당 원)

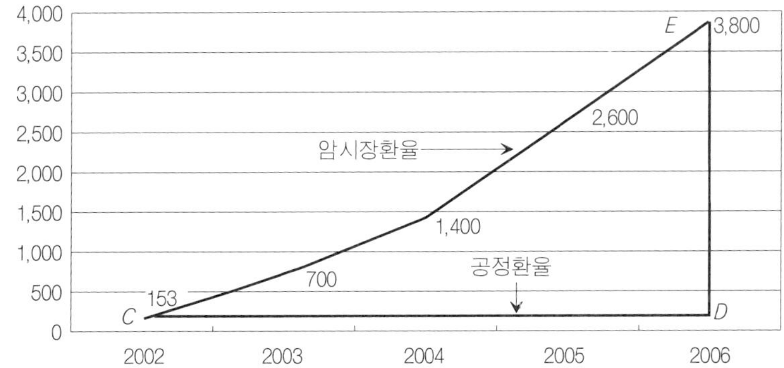

자료: Korea Institute for National Unification(2005) 및 주 5.

<그림 4-2>는 7.1조치가 북한 경제개혁의 첫 단계라고 할 수 없다는 것을 명백하게 보여준다. 그 이유는 개발도상국에서 경제개혁의 최우선순위는 환율의 계속적인 조정인 데 반해서 북한의 경우는 7.1조치 이후 그러한 조정이 이루어지지 않고 있었기 때문이다. 즉, 7.1조치 이후에는 공정환율과 암시장환율 간에 차이가 발생하지 않도록 해야 했다. <그림 4-3>의 7.1조치 이후의 공정환율과 암시장환율의 차이를 나타내는 삼각형 CDE는 마치 <그림 4-2>의 1990~2002년 8월 사이의 공정환율과 암

한의 공정환율은 2002년 12월에 '1달러당 153 북한 원'에서 '1유로당 155.7 북한 원'으로 바뀌었다. 1유르당 북한 원의 공정환율이 주기적으로 약간씩 조정되고 있는 것으로 보도되었으나, 그러한 조정의 기준은 알려지지 않았다. 2003년 말과 2004년 말의 1유로당 북한 원의 공정환율은 각각 172.45원과 181.63원이었다(Moon, 2005). 그러나 북한의 공정환율 구조는 아직도 고정된 공정환율제도와 별로 다르다고 할 수 없다. 북한의 외환율은 이중구조라기보다는 다중구조라고 할 수 있다. 즉, ① 각 지역마다 다른 암시장환율들, ② 주민들이 소지하고 있는 외환을 수집할 목적으로 중앙은행이 관리하는 준시장환율 또는 제2의 공정환율, ③ 정부의 공정환율의 다각구조로 되어 있다.

시장환율의 차이를 나타내는 삼각형 ABC를 복사한 것처럼 보인다. 〈그림 4-2〉와 〈그림 4-3〉은 7.1조치와 후속조치가 과거의 정책실패에서 교훈을 얻는 데 실패하고 북한의 잘못된 외환 및 무역정책을 개혁하는 데 실패하고 있다는 가장 명백한 실증적인 증거를 요약하고 있다고 볼 수 있다. 그러한 개혁이야말로 북한의 경제개발전략과 정책을 세계시장 지향적 방향으로 개혁하는 데 있어 중추적 역할을 하였어야 했다.

김정일의 2008년 6.18 담화로 본격화된 시장과 시장경제를 논의하는 것 자체가 사상문제가 되었다는 것이다. 그리하여 2009년의 11월 30일 100 : 1의 화폐교환조치로 귀결되어 '장농화폐'를 몰수하도록 되어 있었다. 시딘들은 1주일 안에 구화를 신화에 100 : 1(즉, 새로운 1원의 신화를 교환하려면 100원의 구화를 주여야 함)에 교환하도록 되었으며, 1인에게 허락되는 신화의 가치가 아주 제한되어 50킬로그램의 쌀을 살 정도였다. 북한의 원화가치는 값이 계속 떨어지고 외화의 보유와 사용은 전면 금지되고 시장도 금지되어 있었으나, 이러한 조치에 불평이 하도

그림 4-4 화폐개혁 이후의 공정환율과 암시장환율(1달러당 원)

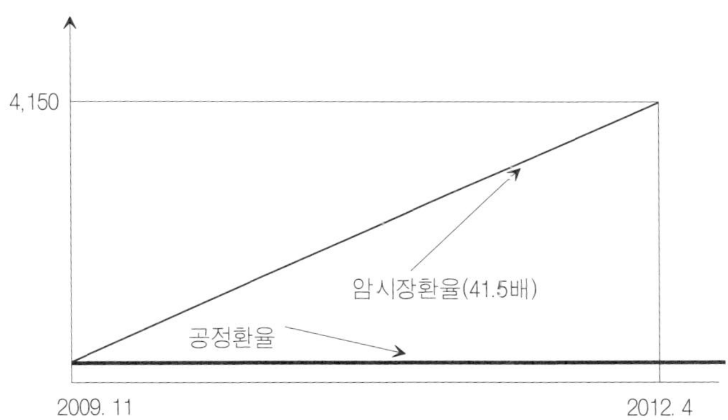

많아 정부는 많은 양보를 하고 구화 임금을 신화로 100배로 지불하였으며 시장도 다시 열었으나, 이 조치는 물가상승과 외화 고갈로 더욱더 경제사정이 어려워졌다. 〈그림 4-4〉는 2009년 12월 초 100원이었던 공정환율이 2012년 4월에 2년 5개월 만에 41.5배인 4,150원의 암시장환율로 올랐다. 이제는 2년 5개월 안에 암시장환율이 공정환율의 41.5배로 되는 것을 더 이상 어디서 찾을 수 있겠는가?

◈ 북한의 외환통제정책 또는 *QR*이 초래한 다원적 환율

〈그림 4-5〉는 북한의 외환통제제도가 초래한 비정상적인 상태의 중요한 측면을 요약하고 있다. 전형적인 외환통제제도를 흔히 '양적 제약' 또는 *QR*이라고 부르는데, 이것은 수입과 수출의 통제와 면허, 외환할당, 그리고 공정환율 적용 등을 총망라한다(Bhagwati, 1978). 북한에서 만약에 〈그림 4-5〉의 외환의 공급과 수요가 자유시장 경제활동에 의하여 움직였다면 균형

그림 4-5 북한의 외환통제정책 또는 *QR*이 초래한 다원적 외환율

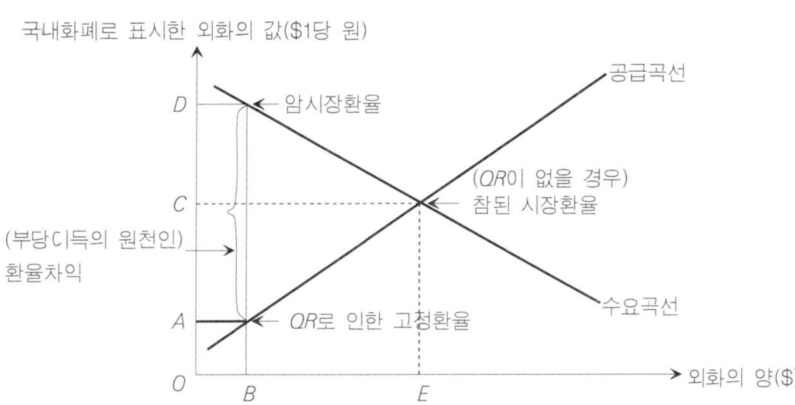

또는 시장환율은 OC였을 것이며, 시장균형점에서의 외환획득액은 OE였을 것이다. 그러나 아래에 기술한 북한의 각종 QR은 비현실적으로 아주 낮은 고정환율 OA를 초래하였다. 정부의 공정환율은 QR의 많은 구성요소 중의 하나에 불과하였다. 그렇게 낮은 고정환율로 인하여 외환공급량은 OB에 불과하고 ① 잃어버린 외환획득의 기회는 BE이며, ② 암시장에서 외환수요자들이 지불할 용의가 있는 암시장환율은 OD에 이르게 된다.

북한의 외환통제제도 또는 QR은 ① 연간 무역계획, ② 연간 외화재정계획, ③ 공정환율, ④ 상부지시 등으로 구성되어 있다. 국가계획위원회가 기업소와 기관들의 연간 무역 및 외화 수입 지출계획에 대한 결정을 하며, 재무성이 이러한 경제단위의 연간 외화재정계획과 외화의무납부계획을 집행한다. 그러나 집행과정에서 최고위층의 명령과 통제를 통한 절대적인 간섭이 흔히 있게 마련이다(Korea Institute for National Unification, 1997). 내각의 각 성과 도 인민위원회도 기업소와 기관들의 연간 외환계획의 집행과정에 영향력을 발휘할 수 있다. 무역은행은 연간계획과 최고위층의 명령과 통제에 의거하여 집행되는 외환거래의 관리를 주로 책임진다. 그러한 관리의 핵심은 만성적인 외국통화 부족과 비정상적으로 낮은 공정환율에 비추어 볼 때 결국 외국환의 배급과정과 유사하다고 할 수 있다. 무역은행은 또한 재무성에서 결정하는 공정환율의 집행을 책임지고 있다(Yu, 2003; 2004). 집행계획의 중요한 부분 가운데 하나는 수출업자들이 순외환획득액을 공정환율로 정부의 외환보유고에 입금시킬 외화의무납부라고 할 수 있다. 수출업자들이 획득한 외환의 일부 유보율은 2005년에는 20%에서 40%로 인상되었다(Yu, 2004; Kwon, 2005).[5] 이미 획득한 외환유보액에 의하여 수출업

5) 이보다 더 높은 외환 일부 유보율이 2003년부터 수출산업에 따라서 선별적

자들은 필요한 수입원자재를 구입할 수 있다. 북한의 수출업자들은 자체의 순외환획득액을 2006년의 경우는 외환 암시장환율의 1/27밖에 안 되는 낮은 공정환율로 환산해서 받아야 하기 때문에 수출장려에 미치는 부정적인 영향이 막대하였다. 그러한 반수출정책은 결국 수출청구서의 위조(즉, 사실보다 낮게 기술)나 밀수출 등의 자본유출 행위를 조장하게 된다. 그러한 반수출정책과 그에 따르는 불법행위를 제거할 수 있는 유일한 방법은 통일된 단일시장환율제도를 채택하는 것이었을 것이다.

다른 한편, 중앙계획과 고위층의 명령과 통제의 영향을 받는 외국환관리의 다른 중요한 부분은 선별적으로 선택된 북한의 수입자나 기관의 외환사용 허가이다. 정부는 이러한 허가에 의거하여 그러한 선별적인 수입기관에게 국가보유 외환을 그렇게 비정상적으로 낮은 환율에 의하여 판매한다(Korea Institute for National Unification, 1997). 최근 북한의 핵무기와 선군사상과 정책이 실질적으로 주체사상과 정책의 자리를 차지하여 오늘날 북한의 공식적인 통치원칙과 공식적인 슬로건을 제시하고 있다.[6] 선군정책을 지원하기 위한 정부의 가장 중요한 조치는 북한 군수산업의 무기생산계획에 필요한 수입물자를 구입하는 데 최우선순위를 두고 국가의 외환보유고를 할당하는 것이었다. 물론 그러한 외환보유고 할당은 비정상적으로 낮은 외환율 적

으로 수출업자들에게 허용되는 모양이나, 투명하고 공평한 기준이 없는 것 같다. 한편, 2004년부터 무역성의 지시 하에 지방행정단위와 공장·기업소 및 기타 기관을 포함하여 당과 군까지도 무역권한이 주어지도록 조치되었지만, 획득한 외환의 유보나 외환 암시장을 통하지 않고 국가보유 외환 중에서 수출시장용 수입원자재 구입 외환을 할당받는 방법이 있는지에 관해서는 명확한 정보가 부족하다.

6) 2007년 5월 25일자 노동신문 사설은 주체사상에 근거를 둔 북한의 선군정책이 당과 국가가 당면한 모든 문제를 해결하도록 영도한다고 강조하였다 (NKchosun.com, 2007).

용과 같이 집행되어 왔다. 따라서 다음과 같은 3중 구조가 북한의 외환통제 또는 *QR*제도의 가장 중요한 측면을 잘 요약한다고 할 수 있다. 즉,

① 군수산업부문이 국가의 외환보유고를 낮은 공정환율로 할당받는 데 최우선순위를 받아온 것으로 보인다.
② 수출부문은 외환 일부 유보에 의하여 필요한 수입원자재를 수입할 수 있는 외환을 사용하는 데 별로 지장이 없는 것 같으나 대부분의 순외환획득액을 낮은 공정환율로 환산해서 북한 원으로 받아야 하는 것으로 보인다.
③ 여타의 부문은 외환이 필요하면 주로 외환 암시장에서 암시장 외환율에 의하여 외환을 구입하여야 하는 것으로 보인다.

〈그림 4-5〉에서 볼 수 있는 외환 암시장환율과 공정환율의 현격한 차이인 *AD*가 외환통제 또는 *QR*에 관여된 사람들과 기관들, 그리고 외환획득과 사용활동 등에 관여된 사람들과 기관들에게 그러한 환율 차액에서 오는 '부당수익(rent seeking)'의 기회를 제공하여 왔던 것은 명백하다(Korea Institute for National Unification, 1997). 북한의 중앙계획 하에 있는 산업의 경우도 수입원자재를 위한 외환을 할당받는 데 있어 기관 간에 또는 관계된 관리관 간에 협상과정이 통상적으로 일어나고 있었다고 한다(Yang, 2001). 이러한 사실은 중앙계획 하에 있는 산업에서도 외환거래와 관계된 부당수익 획득행위가 일어나고 있었다는 것을 부인하지 못하게 된다. 다른 한편, 북한의 기업소나 기관의 직원으로, 또는 이러한 기관과의 계약에 따라 비정상적인 외환통제정책 환경 하에 외화벌이 상인으로 특출한 기능을 발

휘하여 큰 돈을 번 경우가 보도된 일이 있다(*JoongAng Daily*, 2006; NKchosun.com, 2007s). 그러나 그러한 비정상적인 정책환경 하에 공공기관과 연관된 특정의 외화벌이 상인들이 돈을 잘 벌었다고 해서 그들이 북한의 세계시장 진출을 위한 개척자 역할을 할 수 있으리라고 기대하기는 힘들다. 한편, 새로 일어나는 북한의 부유층에 의하여 보통주민들의 소득으로는 감당하기 힘든 돼지고기와 텔레비전 같은 수입소비물자에 대한 수요가 증가하고 있다고 보도되었다(Bae, 2007).

위에서 북한 경제의 달러화(달러라이제이션) 고찰시 언급한 북한 주민들 소유의 거액의 외환을 정부에서 흡수하여 정부기관의 외환수요를 충족시키는 데 부족한 외환공급에 추가하기 위하여 중앙은행이 2003년 6월부터 협동화폐거래소를 운영하고 있었다. 이 거래소에서는 북한 주민으로부터 외환을 공정환율보다 높은 환율로 구입하고 있었다. 이 거래소의 환율이 공정환율보다는 높지만 북한 각지의 외환 암시장들의 환율보다는 훨씬 낮기 때문에 북한 주민들 소유의 외환을 대부분 흡수하려던 목적은 일부분이라도 성취되었는지 알 수가 없다.

◈ 선군정책에 우선순위를 둔 북한의 외환관리통제정책의 국가의 자원할당과 거시경제정책에 대한 영향

Collins(1986)는 차등된 외환율을 적용하는 정부의 외환관리통제정책이 미시경제와 거시경제에 미치는 영향을 분석한 바 있다. 보조금이나 세금과 동일하다고 할 수 있는 차등된 외환율을 여러 가지 다른 수입물품 등에 적용함으로써 수입물품들의 상대가격 변동이 초래되는데, 그러한 상대가격 변화가 미시경제에 미치는 영향을 분석하였다. 다른 한편, 외환공급자에게 적용하는 외환율보다 낮은 외환율을 특정한 수입업자에게 적용함으로써, 다시 말하면 실질적으로 특정한 수입업자에게 보조금을 지급함으로써 정부의 예산적자를 더 악화시키게 된 거시경제정책에 대한 영향을 분석하였다. 이와 비슷하게, 위에서 요약한 북한 외환통제정책의 3중 구조 때문에 초래된 각종 내재적인 보조금과 세금의 개념을 아래에서 할 수 있다. 눈에 보이는 북한의 공정환율, 암시장환율, 그리고 협동화폐거래소 환율과 별도로 북한의 잠재환율을 정의할 수 있다. 걸작으로 인정받는 Dorfman, Samuelson, and Solow(1958)의 고차원적인 분석에서 명백히 보여준 것같이, 완전한 자유시장에서 형성된 희귀한 생산요소의 시장가격은 이상적인 중앙계획체제에서 산출된 이러한 생산요소의 잠재가격(shadow price)과 동일하다. 북한 같은 저소득후진국에서 가장 희소한 생산요소는 외환이다. 북한은 완전한 자유시장경제체제도 아니고 이상적인 중앙계획체제도 아니기 때문에 아무도 자유시장 환율(즉, 〈그림 4-5〉의 *OC*)이나 잠재환율을 목격할 수 없다. 그러나 주어진 어느 시점에서 북한의 잠재환율은 〈그림 4-5〉에서 보여준 완전한 자유시장 환율과 동일하여야 할 것이지만 암시장환율보다 낮고 공정환율이나 협동화폐거래소 환율보다는 훨씬 높을 것이다.

7.1조치와 후속조치는 북한의 외환통제정책을 〈그림 4-1〉의 장애요인 (4), 즉 선군정책의 지지도구가 아니라 외환 및 무역정책도구로서 합리적인 경제정책의 주요 도구역할을 할 수 있도록 근본적 개혁을 기안하고 집행하는 데 실패하였다. 〈그림 4-1〉의 장애요인 (4)에 대해서는 근본적 개혁이 이루어지지 않았더라도 장애요인 (2), 즉 북한식 사회주의의 명령 및 통제제도의 중추인 외환 및 무역정책에 대해서는 개혁을 실시하였어야 했다. 통합된 단일환율제도를 실시하여, 즉 경제정책의 합리화를 성취하여 다원적 환율에서 오는 잠재적 부당이득을 제

거하는 등의 부수적 목적도 성취하였어야 했다. 북한 외환통제 정책의 개혁이야말로 너무 늦었다. 세계적으로 2003년의 외국환체제에 관한 자료가 있는 나라로서 2005년의 World Development Indicator에 수록된 145개 국가 중 93%가 단일환율제도를 시행하고 있었다(World Bank, 2005a). 다만 2개의 개발도상국들(나이지리아와 시리아)은 다원적 외환율제도를, 그리고 8개의 개발도상국들(보츠와나·에리트레아·기니·미얀마·시에라리온·소말리아·투르크메니스탄·짐바브웨)은 이중환율제도를 2003년에 실시하고 있었다. 한편, 북한 주민들이 소유하고 있는 거액의 외환을 흡수할 수 있는 최상의 방법은 암시장환율, 협동화폐거래소 환율 및 공정환율 등으로 구성된 다원적 환율제도를 단일환율제도로 개혁하는 것이었을 것이다. 동아시아 체제전환국들이 1990년대에 동유럽과 전 소련 체제전환국들보다 시장지향적 전환과 경제의 세계화를 빨리 추진할 수 있었던 것은 비정상적인 환율정책을 개혁하는 것을 위시한 무역정책 개혁에 성공한 데 기인하였다(Martin, 2001). 물론 시장임금의 존재가 무역과 외국기업의 제휴를 확대할 수 있는 전제조건이었다.

(2) 국내공급반응의 결여와 고물가 상승

〈그림 4-2〉에서 보여주는 바와 같이 쌀의 암시장가격은 2002년 7월의 1kg당 44원에서 2006년 8월의 900원으로 4년 만에 21배 상승하였으며, 〈그림 4-3〉에서 보여주듯이 암시장의 달러환율은 2002년 8월의 1달러당 153원에서 2006년의 3,800원으로 4년 만에 25배 증가하였다. 위에서 언급한 2002년 7월의 쌀가격은 쌀공정가격을 550배 인상한 결과였으며, 2002년 8월의 달러환율은 북한 원화를 70배 가까이 평가절하한 결과였다는 것을 기억할 필요가 있다. 7.1조치 이후에 공정가격과 암시

장가격 그리고 공정환율과 암시장환율 간에 그렇게 극심한 차이가 다시 발생한 것은 7.1조치가 적절한 공급반응을 일으키는데 실패하였고 물가상승이 심하였기 때문이다. 만약 7.1조치 당시의 암시장가격과 암환율수준으로 높인 공정가격과 공정환율 그리고 평균 18배 상승한 임금 하에서 식량과 생필품에 대한 모든 수요가 증가된 공급량으로 충족되었다면, 국영상점과 국가유통망의 외부에서 별도의 암시장거래가 다시 발생할 여지는 없었을 것이다. 북한 정부는 아마도 7.1조치에 의한 공정가격과 임금상승이 암시장을 없앨 수 있으며 최초에 인상된 실질임금이 유지될 수 있을 것이라는 허구적인 믿음을 갖고 있었던 것 같다. 7.1조치에 따른 평균 18배 임금인상의 결과로 노동자들의 최초 실질임금 인상은 11배에 달하였으나, 6개월 후인 2002년 말의 실질임금은 2002년 7월 1일 당시에 비하여 40%가 감소되었다. 심한 물가등귀로 인하여 실질임금은 계속 감소되었고, 2003년 하반기에는 2002년 7월 1일 이전 수준보다 더 낮은 수준으로 떨어졌다. 국내생산량이나 수입량의 증대를 통한 식량과 생필품 공급량의 증대가 따르지 않는 명목임금의 인상만으로는 공정가격과 암시장가격의 막대한 차이와 암시장 번성의 근본원인이었던 초과수요를 줄이거나 제거할 수가 없었다. 결국 7.1조치는 필요한 국내공급반응을 창출하지 못하였고, 그러한 정책의 "궁극적 목표가 불확실하였다"는(Seliger, 2007) 비판을 면할 수 없게 되었다.

2005년 중반경의 자료를 보면, 20~30%에 불과하였던 북한 생산시설의 저조한 가동률에 7.1조치 이후 어떤 변화가 일어났다는 징후가 보이지 않았다(Cho, 2005). 이렇게 낮은 가동률은 〈그림 4-1〉에서 보여준 1980년대와 1990년대의 외환, 식량과 생필품, 생산용 원자재, 연료의 위기 하에서 생산 측면의 실상을 나타내는 숫자였다. 북한의 생산시설 가동률이 극히 저조하였던 주요 원인은 잘 알려져 있었다. 즉, 북한은 대부분의 산업에서 비교우위가 없었을 뿐 아니라 기계들이 노후화되어 있었고, 외환부족으로 인하여 생산에 필요한 원자재·중간재 및 연료를 공급할 수 없었으며, 노동자들은 열심히 일하고 싶은 의욕을 상실하고 있었다. 7.1조치와 후속조치에서는 이러한 여러 가지 부정적인 요소들을 근본적으로 해결하려는 각별한 조치들이 보이지 않았다. 다만 한 가지 예외는, 기업소의 자율성을 제고한다는 명목 하에 기업들에게 노동자들을 자체적으로 먹여 살리고 생산용 투입물자들을 자력으로 공급하도록 요구함으로써 노동자들의 의욕을 개선하려고 노력한 것이었다. 세계식량계획과 유엔의 식량 및 농업기구(FAO)의 한 보고서에 의하면, 7.1조치 이후에 일어난 북한의 공장가동 중지와 생산감소는 약 30%의 노동자 실업과 잠재실업률을 초래하였다(NKchosun.com, 2004h).

북한의 비교우위를 신뢰받지 못한 농업생산의 경우에도 가시적인 공급반응을 일으키기 위해서는 수입원자재의 부족 문제를 해결할 방도를 찾아야 하였다. 최근의 한 연구보고서에 의하면, 1960년대 이전에 건설한 비료공장 시설의 노후화 및 수입원자재와 연료의 부족으로 인하여 북한의 연간 비료생산량은 약 45만 톤에 불과하였는데, 이는 연간 수요추정액 155만 톤의 30%밖에 안 되는 것으로 추정되었다(NKchosun.com, 2005c). 따라서 북한은 농업생산에 필요한 비료부족량을 남한의 원조와 기타 지원에 의하여 해결해 오고 있다. 예를 들면, 북한 정부는 2005년의 신년 공동사설에서 설정한 국가적 농업증산 목표를 달성하기 위하여, 각 성과 기관 그리고 무역회사 등 기업소들이 자체적으로 획득한 외화로 사들인 비료 등의 수입원자재를 농민들에게 헌납하라고 요청한 일이 있었다(NKchosun.com, 2005e).

결론적으로 말하면, 7.1조치의 국내공급반응 실패의 원인은 〈그림 4-1〉의 맨 위 원형 (1)~(4)에 기술한 북한의 비시장지향적, 대내지향적 개발전략에 대한 변화를 저해하는 4가지 장애요인에 대한 근본적인 개혁을 시도하지 못한 데 있었다. 그러나 아래에서 고찰하겠지만, 최근 중국으로부터 소비제품, 원자재와 중간재, 자본재의 수입은 북한에 상존해 왔던 해당 물자들에 대한 초과수요에 대해 중국을 중심으로 한 해외의 공급반응이 시차를 두고 일어난 것으로 보인다.

(3) 양곡배급정책의 일관성 결여

〈그림 4-6〉에서는 북한의 식품을 대표하는 쌀의 배급정책의 변화를 7.1조치 이전, 당시, 이후, 그리고 2005년 10월 1일의 배급정책 당시와 그 이후 쌀의 판매 및 구입가격과 함께 요약한다(Kwon, 2005; Hong, 2006).

그림 4-6 쌀값 변화(kg당 원): 2002. 7. 1조치; 2005. 10. 1 배급조치; 2006 후반기 곡물판매소 및 암시장

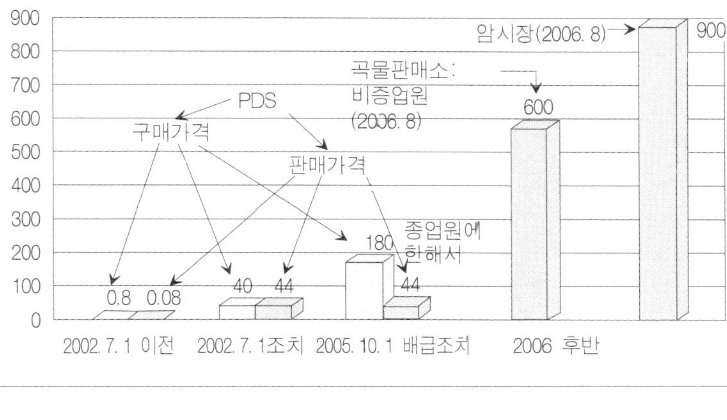

◈ 7.1조치 이전

〈그림 4-6〉에서 보여준 바와 같이, 쌀배급가격은 1kg당 8센트인 반면에 국가유통망의 농민으로부터 쌀구매가격은 1kg당 80센트이었다. 결과적으로 쌀배급제도는 이중의 정부보조에 의존하였다. 즉, ① 배급가격이 농민으로부터 구매가격의 1/10에 불과하였고, ② 배급가격이 암시장가격의 1/550에 불과하였다. 7.1조치 직전의 쌀 1kg당 암시장가격 44원은 배급가격 8센트의 550배에 해당되었다. 쌀배급제도에 이렇게 어마어마한 불합리성이 존재하는 것을 인식하고 있던 자들은 이 제도가 이미 붕괴되었다는 것을 의심할 수가 없었다. 위에서 지적한 바와 같이 국가유통망의 붕괴가 농민시장의 전국적인 허용을 가져왔으며, 그러한 시장에서 거래되는 품목 중 가장 중요한 품목이 쌀과 기타 곡물이었다.

◈ 7.1조치 당시

7.1조치 당시 쌀의 암시장가격인 1kg당 44원이 국가유통망과 국영상점의 쌀판매 공정가격이 되었다. 〈그림 4-6〉에서 볼 수 있듯이 쌀구매 공정가격도 1kg당 40원으로 인상되었다. 적어도 2002년 7월 1일 당시에는 이러한 쌀공정가격 변경이 아주 합리적인 것으로 여겨졌다. 첫째, 쌀의 공정가격과 암시장가격의 차액을 제거함으로써 배급표를 가진 자에게 지급하던 보조금이 제거되었다. 둘째, 쌀의 판매가격과 구매가격 간의 불합리한 역마진이 합리적인 정상적 마진으로 전환되었다. 셋째, 새로 인상된 쌀의 공정수매가격이 농부로 하여금 쌀을 암시장 대신 국가유통망에 팔 동기를 제공하였다.

◈ 7.1조치 후

국가유통망에서 새로운 쌀공정가격에 따른 쌀초과수요의 전무상태는 오래 지탱되지 못하였다. 7.1조치가 내려진 지 겨우 반년 후인 2003년 초에 초과수요와 물가등귀로 인하여 새로운 쌀암시장가격이 공정가격의 6~8배에 달하게 되었다(〈표 3〉, 부록 I 참조).

다음에서 더 고찰하겠지만, 북한은 농민시장을 구역시장이나 종합시장으로 발전시키기 위해 개편하였다. 당초에는 협동농장이나 가정에서 재배한 농산물이 국영상점의 공정가격보다 높은 정부의 지도가격으로 이러한 시장에서 거래되는 주요 상품이었다(Zellweger, 2003). 북한 가정은 수입의 50~80%를 식량구매에 쓰는 것으로 추정되었으며, 7.1조치 후 식량가격이 다시 상승하자 빈부격차는 더 심화되기 시작하였다. 한편, "식량부족으로 인하여 북한은 2004년 3월부터 특정 층의 정부관리를 제외한 일반대중에게는 이전 같은 식량배급을 계속할 수 없었다" 고 보도되었다. 다시 말하면, 2002년 7월 1일 이후에 과거와 같은 방식의 식량배급에 의하여 충족시킬 수 있는 식량수요는 약 50%에 불과하였다는 것이다(NKchosun.com, 2004a; 2004c). 이전 같은 식량배급제도에 따라 공정가격으로 최소한의 식량수요를 충족시킬 수 있는 주민은 북한 인구의 절반에도 미치지 못하였다. 따라서 급등한 암시장가격으로 나머지 식량을 살 수 없는 가난한 주민들은 더욱 심한 타격을 받게 되었다.

◈ 2005년 10월 1일의 식량배급정책

북한은 2005년 10월 1일에 새로운 식량배급정책을 발표하였다(Kwon, 2005; Hong, 2006). 정부기관, 기업소 및 공장의 종업원들은 2002년 7월 1일에 고시한 공정가격(즉, 〈그림 4-6〉에 보여준 것같이 1kg에 44센트)으로 국영상점에서 쌀을 구입할 수 있게 하였고, 비종업원들은 다음에 설명하겠지만 2006년 후반기부터 운영되어 온 곡물판매소에서 공정가격보다 높은 가격으로 쌀을 구입할 수 있게 하였다. 2005년 10월 1일부터 곡물시장 판매는 금지되었다. 농부들은 텃밭에서 수확된 것을 포함하여 모든 식량품목을 국가유통망을 통해서 판매해야만 하였다. 국가유통망이 농부로부터 수매하는 식량품목 구입가격은 2002년 7월 1일 수준보다 높아졌다. 예를 들면, 〈그림 4-6〉에서 보여준 것같이 쌀 1kg의 국가유통망 구매가격은 180원이었다. 2005년 10월의 식량배급정책 하의 1일 배급량은 이전의 일당 배급량(즉, 250g)보다 많은 것으로 알려져 있으나, 그 양도 국제적 표준 1일 배급량에 미치지 못하는 것으로 보인다.

농민들이 텃밭에서 경작한 것까지 시장에 파는 것을 금지하는 식량배급제의 재실시는 식량의 국내생산을 증대할 목적으로 농민들의 자율성과 소득을 진작시키려던 7.1조치 및 후속조치와의 일관성을 잃은 조치임에 의문의 여지가 없다.

종합시장의 근원이 농민시장이었던 것을 감안하면, 새로운 식량배급제도야말로 시장지향적 경제체제를 발전시키겠다는 방향에 대한 명백한 반대조치였다. 이 정책은 농업부문에서 취한 다음과 같은 조치와도 일관성을 잃은 결정이었다. 즉, 7.1조치는 농민들의 개인경작 최대면적을 30~50평에서 400평까지 늘렸다. 2002년 6월에 북한은 기본적 작업단위를 10~20농가에서 4~5농가로 줄이고 쌀을 제외한 경작물 종류의 선택에 있어 농가에 더 많은 자유를 허용할 목적으로 농업법을 개정하였다. 2004년에는 농가 중심의 경작제도를 시범적으로 실시하였다.

또한 〈그림 4-6〉에서 보여주는 것같이 국가유통망의 종업원에 대한 쌀배급가격(1kg당 44센트)과 농민으로부터의 쌀구입가격(1kg당 180원)의 커다란 역마진으로 다시 돌아가는 것은 그러한 역마진과 정부보조를 제거하기 위해 시도한 7.1조치와 일관성이 없다.

◈ 곡물판매소

곡물 총공급량의 부족, 국가유통망 가격 하의 초과수요, 그리고 높은 물가상승률 등으로 미루어 볼 때, 2005년 10월의 새로운 배급제도 실시 이후에 곡물의 시장거래가 금지되어 왔지만 암시장거래가 이루어지고 있다는 소식이 놀랍지 않았다. 최근의 소식에 의하면(NKchosun.com, 2007c; Hong, 2006), 곡물배급을 담당하는 국영상점과 별도로, 공식적으로 새로 설치된 곡물판매소에서 2006년 하반기부터 공식적으로 정한 가격에 의하여 쌀과 옥수수를 판매하고 있었다고 한다. 비종업원들은 낮은 배급가격으로 쌀을 배급받지는 못해도, 곡물판매소에서 배급가격보다는 비싸지만 암시장가격보다는 싼 값으로 쌀을 구입할 수 있었다. 즉, 〈그림 4-6〉에서 보여주듯이 2006년 8월 현재 쌀의 암시장가격은 1kg에 900원인 데 비해 곡물판매소의 판매가격은 600원이었다. 명백히 곡물판매소의 목적은 2005년 10월의 새로운 쌀배급제도 실시 이후 다시 고개를 든 쌀의 암시장거래를 정부가 통제하는 곡물판매소로 유인하고, 이 판매소들이 수입이나 농민으로부터의 구입을 통하여 공급을 증가시키려는 데 있었던 것 같다. 또한 〈그림 4-6〉에서 볼 수 있듯이 곡물판매소의 쌀판매가격인 1kg당 600원과 국영상점의 구매가격 180원 간의 큰 마진을 통하여 쌀배급제도 실시에서 정부가 감당해야 할 보조금의 부담을 덜어 보려는 의도도 있었던 것 같다.

설령 북한의 곡물정책이 일관성이 있었다고 하더라도, 북한의 곡물배급제도는 남한·중국, 기타 나라들과 국제기관의 원조가 없었다면 지탱될 수가 없었을 것이다. 한편, Yang(2007)이 지적하였듯이, 북한의 새로운 배급제도는 북한 당국에게 시장 활동을 통제하려고 하여도 마음대로 통제가 되지 않는다는 또 하나의 교훈을 주었다. 그러나 그러한 교훈에도 불구하고 북한의 진정한 시장지향적 개혁이 언제 실시될지는 불확실하다.

북한은 2012년 6월 28일 "우리식의 새로운 경제관리체제 확립에 대하여"에서 다음과 같은 내용을 실시하기 위한 태스크포스(TF)를 구성해 운영 중이라고 제6장에서 소개하였다. 그 중의 "협동농장의 분조단위를 축소하여 농민의 수확물 중 30% 개인소유를 인정"한다고 하였는데 얼마나 유효한지는 알 수 없다. 만약 북한의 노동집약적 경공업이 잘 되어 외화획득이 충분하다면 식량부족은 외화로 지불할 수 있었을 것이나 그렇지 못한 것이 식량부족의 근본 원인이며, 시장친화적 개혁·개방을 너무나 지연시킨 것이 주원인이다.

(4) 부분적 기업소 자율성 허용과 종합시장 실험

위에서 지적한 바와 같이 북한은 농민시장을 재편하여 구역 또는 종합시장으로 발전시켰다. 국가유통망과 배급제의 붕괴가 도시지역을 포함하여 전국적으로 농민시장을 허용하게 만들었다. 이 시장에서는 당초에 당국이 공식적으로 허용하는 품목에 한하여 정부감독 하에 식품과 생필품만 거래가 허용되었다. 북한의 중앙계획과 명령 및 통제 하의 북한식 사회주의 경제가 식량과 생활필수품도 제대로 공급하지 못하게 되자 필연적으로 암시장이 번성하게 되었고, 결국은 정부도 농민시장에 관한 규칙을 강제로 집행할 수 없다는 사실을 인정할 수밖에 없었다.

그러나 7.1조치 후 처음에는 국영상점의 공정가격과 농민시장의 다른 규정들을 엄격히 이행하려고 시도하였다. 〈표 3〉, 부록 I에 수록한 7.1조치 이후의 물가인상 자료가 보여주는 것같이, 7.1조치 이후에도 암시장이 번창하자 정부는 다시 한 번 엄격하게 규칙을 집행하는 것이 무리라는 것을 인식하게 되었다. 북한의 지방정부는 종합시장으로 사용할 건물을 많이 건축하여 개인, 협동조합 또는 기업소를 대표하는 상인들에게 상점자리를 대여하게 되었다. 이 시장에서는 약 300가지 상품을 거래하도록 허용되었다. 국영상점은 정부가 운영하는 반면, 두 가지 종류의 판매상점이 허용되었다. ① 기관이나 기업소에 세를 받고 임대하는 정부 설립 판매점, ② 기관이나 기업소의 직판매점·무역회사들은 자사의 상품을 국영상점을 통해서 팔 수도 있고, 자사의 판매점에서 팔 수도 있었다(NKchosun.com, 2004). 결국, 소비재의 판매거래는 국영상점이나 종합시장에서 이루어져야 하였다.

종합시장에 관한 2003년 3월의 조치에 의하면, 소비재에 대해 3가지 가격체계가 허용된 것으로 보인다.

① 공정가격(국영상점에서의)
② 종합시장가격(수요공급이나 흥정에 의하여 결정되나 상한가보다 낮아야 함)
③ 종합시장의 상한가격(정부가 감독함)

공장과 기업소가 자체적으로 제조한 제품을 종합시장에서 판매하려면 다음과 같은 조건을 충족시켜야 된다.

① 잉여소비재(즉, '계획생산량' 초과액)
② 공장에서 '자체조달'한 원자재나 중간재로 제조된 소비재

표 4-1 종합시장에서 무엇을 판매하나?

Zellweger의 2003년 관찰	2005년 또는 2006년 실상
① 협동농장이나 농가 자체에서 재배한 농산물	2005년 10월 1일 이후에 종합시장에서의 곡물거래가 금지되었음
② 변경 무역상품	중국에서 수입된 상품이 시장의 80~90%를 차지함
③ 국영상점이나 외국원조 관리기관으로부터 누출된 상품	탈북자들에 의하면 국영상점이나 외국원조제품의 유출품이 흔히 팔린다고 함
④ 영세 또는 소규모 공장이나 기업소 생산품	②나 ③과 경쟁할 수 없어서 무시할 수 있는 양밖에 없음

〈표 4-1〉에서 Zellweger(2003)가 "종합시장에서는 무엇을 판매하는가?"에 관한 2003년의 관찰을 2005년이나 2006년의 실상과 비교한다.

Zellweger는 "물가는 공급과 수요에 의하여 변하지만, 정부에서 정한 상한선을 넘을 수 없다. 이 시장은 이른바 암시장과 다르고 소비자에 대한 '상품공급'의 한 방법에 불과하다"고 언급하였다. 정부가 정한 상한물가가 10일마다 조정되지만, 실제로 거래된 상품의 일부 가격은 이러한 상한물가를 초과하였다(NKchosun.com, 2004d; 2004f). 공장과 기업소는 종합시장에 할당된 자체 판매대에서 자체 상품을 팔 수 있으나 판매대의 5% 이하만 이용하여야 하며, 주 생산과정의 부산물에 의하여 제조·재생된 생필품만을 판매할 수 있고 판매가격의 결정에 정부가 간섭하게 되어 있었다(NKchosun.com, 2004e; 2004f).

〈표 4-1〉이 Zellweger가 2003년에 관찰한 사실과 비교하여 몇 분야의 주요한 변화를 요약하였다. 첫째, 종합시장은 특히 주요한 곡식에 대해 확장된 농민시장 역할을 하였지만 2005년 10월부터는 이 역할이 중단되었다. 물론 별도의 곡식 암시장은

결코 사라지지 않았다. 둘째, 한국은행의 보고서(Lee, 2006)를 포함하여 최근의 보고서들은 종합시장에서 판매되고 있는 상품의 80~90%가 중국으로부터 수입된 값싼 상품들이라는 것을 확인하였다. 아마도 중국에서 수입한 값싼 소비제품이 종합시장을 석권하는 이유는, 일부 수입소비제품에 대해 북한이 비교우위를 갖지 못한 탓도 있겠지만, 근본적으로 북한 기업들이 수입품에 대한 경쟁력을 갖지 못하였기 때문일 것이다. 자체 공급한 수입원자재를 사용하라는 등 2005년 중반까지 적용되었던 요구조건이 그러한 경쟁력 부족을 더욱 초래하였을 것이다. 최근 정보(Kwon, 2005)에 의하면, 북한 정부는 기업소들에게 계획품목이든 아니든 원자재와 중간재의 일부를 자체적으로 조달할 것을 장려하고 있는 것 같다. 최근에 중국과의 합작으로 문을 연 수입원자재시장은 2005년 6월부터 기업소들이 자체적으로 수입원자재를 조달할 수 있도록 도움을 주고 있는 것으로 보인다. 그러나 모든 기업소들이 이러한 수입원자재를 구입할 수 있도록 균등한 방법으로 자금조달 문제를 해결할 수 있는지에 대해서는 아직 정보가 없다. 끝으로, 종합시장이 원조물자 등 비정상적으로 유출된 상품의 거래장소로도 이용되고 있는 것 같다.

최근에는 북한 공장이나 기업소의 국내상품 생산활동보다 북한과 중국 기업의 수입상품 판매활동에게 더 많은 자율권을 부여하는 것 같다. Yang(2007)이 면접한 최근 탈북자들은 북한 국영상점들의 (위탁)수매상점화가 증가하고 있다는 것을 확인해 주었다. 일부 국영상점들을 임대형식으로 인수·운영하는 주체는 무역회사를 비롯한 각종 기관·기업소이다. 또한 일부 자금력 있는 개인이 기관·기업소 명의를 이용하여 직접 운영하는 경우도 있는 것 같다. 그렇다면 북한의 국내유통과정에도 직·

간접적인 정부간섭이 심해, 국내유통활동의 약 10%만이 순수한 시장활동이라는 Hong(2006)의 추측은 아마도 과소평가인지 모르겠다. 여하간 최근 종합시장에서의 값싼 중국 수입품의 범람은 국내생산에 필요한 노동, 외국기업과의 제휴, 외환 등의 생산요소의 시장화보다 수매상점 등의 유통활동 시장화가 더 빠른 것과 무관하지 않은 것으로 추측된다.

어떤 사람들은 종합시장을 허용하는 정부의 조치가 시장경제의 첫 단계라고 생각할 수 있다. 그러한 생각은 그런 조치가 시장을 발전시키는 것이 아니라 이러한 시장을 통제할 의도에서 나왔으며, 생산요소시장도 불허한다는 사실을 간과하고 있다. 능률적인 시장경제는 생산된 상품이나 수입품의 유통활동만을 통해서 형성되는 것이 아니다. 즉, 시장경제는 노동, 외국기업과의 제휴, 노하우, 원자재, 자본 등의 생산요소를 포함한 생산활동의 시장화에서부터 시작되어야 하는 것이다. 이는 〈그림 4-1〉의 원형 (2)에 기술된, 사유재산제도를 허용하지 않는 북한식 사회주의의 명령과 통제제도 안에서의 노동시장 불허, 외환시장 통제, 그리고 외국기업과의 제휴 등을 포함한 기업의 참된 자율성 결여 문제와 관계되는 것이다. 7.1조치가 명백히 성취한 한 가지 업적은 공장과 기업소에 대한 정부보조금의 중단이다. 그러나 7.1조치와 후속조치는 기업의 참된 자율화를 허용하지 못하였다. 그 이유는 다음과 같다. 즉, 노동자들의 자유로운 채용·해고, 자유로운 이동, 시장임금, 기업의 자유로운 설립·폐쇄, 수입원자재 구입에 필요한 외환의 동등한 허용, 생산용 투입물자 구입자금과 설비 대치나 확장을 위한 투자자금의 동등한 허용, 특히 수출지향적 외국기업과의 합작, 위탁가공, 직접투자 등의 다양한 제휴의 동등한 허용 등을 계획이나 비계획 제품을 생산하는 모든 기업에게 보장하지 못하였다. 더구나 다른 어떤 산업보다 더 많은 자율권을 허용한다는 수출산업의 경우도, 수출업자들이 아래에서 설명하듯이, 순외환획득액의 환전에 2006년의 경우 암시장환율의 1/27밖에 안 되는 공정환율을 적용하고 있으니, 이를 기업의 참된 자율권이라고 하기는 어려울 것이다.

2008년 6.18 담화로 시장과 시장경제를 논의하는 것 자체가 금지된 상태에서 2009년의 화폐교환조치르 귀결되었다. 그 조치의 실책으로 시장경제를 묵살할 수 없는 현실에 직면하고 물가상승과 환율상승으로 경제사정이 더 어려워져 새로운 시장경제의 활력찬 힘을 추진하는 리더십이 필요한 때인 것 같다. 북한은 2012년 6월 28일 "우리식의 새로운 경제관리체제 확립에 대하여"에서 몇 개의 제안을 하였으나, 제6장에서 아직 내용이 확실하지 않아 그 이상 언급은 할 수 없으나 '기업의 경영자율권 확대'에 대하여 구체적인 언급을 기다리고 있다.

(5) 자유로운 노동이동과 노동시장 활동 불허

자유로운 노동이동과 노동시장 활동을 위한 개혁이, 〈그림 4-1〉의 맨 위 원형 (2)에 기술된 북한식 사회주의의 명령 및 통제정책을 개혁하고 북한의 시장지향적 체제전환과 경제의 세계화를 위한 새로운 개발전략을 기안하는 데 있어 외환통제제도 개혁의 다음으로 중요하다. 특히, 1995~1998년 중의 이른바 '고난의 행군' 시대에 국가유통망의 도움을 받지 못하던 북한 인민들은 아사를 면하기 위하여 식량을 찾아 각지를 돌아다녔고 중국으로 건너가는 자들도 많았다. 그러한 절망적 상태 하에서 북한 인민들의 이동에 대한 정부의 엄격한 통제가 실질적으로 와해상태에 이르게 되었다. 사람들은 생존을 위하여 사무실, 공장 또는 기업소로부터 탈취한 자산을 포함하여 돈이 될 만한 물건은 모두 팔아치우게 되었다(Seliger, 2007). 국가유통망이 와해되고 공장들이 종업원들에게 임금을 지불할 수 없게 되자, 종업원들이 직장에 남아 있을 동기가 없어졌다. 다시 말하면, 정규직원으로 국가유통망의 혜택을 받을 수 있는 기득권이나 또는 임금지불로부터 오는 동기가 없어지게 되었다. 더구나 공장의 원자재나 중간재 구입과 공급을 책임져야 할 종업원들 중 일부는 자신을 위하여, 그리고 일부는 공장을 위하여 합법적이거나 불법적인 여러 가지 개인적 상업활동에 관여하게 되었다(Jung, 2000). Yang(2007)은 이러한 노동자들의 일부를 3.8노동자라고 부르며 최근 그러한 3.8노동자들의 활동이 현격히 증가하였다는 것을 강조하였다. 직장 종업원들에 관한 고용법규와 규칙을 엄격히 집행할 수 없는 상황이었지만, 노동자들의 자유로운 이동은 공식적으로 허용된 적이 없으며, 노동시장 활동이 형성될 여지를 주지 않았다.[7] 7.1조치는 장려임금체계를 도입함으로써 고용원의 노동 인센티브를 높이려고 시도하였으나, 그러한 시도는 기업들의 제한된 자율성 때문에 별로 효과적이지 못하였다. 즉, 기업의 자유로운 설립과 폐쇄, 직원의 자유로운 채용 및 해고, 그리고 노동자들의 자유로운 이동과 노동시장 활동 등이 허용되지 않았기에 기업의 완전한 자율성이 보장되지 못하였다. 북한 기업들이 외국기업이나 은행과 위탁가공, 합작 등의 형태로 자유롭게 제휴할 수 없었던 환경도 기업의 완전한 자율성을 이룰 수 없게 하였다. 북한의 노동체계를 정부가 노동자들의 활동과 행동에 대하여 절대적 통제권한을 갖는 전시노동체계와 유사하다고 그 성격을 규정하기도 한

7) 북한의 1998년 헌법 제75조에 '거주와 여행의 자유'가 신설되었으나, 이 조항은 실제로 집행된 일이 없기 때문에 북한의 인권문제를 거론하는 서구의 비난을 피하기 위한 형식적인 성격을 갖고 있다는 비판을 받고 있다(Lee, 2000).

다(J. Park, 2007). 이러한 성격규정은 주체사상에서 연유한 절대적인 명령과 통제라는 북한의 통치이념과 일치되는 것으로 보인다(Lee, 2000). 이는 위에서 언급하였듯이 주체사상에서 연유한 반외국인 태도와 병행하는 것으로 이해된다.

소련의 중앙계획체제조차 후반기에는 공식적으로 노동이동과 노동시장 활동을 허락하였다. 즉, 노동자들이 선호하는 직장을 찾기 위하여 돌아다닐 수 있는 상당한 자유를 허용하였던 것이다. 동아시아 체제전환경제의 경우는 이들 경제의 세계시장 지향적 개혁 초기에 단일시장환율, 친외국기업 환경 및 개혁된 정책 등에 더하여, 노동의 자유로운 이동과 자유로운 노동시장 활동에 의하여 형성된 국내시장 임금이 외국기업과의 제휴를 위탁가공, 합작 및 외국인 직접투자 등의 형태로 유인하는 데 결정적 역할을 하였다. 물론 이렇게 일찍 제휴한 외국기업들은 동아시아 체제전환국들이 동유럽과 여타 체제전환국들보다 경제의 세계화를 더욱 효과적으로 시작하는 데 개척자적 역할을 하였다. 북한도 동아시아 체제전환국 경제와 같이 수출지향적 외국기업 제휴를 가속화하여, 북한의 비교우위에 입각한 외화획득을 급속히 촉진하는 데 최고의 우선순위를 부여하였어야 했다. 동아시아 체제전환국과 마찬가지로 북한의 풍부한 비숙련 노동력과 저렴한 임금이 잠재적인 제휴가능 외국기업들에게는 가장 매력적인 인센티브가 될 수 있었을 것이다. 그러나 동아시아 체제전환국들과는 판이하게 북한에서는 국제경쟁력이 있는 시장임금, 노동의 자유로운 고용 및 해고, 노동력의 자유로운 이동, 그리고 단일시장환율 등이 부재하였다. 그리하여 북한은 비교우위에 입각하여 외화획득을 증가시킬 수 있는 대상들인 외국기업 제휴자들을 유인하는 데 있어 경쟁력 있는 위치를 상실해 왔다. 이러한 정책의 급속한 전환이 위에서 언급한 바와 같이, 최근 중국에서 수입된 소비재가 북한의 종합시장을 석권하게 만든 북한 수입상의 자율성 확대보다 먼저 또는 동시에 일어났어야 하였다.

7.1조치와 후속조치가 북한의 세계시장 지향적 개혁의 첫 단계라고 할 수 없는 이유는 다음과 같은 조치를 취하지 못하였기 때문이다.

① 북한의 외환통제정책의 개혁
② 북한의 자유로운 노동이동 및 자유로운 노동시장 활동 불허에 대한 개혁[8)]
③ 아래에서 더 고찰하듯이 일관된 외국기업제휴 유인전략의 수립 및 집행
④ 아래에서 더 고찰하듯이 국가의 우선순위를 선군으로부터 시장지향적 전환과 경제의 세계화로 변경

이러한 미이행조치들과 〈그림 4-1〉의 장애요인 (1)~(4)의 개혁과의 관계를 보면, ①과 ②는 장애요인 (2)의 개혁에서 주요 부분이며, ③은 장애요인 (1)과 (3)의 개혁과 관련되고, ④는 장애요인 (4)의 개혁과 관련된다.

(6) 외국기업과의 제휴 유치를 위한 일관되지 못한 전략

위에서 언급한 바와 같이 시장지향적 전환과 경제의 세계화를 위해 필요한 것은, 첫째 외환통제정책의 개혁, 둘째 자유로운 노동이전 및 노동시장 활동을 위한 개혁, 셋째 위탁가공,

8) 예를 들면, 자유로운 노동시장이 불허되는 사회에서는 왜 자유로운 시장경제를 상상할 수 없는지에 대한 깊이 있는 분석에 대하여는 Freedman(1962)을 참조할 것.

합작, 외국인 직접투자, 그리고 기술·마케팅 계약 등 다양한 형태로 외국기업과의 제휴를 유인하기 위한 일관된 전략을 집행하는 데 필요한 개혁이다. 이러한 개혁은 〈그림 4-1〉상의 장애요인 (1)~(3)에 대한 개혁이다. 북한은 7.1조치 이후 외국인 투자를 유인하기 위하여 다음과 같은 몇 개의 후속조치를 취하였다.

첫째, 북한의 2004년 9월 조치는 외국인 투자기업에 고용된 북한 노동자들의 월당 최저임금을 이전의 80~120달러에서 30유로로 대폭 인하하였다. 이러한 새로운 임금을 개성수출공단의 북한 노동자들에게도 건의하는 새로운 수출공단전략 하에 시장임금이 형성될 때까지 잠정적인 조치로 적용하였어야 했다.

둘째, "사회주의 경제관리 개선에 대하여"라는 내각 지침을 통하여 북한이 2005년 11월에 취한 조치에 외국인 투자를 유인하기 위한 추가적인 정책이 포함되어 있었다(Korea Institute for National Unification, 2005). 한 가지 눈에 띄는 조치는 외국투자자로 하여금 외국화폐를 협동화폐거래소에서 거래소환율로 북한 화폐로 바꾸는 것을 허용함으로써 북한 내에서의 경비지출[9]과 투자자금으로 쓸 수 있도록 한 것으로 보인다. 또한 외국투자가들이 북한 화폐로 획득한 이윤을 외환으로 바꾸는 것을 허용하였으며, 외국투자에 의한 생산품의 국내시장 판매도 허용하도록 조치하였다(Kwon, 2005).

셋째, 북한은 2002년 후반에 신의주, 금강산과 개성을 경제

9) 표면상으로는 이 조치가 이전의 북한 외환법규에 명시된 정책보다 현저히 개선된 것같이 보인다. Yu(2003)에 의하면, 이전의 북한 외환법규는 북한을 방문하는 외국인들이 북한 내에서의 개인경비지출을 위하여 외환을 북한 통화로 바꾸는 데 공정환율을 적용하도록 명시하고 있다고 한다. 그러나 협동화폐거래소의 환율이 공정환율보다는 높으나 암시장환율보다는 월등하게 낮았던 것 같은데, 그렇다면 새로운 조치의 인센티브 가치가 얼마나 되는지는 의문시된다.

특구로 지정하였다. 신의주특구는 실현되지 못하였고, 금강산특구는 관광에 한정되어 있다.

이러한 새 정책들이 잘 실시되면 개선된 조치라고 생각된다. 그러나 특히 외국사업가들에 대한 북한의 정책집행기록에 대한 과거의 신뢰성 결여로 인하여 단편적인 조치들의 발표가 아니라, 외국기업에 대한 국제적으로 모범적인 필요한 정책과 사업환경을 보장하는 것을 포함한 새로운 개발전략을 시작하였다는 것을 국제사회에 과시할 필요가 있다.

첫째, 7.1조치와 후속조치를 통하여 북한이 오랜 기간 유지해 온 이른바 '모기장정책'[10]을 폐기한다는 명명백백한 북한 정부의 정책을 천명한 일이 없다. 모기장정책은 북한의 외국인투자법규나 여타 법규에 명시되지 않았지만 북한의 가장 심각한 반외국기업 태도라고 널리 알려져 왔다.[11] 이러한 정부정책이 〈그림 4-1〉의 장애요인 (1), (3)과 밀접히 관계되어 있다.

둘째, 국제적으로 모범적인 외국기업과의 제휴 유인정책 및 사업환경에 관한 개발경험에 의하면, 외국기업들은 개발도상국 국내통화로 표시된 시장임금과 자유시장환율정책의 배합을 외국통화로 표시된 임의적으로 고정시킨 임금계약보다 더 선호한다. 잠재적인 외국투자자들은 깊이 있는 분석과 실증적인 증거를 제시하기 전에는 북한의 새로운 최저 월간 임금 30

10) 이 정책은 북한 내에서 남한(그리고 타외국) 기업인들 주위에 모기장을 치는 것을 목적으로 하여 왔는데, 이런 기업인들이 마치 모기같이 독을 북한 일반대중에게 전파시킨다고 우려하여 이런 기업인과 북한 인민들을 격리시키려는 의도에서 연유한 것 같다.

11) 이러한 태도는 공식적인 법이나 규율 없이 정부가 집행하는 조치에 대하여 아무도 도전할 수 없는 가장 심각한 경우라고 할 수 있다. 한편, 북한 정부의 위에서 언급한 바와 같은 노동자의 자유로운 이동금지는 이 정부의 조치가 북한의 최고법인 헌법에 어긋나더라도 아무도 그 조치에 대해 도전할 수 없는 또 다른 가장 심각한 경우라고 할 수 있다.

유로(38달러에 해당)가 북한의 참된 시장임금이나 잠재임금에 근접하다고 확신하지는 않을 것이다. 최근 2007년 10월 5일자 *Financial Times*(2007)에 의하면, 북한의 평균임금은 2달러에 불과하다고 한다. 또한 협동화폐거래소의 환율이 암시장환율의 낮은 비율에 불과하기 때문에 실제 시장환율과 비교하여도 너무 낮을 것이다. 따라서 그렇게 낮은 환율에 의하여 외국 돈을 북한 원으로 바꾸어 주는 것은 외국투자자들에게 별로 인센티브가 되지 못한다. 과거의 개발경험에 의하면, 외국기업 유치에 있어 합리적인 외환정책과 국제경쟁력 있는 시장임금이 기본적인 전제조건이었다. 즉, 〈그림 4-1〉의 장애요인 (1)과 (3)의 개혁과 장애요인 (2)의 개혁이 서로 밀접한 상관관계가 있다는 것을 보여준다. 모기장정책이 주체사상의 대외적 측면에서 연유한다면, 주체사상의 대내적 측면은 아마도 위에서 언급한 바와 같이 사유재산제도, 노동의 자유로운 이동, 자유로운 노동시장 등을 포함한 기업의 완전한 자율권을 필요로 하는 참된 세계시장 지향적 경제개혁 시도를 저지시키는 근원을 제공하여 왔던 것 같다. 자유로운 노동시장 활동, 합리적인 외환정책 그리고 모기장정책의 제거 등을 성취하기 위한 북한의 장래 개혁이야말로 외국기업 제휴 유인에 필수불가결하다.

셋째, 외국인 직접투자가 외국기업 제휴의 한 형태에 불과하기 때문에 북한의 새로운 외국기업 제휴 유인전략은 가장 필수적인 위탁가공을 포함한 모든 형태의 외국기업 제휴를 포함시켜야 한다.

넷째, 외국기업 제휴를 유인하는 효과적인 수단으로서의 경제특구제도에 대한 불충분한 이해를 아래에 요약한다.

7.1조치를 보완하기 위하여 북한이 개방 및 외국투자 유인정책의 일환으로 경제특구전략을 추구하고 있다는 해석을 흔히

하고 있는 것 같다(Cho and Others, 2003; Korea Institute of National Unification, 2005). 북한의 경제특구전략을 북한의 개발전략의 일부로 보기보다는 생존전략으로 보는 견해도 있다(Yoon, 2006). 경제특구전략에 대하여 다음과 같은 적어도 4가지의 불충분한 이해가 있는 것 같다.

첫째, 북한의 합리적인 경제특구나 수출공단전략은 북한의 시장지향적 전환과 경제의 세계화를 성취하기 위한 새로운 종합적인 대외지향적 개발전략의 일부이어야 한다. 예를 들면, 북한의 수출공단전략은 위탁가공을 통한 수출촉진전략과 별도로 취급할 수 없다. 북한의 새로운 합리적인 개발전략에 입각한 남한의 합리적인 북한 경제지원전략과 별도로 다룰 수 없다.

둘째, 개발도상국들의 중국식 경제특구나 수출공단의 주요 목적은 가장 효과적이고 간편화된 행정절차를 통하여 외국투자자들과 수출업자들에게 가장 개방적인 정책을 보장해 주는 것이었던 반면에, 북한의 경제특구나 수출공단의 주요 목적은 남한(과 타외국) 기업과 북한 인민들을 격리시키기 위하여 모기장을 치는 데 있었다(Korea Development Institute, 2002). 이와 같이 경제의 세계화에 반하는 방법을 실시하기 위하여 경제특구나 수출공단을 이용한 개발도상국은 없었으며, 북한의 특수성을 고려하더라도 그러한 경제의 세계화에 반하는 정책이 성공적인 결과를 가져오리라는 논리적인 개발이론도 찾을 수가 없다.

셋째, 중국의 공공부문은 매우 넓은 지역을 망라하여 중국의 경제특구에서 필요로 하던 최초의 막대한 인프라스트럭처 건설비용을 감당할 능력이 있었던(Young, 1995) 반면에, 북한이나 어느 외국정부 또는 외국의 사기업도 북한 내에서 그와 유사한 막대한 인프라스트럭처 건설비용을 감당할 수가 없다.

넷째, 경제특구나 수출공단에 대한 세계적인 개발경험에서 북한이 배워야 할 바른 교훈 중의 하나는 이러한 특구나 공단으로 외국기업을 유인할 수 있었던 필수조건은 전국적인 시장임금과 단일화된 자유시장환율의 존재였다는 것이다. 이러한 특구나 공단은 전국적인 시장임금과 단일화된 자유시장환율이 존재하지 않는 상황을 우회하기 위한 도구로 이용된 적이 전혀 없었다. KIEP(2007)가 이러한 사실과 교훈을 간과하는 느낌을 주는데, 남북경제협력 당국자들은 이러한 개발경험의 사실과 교훈을 간과해서는 안 된다.

제3장 끝에서 북한의 시장지향적 개혁과 경제의 세계화에 대한 4개의 장애요인을 확인하였다. 그 중의 하나인 장애요인 (3)은 남북 기업 간의 제휴가 중국과 홍콩·대만·싱가포르 기업 간의 제휴를 본받는 데 실패하였다는 것이다. 위탁가공, 합작 및 외국인 직접투자 등의 형태로 성취한 중국과 홍콩·대만·싱가포르 기업 간의 제휴는 이들 동아시아 슈퍼스타 경제가 1960년대와 1970년대에 세계시장에 침투할 때, 이들 해외 화교기업인들이 선구자적 역할을 하면서 축적한 경험 및 국제시장 네트워크와의 연결을 이용하여, 1970년대와 1980년대에 중국이 국제시장에 침투하는 데 있어 개척자적 역할을 하였었다.

남북한의 지도자들은 모두 덩샤오핑 같은 비전 있는 영도력을 본받아, 중국의 경우와 같이 필요한 정책 및 사업환경을 보장하고, 오랫동안 유지해 오던 모기장정책 같은 서로를 믿지 못하는 비합리적 태도를 불식하여 일관된 자유로운 남북 기업 간의 제휴전략을 집행할 수 있도록 남북한의 관리들과 기업가들에게 영감을 제공했어야 하였다. 수만 개의 해외 또는 국내 남한 기업들은 남한의 세계시장 진출의 경험과 연결망을 이용하여 북한 경제의 세계시장 진출을 위하여 북한 기업과 위탁가공을 위시하여 여러 가지 형태로 제휴할 용의를 가졌으며, 아직도 그러한 용의를 갖고 있다. 북한에게는 북한 경제의 세계화를 위하여 이것보다 더 좋은 잠재적 자원이 없다. 수출공단은 이러한 잠재적 자원을 동원할 수 있는 많은 수단 가운데 하나에 불과하다.

위에서 언급한 바와 같이, 7.1조치에 대한 북한 국내의 공급반응 부족과 종합시장에서 판매되는 북한의 소비재 상품의 국제경쟁력 결여에 비추어 볼 때, 7.1조치를 실시한 지 3년이 지난 뒤에도 여전히 존재하던 초과수요에 대응하기 위하여 중국 상인들이 중국 상품을 북한으로 들여온 경위를 이해할 수 있다. 중국에서 수입하는 상품들은 소비제품만이 아니라 북한에 긴요하게 필요한 중간재와 자본재까지 포함되는 것 같다. 최근 북·중무역의 팽창, 백화점 등 북한의 수입무역부문의 북·중합작투자, 북·중무역에 있어서의 북한 외화획득기관의 역할(Lee, 2006), 그리고 최근 북한 국영상점의 위탁수매상점화 등이 북한 종합시장에서 중국산 수입소비제품의 증가를 가능하게 하였던 것 같다. 그러나 북한 종합시장에서의 중국산 수입소비품의 석권이 북한 자체의 소비재 생산공장들에 완전한 자율성을 부여하지 않은 정책 때문에 전적으로 또는 부분적으로 연유하였다면, 북한의 소비재 생산공장이 수입되는 중국 제품과 동등한 입장에서 경쟁할 수 있도록 정책환경을 보장하여야 할 것이다. 더구나 위에서 강조한 것같이 북한이 〈그림 4-1〉의 장애요인 (3)을 완전무결하게 제거하지 않는다면, 장애요인 (3)으로 인한 위탁가공과 관계된 교역을 포함하여 제한된 남북교역에서 연유하는 부정적인 영향이 단기적인 북·중무역의 좋은 영향을 크게 능가할 것이다.

결론적으로 말하면, 북한 경제의 세계화를 위한 노력은 개혁된 정책과 사업환경 하에 수출지향형 외국기업과의 제휴를 대폭 확대하여, 주로 노동집약적 제조업에서 북한의 비교우위에 의한 외화획득의 획기적 확대를 빨리 성취할 수 있는 집중된 조치로부터 시작하여야 한다.

(7) 일관된 거시적 안정정책의 결여

다음의 두 가지 중요한 면이 7.1조치 이후의 북한 정부재정의 추세를 대변한다.

첫째, 미국 달러로 측정한 북한 정부의 실질적 예산규모가 줄어들고 있다. 즉, 미국 달러로 환산한 2005년의 북한 예산규모가 물가등귀와 정부재정수입의 감소로 인하여 2001년 규모의 1/3도 되지 않는다.

둘째, 정부재정수입의 감소로 인하여 적자재정이 불가피하게 되었다(Hong, 2006). 외환통제정책에 대한 근본적 개혁 전무제하의 분석에서 보여주었듯이 그렇게 낮은 환율로 군수품에 필요한 수입을 허용함으로써, 즉 잠재적 보조금을 그러한 수입에 지불함으로써 생길 수 있는 추가적인 재정적자를 수출업자들의 순외환획득에 아주 낮은 외환율을 적용시킴으로써 수출업자들이 지불한 잠재적 세금으로 방지하거나 줄일 수 있었을 것이다. 그러나 그러한 수출업자들의 희생이 북한 경제의 세계화에 가장 해로웠으며, 따라서 중장기적으로 거시적인 경제안정에도 해가 될 것이다. 북한은 재정적자를 주로 화폐증발과 외국원조로 감당하고 있는 것으로 이해된다. 물론 북한에는 통화공급에 있어 절제를 강제할 만한 독립적인 화폐 당국이나 정책이 존재하지 않는다. 북한 중앙은행의 역할은, ① 정부의 금고를 담당하며 정부의 계획과 명령을 집행하고, ② 화폐발행과 통화공급을 담당하고, ③ 정부의 지시에 의하여 대출과 신용을 공여하고 할당하는 것이다(Moon, 2005; Seliger, 2007). 북한이 새로운 중앙은행법을 2004년에 그리고 상업은행법을 2006년에 제정하였으나, 상업은행이 아직 설립되지 않았기 때문에 중앙은행이 담당해 오던 기업대출 업무를 아직은 넘겨받지 못하였으며 이른바 모노뱅킹체제를 아직도 유지하고 있다(Yu, 2007).

북한 정부는 암시장에서 유통되고 있는 일반대중 소유의 막대한 돈을 흡수함으로써 정부예산수입도 늘리고, 물가와 임금인상에서 연유한 높은 인플레이션을 다루기 위하여 2003년 5월 1일부터 정부공채를 발행하기 시작하였다. 공채는 거래가 허용되지 않고 이윤이 없는 10년 만기 정부의 명목채무 증명서와 복권의 복합이다. 정부재정수입을 추가적으로 증대하려는 조치들은 수입관세를 높이고, 세금제도를 변경하고, 부동산세금 같은 새로운 재정수입원을 추가하는 것 등을 포함하고 있다. 그러나 이러한 조치들은 물가상승률을 줄일 목적으로 정부재정수입을 증대하는 데 큰 효과를 거두고 있는 것 같지 않다.

7.1조치 이후 물가가 상승하고 일관된 거시경제안정정책이 없는 가운데, 물가상승 문제를 다루기 위한 정부의 대표적인 유일한 시도는 아마도 시장활동에 대한 억압으로 보인다. 다시 말하면, 정부보조 하의 낮은 공정가격과 결부된 쌀과 곡물의 배급이라는 방법에 의존하였던 것으로 보인다. 특히, 2005년 10월의 곡물배급정책은 아마도 기본적인 식량을 암시장가격에 비해 저렴한 가격으로 주로 종업원들에게 제공하는 단기적 목적을 달성할 수 있었을 것이다. 그러한 단기적인 조치는 계속적인 곡물원조가 보장되어 정부보조 지원의 수준을 아주 적게 할 수 있기 전에는 오래 지탱할 수 없을 것이다.

중장기적으로 그러한 물가의 등귀를 억압하는 방법은, 첫째 낮은 배급가격을 유지하기 위한 정부보조에 따르는 적자로 인하여 더 높은 가격등귀를 초래할 것이다. 둘째, 유사한 상품의 공급 및 수요곡선[12]에서 추리할 수 있듯이, 자유시장 균형가격과 생산량보다 높은 가격과 적은 생산실적을 초래할 것이다. 따라서 일관성 있는 거시경제안정정책에 추가하여 공정가격과 상한가격을 제거함으로써 기업의 자율성을 높이고 인센티브를 늘려, 국내생산과 수입증가를 통한 상품공급량을 늘리는 것을 목표로 하는 시장지향적 개혁을 추구하는 것이 최상의 방법이다. 다시 말하면, 〈그림 4-1〉의 장애요소 (2)에 대한 개혁없이는 거시경제정책의 성공을 보장할 수 없다는 것이다. 한편, 암시장가격 또는 종합시장가격과 공정가격이나 상한가격 간의 큰 차이는 암시장 상인이나 관계된 관리들 같은 부당이득 취득자들에게 인센티브를 준다(French, 2005). 따라서 그러한 부당이득 취득행위를 제거할 수 있는 최상의 방법은 공정가격이나 상한가격을 없애는 시장지향적 개혁을 급속히 시행하는 것이다.

자유시장 활동을 보장하지 않고 공정가격이나 상한가격을 설정하는 계획이나 통제체계의 부산물인 북한의 암시장이나 종합시장이 정부경제가 아닌 사경제와 연관되어 있기 때문에 시장경제의 첫 단계라고 주장하는 사람들은 Friedman(1962)이 함축한 분석의 의미를 충분히 파악하지 못하고 있는 것 같다. 암시장이나 종합시장이 바로 발생하고 있는 자유시장 활동을 막거나 장려하는 데 실패한 중앙계획과 명령 및 통제체계를 반영하고 있다. 정부의 이중역할은, 첫째 국내시장 활동에 명령과 통제를 하는 것이 아니라 국내시장 활동의 실패를 교정하거나 국내시장을 개발하는 데 있고, 둘째 국내기업들이 국제적 규범을 지키면서 경제의 세계화 활동을 영위해 나갈 수 있도록 지도와 지원을 제공하는 것이다.

북한의 2006~2007년도 거시경제 상황을 요약하면 다음과

12) 그러한 곡선에 대하여는 Friedman(1962)을 참조할 것.

같다. 한국은행의 추계에 의하면, 2006년도 북한의 국내총생산(GDP) 성장률은 −1.1%였다(NKchosun.com, 2007u). 이러한 추세는 아마도 북한 종합시장에서의 부진한 상거래에 대한 최근의 관찰과 일치되는 것 같다(Yang, 2007). 북한은 1999년 이후 최초로 2006년에 음의 경제성장 추세로 다시 복귀한 것으로 보인다. 다른 한편, 북한의 소비자물가 등귀가 과거 2년 동안 다소 진정된 기미를 보였다(Yang, 2007). 최근 종합시장에서 판매되는 소비재 상품의 80~90%가 중국에서 수입된 상품들이라는 사실에 비추어 볼 때, 7.1조치 이후 3년여의 지체기간을 거치면서 그러한 수입제품이 종합시장에서의 초과수요를 충족시킴으로써 물가등귀율을 다소 진정시켰던 것 같다. 그러나 2007년 8월 초 북한의 심한 수해로 인하여 곡식을 위시하여 물가안정이 무너지고 있는 것으로 보인다(NKchosun.com, 2007v). 2007년 9월 말 현재 쌀값이 지역에 따라서 1kg당 1,200원 내지 1,700원까지 상승하였다는 보도가 있다(NKchosun.com, 2007x). 2012년 4월의 2년 5개월 만에 41.5배인 암시장환율 인상은 거시적 안정정책의 실패이다. 북한이 음의 GDP성장률을 반전할 가능성은 외화획득 확장능력에 달려 있을 것으로 보이는데, 그러한 확장능력은 새로운 대외지향적 개발전략의 수립과 집행 없이는 기대하기 힘들다. 북한의 현재 경제적 침체의 근원은 외환위기이므로 중장기적으로 국가의 외환획득액을 획기적·지속적으로 증가시키지 않고는, 단기적으로 급증한 수입소비재 상품만으로 거시경제 안정문제와 경제회생 문제를 지속적으로 해결하기 힘들 것이다.

Chapter 5

햇볕정책의 김대중-김정일(2000. 6. 15) 정상회담, 노무현-김정일(2007. 10. 4) 정상회담

· 2000년 6월 15일 남북정상선언
· 4대 합의서
· 민족경제 균형발전과 민족내부거래
· 남북 경공업 및 지하자원 개발협력사업
· 2007년 10월 4일 남북정상선언
· 남북경제협력의 관리개선을 위하여

앞에서 기술한 대로 『노태우 회고록』에 의하면, 1992년 2월 18일 평양에서 제6차 남북고위급 회담이 열렸다. 이 회담에서 남북 양측은 5차 회담에서 채택한 '남북 사이의 화해와 불가침 및 교류협력에 관한 합의서'를('한반도 비핵화에 관한 공동선언'과 함께 그러나 '핵사찰 규정'이 미완성이었음) 정식으로 발효시켰다. 그러나 '통행·통신·통상의 3통위원회'를 설치할 수 없어 '남북기본합의서'의 교류협력이 아무 의미가 없었다. 1992년 2월 18일에 남북기본합의서가 '통행·통신·통상'과 함께 그 효력을 역사적으로 발휘하였다면 북한은 현재 $1.51 billion가 아닌 $47.2 billion—30배가 넘는—의 수출을 성취하고, 노벨 경제학상 수상자인 로버트 루카스 주니어(Robert E. Lucas, Jr.)가 주장하는 가장 중요한 현장실습교육(on-the job-training)을 남한이 담당함으로써 가장 큰 공헌을 지속하였을 것이며(Lucas, Jr., 2002), 핵무기와 대량살상무기에는 전혀 관심이 없었을 것이다. 이러한 '통행·통신·통상'은 세계의 모든 국가들이 하는 통상을 정상적으로 허락하여 달라는 것이었다.

2000년 6월 15일의 김대중-김정일 제1차 남북정상회담[1)]과 2007년 10월 4일 노무현-김정일 제2차 남북정상회담을 진행하면서 '통행·통신·통상'의 불통이라는 문제를 해결하는 것보다 더 중요한 일이 무엇인지는 알 수 없다. 그렇지만 남한은 햇볕정책을 수행하기 위하여 $3 billion-$4 billion라는 비용을 투입하였는데, 남한의 '햇볕정책'을 바탕으로 한 남북 고위급회담들이 북한을 전근대적 사고방식에서 적어도 남북교류만이라도 세계 각국과의 교역처럼 할 수 있도록 이끌어 내지 못한 것은 참

1) 크게 놀라운 것은 남북이 가장 최근에 합의한 '남북기본합의서'가 '통행·통신·통상'에 대한 남측의 재생 노력이 전혀 없었다는 데에는 무엇을 위한 정상회담인지 크게 놀라지 않을 수 없다(박관용, 『통일은 산사태처럼 온다』, 2006, 경덕출판사).

으로 후회스러운 일이다.

2000년 6월 15일 남북정상선언

남한의 김대중 대통령과 북한의 김정일 국방위원장 간의 제1차 남북정상회담이 2000년 6월 13-15일에 평양에서 열렸다. 이 정상회담의 결과는 5개 항에 달하는 남북공동선언이었다. 이 선언 제4항의 일부는 "남북은 남북경제협력을 통하여 민족경제의 균형발전을 이루도록 한다"고 명기하고 있다(Rhee, 2001b).

김대중 정부가 1998년부터 2003년 사이에, 그리고 노무현 정부가 2003년부터 2007년 사이에 집행한 남북경제협력사업, 특히 2000년 정상회담 이후의 사업에 중점을 두어 살펴보면 다음과 같이 크게 분류할 수 있을 것이다.

① 인도적인 지원사업
② 철도 및 도로 복구사업
③ 금강산관광사업
④ 북한 경제의 세계화를 위한 새로운 개발전략의 두 근간을 이루어야 하는 무역확대와 외국기업과의 제휴를 촉진하는 데 필요한 개혁에 관하여 북한이 최대한 배울 수 있도록 고안할 수 있었던 사업

◈ 인도적 지원사업

남한의 대북지원은 지원금액이나 인도적인 긴박성 면에서 매년 약 50만 톤이나 40만 톤 규모의 양곡지원과 매년 약 30만 톤의 비료지원이 제일 큰 비중을 차지하여 왔다. 북한의 비상

업적 수입의 제일 큰 부분이, 2005년의 경우 3억 6,500만 달러의 액수가 보여주듯이, 인도적 지원에 관계된 것이었다. 이러한 식량지원사업이 대북지원액수의 가장 큰 부분이었다. 비상업적 수입의 다른 부분은 개성공단사업, 금강산관광사업, 철도 및 도로 복구사업 등 이른바 남북경제협력사업과 관계된 수입이었다(2005년의 이러한 수입액수는 2억 7,000만 달러였다). 만약 당초에 계획한 대로 남한의 현대가 금강산관광사업과 개성공단사업을 순수한 사기업의 사업으로 집행하였다면, 그러한 사업과 관련된 북한의 수입은 상업적 수입으로 분류될 수 있었을 것이다.

◈ 철도와 도로 복구사업

이 사업은 6억~7억 달러의 비용이 소요된 교통 인프라스트럭처 지원사업이다(NKchosun.com, 2006c; 2007n). 경의선의 복구된 철도로 서해안 쪽에서 남북이 개성공단에 연결될 수 있게 되었고, 동해선의 복구철도로는 동해안 쪽에서 남북이 금강산에 연결될 수 있게 되었다. 그러나 2004년 10월, 2005년 10월, 그리고 2006년 5월 등 세 번이나 복구된 철도의 시범운행 합의가 북측 군부의 허가관계로 실행되지 못하였다. 결국 2007년 5월 17일 철도시범운행이 실시됨으로써 2006년 6월 6일에 합의한 남북경공업 지하자원 개발협력사업이 유효하게 되었고, 북측이 2007년 내에 8,000만 달러의 경공업용 원자재를 받을 수 있게 되었다. 그러나 35억~100억 달러의 자금이 드는 낡은 북한 철도의 현대화를 위한 남한의 추가적인 지원(NKchosun.com, 2007n; Korea Economic Institute, 2007)을 비롯하여, 남한의 기업인과 일반인들의 자유로운 북한 방문과 통행을 허용하는 북한의 새로운 개방조치가 있기 전에는, 시범운행한 복구철도를 연장하여 정상적으로 화물과 승객을 나르는 남북철도의 정상운행이 언제 가능할지 예측할 수 없을 것 같다.

◈ 금강산관광사업

금강산관광사업은 남북 간의 긴장을 완화하고 화해를 촉진시키는 데 공헌을 하였으며, 남한 관광객으로 하여금 금강산의 절경을 즐길 기회를 제공하였다. 1998년 11월부터 2005년 6월 사이에 100만 명의 남한 관광객이 금강산을 방문하였다. 북한의 현대아산[2]과의 관광사업계약은 북한에게 남북경제협력사업 중에서 제일 큰 외화획득의 소스를 제공하여 왔다. 반면, 북한에 주는 관광로열티를 실제 관광수입에 직접 연결시키지 않고 매월 고정된 액수를 지불하도록 한 북한과의 최초 계약을 위시한 현대아산의 부실경영으로 인하여 5년간의 관광사업 운영 후 약 7억 달러의 손실을 보게 되었다. 이 관광사업의 중단을 방지하기 위하여 국영기업인 한국관광공사가 개입하였으며, 특정 계층의 관광객을 선별적으로 유치하기 위하여 정부의 보조금도 지불하였다.

북한이 더 많은 관광투자를 유치할 목적으로 2002년에 금강산을 관광특구로 지정하였다. 그러나 방왕자씨 피격사건으로 금강산관광이 2008년 7월부터 중단되었다. 북한은 2011년 현대아산의 독점사업권 지휘박탈(4월) 및 재산권 처분통보(8월) 등 법적 조치까지 완료된 것 같다(*Korea Time*, July 10, 2012).

◈ 북한이 북한 경제의 세계화를 위하여 필요한 주요한 정책개혁을 배우는 데 크게 공헌할 수 있는 기회를 제공할 수 있었던 사업

이 범주에 속하는 3개의 대형사업은 김대중 정부가 기안하

2) 1999년 2월에 설립한 현대아산주식회사는 현대그룹에 속하며 남북경제협력사업을 전담함.

고 합의한 4대 합의서, 김대중 정부가 시작하고 노무현 정부가 집행하여 왔던 개성공단사업, 그리고 노무현 정부가 기안하고 집행하여 왔던 남북 경공업, 지하자원 개발협력사업과 개성공단에 관한 2007년 정상회담과 해주경제특구를 〈표 5-1〉에 기술하고 있다. 아래에서 더 자세히 고찰하겠지만 이 사업들은 북한 경제의 세계화에서 필수적인 수출지향적 해외기업과의 제휴를 적극적으로 유인하고 무역을 급속히 팽창하는 데 필요한 개혁에 관하여 배울 수 있는 절호의 기회를 제공할 수 있었을 것이다. 아마도 남북경제협력 당국은 외국기업과의 제휴를 유도하고 무역을 확대하기 위한 정책개혁에 관하여 국제적인 경험으로부터 배워야 할 교훈을 제대로 인식하지 못한 까닭에, 이 분야에서 기업활동을 원활하게 지원하는 정책과 사업환경을 보장하기 위한 중요 개혁과제를 명확히 하는 데 도움이 되도록 북한에게 최대한의 학습효과를 주려는 목적을 고려하여 이 대형사업을 고안한 것 같지는 않다.

4대 합의서

'통행 · 통신 · 통상'의 3불통으로 아무 의미가 없는 1992년의 '기본합의서'가 유효한 것 같은 착각을 하여 이 합의서는 아무런 영향을 주지 못하였다. 1992년 기본합의서의 '통행 · 통신 · 통상'의 3불통을 남북정상회담에서 재생하지 못한 것이 너무나 안타까울 따름이다.

김대중 정부가 '대'합의서라고 부르며 남북 간 기업활동과 사업의 활성화에 필요한 제도적 장치를 제공하는 중추적인 기반이라고 지칭하였던 남북 간 4대 합의서는 2000년 말에 남북

표 5-1 과거의 주요 남북경제협력사업, 개성공단에 관한 2007년 정상대화, 그리고 2007년 정상선언에서 약속한 해주경제특구의 설계상이나 실적상의 하자를 초래한 이유

사업	실적	설계상이나 실적상의 하자를 초래한 이유				
		(가) 비전 결여	(나) 개발전문지식 결여	(다) 정책수립자와 개발 실무자 간 의사불통	(라) 북측과의 커뮤니케이션 어려움	(마) 남측과/또는 북측의 확고한 의지 결여
(1) 4대 합의서	남북교역 및 투자에 영향 없음	기본 합의서로부터 '통행·통신·통상'이 없는 3불통	개발전문지식결여로 인하여 더 중요한 사업추진을 시도하지 못함	위탁가공업체의 의견이 사업설계상 영향을 초래 못함	더 좋은 대안인 남북 위탁가공촉진 합의서를 시도 못함	북측에 3불통, 모기장정책, 현장실습교육금지 폐지를 설득할 결의 부족
(2) 개성공단	최악의 공단정책 및 가장 비정상적 공단규모	북측의 새로운 거발전략의 일부인 합리적인 수출공단전략에 근거하지 못함	개발전문지식결여로 인하여 현 공단정책 및 규모계획 대안 고려 못함	공단기업들의 최악의 정책에 대한 불평을 신속히 교정 못함	공단정책개혁의 시급함을 조기에 소통하려고 시도하지 않음	합리적인 공단전략의 수립에 대한 확고한 결심 결여
(3) 경공업용 원자재와 광산물 간의 정부 차원의 물물교환	북측의 경공업 원자재 부족을 남북기업제휴를 통하여 영구적으로 해결하는 데 별 효과 없음	유무상통 개념을 대치할 비교우위원칙에 대한 비전 결여	개발전문지식결여로 인해 사업설계 대안 시도 못함	위탁가공협회의 의견이 사업설계에 별 영향을 못 가져옴	비교우위원칙의 우월을 전달하려는 시도 부족	북측의 경공업 제품 원자재 문제를 해결하는 데 있어 남북기업제휴에 의한 접근법에 대한 남북경제협력 당국의 확고한 지지 부족

표 5-1 계 속

사업	실적	설계상이나 실적상의 하자를 초래한 이유				
		(가) 비전 결여	(나) 개발전문지식 결여	(다) 정책수립자와 개발 실무자 간 의사불통	(라) 북측과의 커뮤니케이션 어려움	(마) 남측과/또는 북측의 확고한 의지 결여
(4) 개성공단에 관한 2007년 정상대화	두 정상 간의 인식상 갭은 남측과 북측 내부의 ① 의사불통((다) 참조), ② 개발전문지식 결여((나) 참조)로 인함	두 정상들의 자기들 국내의 인식상의 갭은 ① 의사불통((다) 참조), ② 개발전문지식 결여((나) 참조)로 인함	양측 정부 내의 개발전문지식 결여로 위의 개성공단에 대한 전문적 평가에 대하여 양 정상의 불충분한 지식	개성공단이 개혁과 개방의 상징이라는 남측 견해를 공단기업이나 국제사회에서 동의하지 않음	양 정상 간의 의사소통상 어려움은 남과 북 내부의 ① 의사소통 불통, ② 개발전문지식 결여에서 연유함	남과 북에 모두 ① 의사불통과 ② 개발전문지식 결여 문제를 해결함으로써 인식의 갭을 줄이려는 확고한 의지 결여
(5) 해주경제특구	프로젝트의 타당성을 평가하는 현존하는 절차가 열악하여 바른 프로젝트 결정을 내리기 힘들 것 같음	개성수출공단의 경우와 같이 합리적인 수출공단·경제특구전략에 의존하지 못함	개발전문지식의 결여로 인하여 개성수출공단 경험을 통한 교훈을 배울 태세가 되어 있지 못함	프로젝트의 타당성을 평가하는 데 있어 사기업계의 참여가 결여됨	프로젝트 아이디어와 정책환경에 대하여 북측과 커뮤니케이션하는 전문적인 수준을 높이고 국제적 경험을 알릴 필요가 있음	합리적인 수출공단·경제특구전략을 수립하기 위한 남측의 결의가 약한 것 같음

장관급 회담에서 체결되고 2003년에 남한의 국회와 북한의 최고인민회의 비준을 받았는데, 이 합의서는 다음의 4가지로 구성되어 있다.

① 투자보장에 관한 합의서

② 소득에 대한 이중과세 방지 합의서
③ 상사분쟁 해결절차에 관한 합의서
④ 청산결제에 관한 합의서

①, ②, ③은 주로 남한 기업의 북한 투자를 촉진하기 위한 것이며, ④는 북한이 남한 사기업으로부터 위탁가공과 관계되지 않은 수입(즉, 남한 사기업의 대북수출)을 수입신용장 개설 없이 할 수 있도록 함으로써 남북교역을 촉진시키기 위한 목적으로 추진하였던 것이다.

4대 합의서가 남한 사기업의 대북투자를 촉진시키고 위탁가공과 관계 없는 남한 사기업의 대북수출을 확대하는 데 있어 눈에 보이는 효과를 보여주지 못한 것은 놀라운 일이 아니다.[3] 그 이유는 명백하다. 이 4대 합의서는 당초의 기안부터 남한 사기업이나 다른 외국기업이 북한에 투자하기 힘들거나 위탁가공과 관계되지 않을 경우, 북한에 수출하기 힘든 열악한 투자환경이나 무역환경 자체를 좋은 방향으로 바꿀 수 있게 하는 데 아무런 영향도 미칠 수 없도록 그 내용이 제한되어 있기 때문이다. 투자보장협정[4]은 북한이 남한이나 여타 외국사기업의 직접투자를 유인하기 위해서는 근본적으로 개혁하여야 할 북한의 외국인 투자법규나 환경을 적용하는 데 있어, 남한 사기업

3) 상사분쟁 해결절차에 관한 합의서와 청산결제에 관한 합의서의 실시에 필요한 절차 및 행정적 조치가 준비되지 않은 것으로 보이는 사실은 합의에 대한 양측의 민간 차원의 높은 심각성이나 긴급성이 3불통으로 결여되었었다.

4) 남북 간의 투자합의를 투자보장으로 지칭하여 당초에는 투자손실보험으로 착각하는 자들이 많았다. 남한 정부는 20억 원까지 정치적 위협으로 인한 투자손실을 보상하는 손실보조제도를 운영하고 있다(Export-Import Bank of Korea, 2005a). 큰 규모의 투자보증은 세계은행그룹에 속하는 MIGA(Multilateral Investment Guarantee Agency) 보증에 의존할 수 있으나 북한이 MIGA의 회원이 되기 전에는 불가능하다.

에게 다른 나라 기업과 동일한 취급을 보장하겠다는 것에 불과하며, 그렇게 열악한 북한의 외국인 투자환경 자체는 주어진 그대로 받아들이는 것을 전제로 한다. 또한 국제적으로 가장 모범적인 외국인투자 및 무역정책과 사업환경이 결여된 북한에서 이중과세 방지 합의나 상사분쟁 해결절차 합의의 부재 자체가 외국투자를 방지하는 주요 원인이 될 수 없었다.

한편, 청산결제제도는 1990년 이전까지 주로 사회주의 체제 하의 정부 대 정부의 단기 또는 중기 무역신용과 관련되어 주로 사용되어 왔었으나, 시장경제 하에서 사기업 간 널리 쓰이는 신용장제도 같은 현대화된 상업적 무역지불방법을 21세기에 대치할 수는 없다. 북한도 남한을 포함한 국제적인 금융계와 무역업계와의 신용관계를 증대시켜서 신용장제도에 의한 무역지불방법을 발전시켜 나갈 필요가 있다. 남한이나 여러 외국기업은 위탁가공과 관계된 경우가 아니면, 신용도 높은 외국은행이 확인한 신용장이나 자국정부의 수출보험의 커버 없이 북한처럼 위험수준이 높은 나라의 공기업에 대한 상당량의 수출거래를 꺼릴 것은 당연한 국제무역 관행이다. 그렇다면 4대 합의서의 기안과 실시과정을 통하여, 북한 당국자들은 적어도 북한의 외국투자와 무역정책 환경을 개혁하는 데 도움이 될 만한 것을 배웠는가? 외국투자와 무역정책 및 사업환경 개혁에 관한 국제개발 경험은 그만두고라도, 4대 합의서 기안과 실시과정에서 북한이 필요한 외국투자 또는 무역정책과 사업환경 개혁과제조차 제기 또는 토의하지 않았기 때문에, 북한 당국자들이 이러한 분야에 대하여 별로 배운 것이 없는 것 같다.

◈ 국제개발 경험에 비추어 본 4대 합의서에 대한 의견

4대 합의서는 2000년 6월 15일의 남북공동선언 이후 최초

의 대형 남북경제협력사업이었으며, 김대중 정부는 이 4대 합의서가 장래의 남북경제협력 활동에 필요한 제도적 장치의 중추적 기반을 제공할 것이라고 믿었다. 그러나 4대 합의서는 북한 경제의 세계화를 시작하는 데 있어 3불통으로 남북경제협력이 개척자적 역할을 할 수 있는 기본적인 골격을 마련해 주지 못하였다. 이 골격이 마련되었다면 북한 당국자들이 남북경제협력 활동에 참여함으로써 그러한 개척자적 역할을 배울 수 있었을 것이다. 최초의 대형 남북경제협력사업의 그러한 실망스러운 시작은, 아마도 남한 당국자들이 기업의 무역과 투자환경을 보장하기 위한 정책개혁과 관련된 풍부한 국제개발 경험에 대하여 깊이 알지 못하여, 북한의 특수사정에 적절한 우선순위와 접근법을 모색하지 못하였거나, 또는 그러한 힘든 일에 대한 당국의 의지가 약하였기 때문인 것 같다.

4대 합의서의 4개 항목에 대한 아이디어는 1992년의 기본합의서와 교류협력에 관한 부속합의서에서 처음에 건의되었었지만 3불통 때문에 아무 의미가 없었다(Ministry of Unification, 2003a). 남북경제협력 당국은 20세기 저소득 개발도상국들의 외국기업 제휴와 무역문제에 관한 국제개발 경험에 비추어 1992~2000년간의 남북 간 경제 및 사업활동을 면밀히 분석하여 남북한의 기업제휴 및 교역증대를 위한 새로운 과제에 대하여 참신한 재검토를 하지 않고, 1992년 기본합의서상의 건의사항들 중에서 4개 항목을 택하여 거의 10년 후에 4대 합의서 사업으로 규정하고 남북경제협력의 첫 번째 대형사업으로 추진하였다.[5)]

5) 1990년도 초 무렵에는 벌써 세계은행이나 IMF 같은 국제개발금융기구가 북한보다 정책환경이 양호한 후진국이나 체제전환국에서도 이러한 쌍무적 합의들에 포함된 정책들을 정책개혁 패키지의 일부로 간주하지 않았다. 그 이유는 통상 이런 경제들의 기본 정책의 근본적 개혁 없이는 이런 쌍무적 합의가 외국기업 제휴와 무역환경의 개혁을 가져오지 못하였기 때문이다.

〈표 7〉, 〈표 8〉, 〈표 9〉, 〈표 11〉(부록 I 참조)에서 1992~2000년 기간중 아주 낮은 수준에서 시작하여 계속적으로 늘어나는 유일하게 뚜렷한 남북 간 상업적 사업활동은 위탁가공과 관계된 남북교역이라는 것을 보여주었다. 다시 말하면, 매년 약 100여 개에 달하는 남한 사기업의 북한 기업과의 제휴 하의 사업활동은 북한 공기업과의 투자나 합작(또는 합영)이 아니라, 남한 정부의 무관세정책 하에 이루어지는 위탁가공에 의한 노동집약적 경공업 제품의 대남수출이었다.

그러나 남한의 남북교역계에서는 1990년대 초부터 남한 기업이 북한 공기업과 위탁가공제휴를 시작한 이래 직면해 온 3불통과 북한 공장노동자의 현장실습교육 금지라는 심각한 장애에 부딪쳐 왔다는 것을 너무나 명백하게 고민하여 왔다. 이렇게 심각한 장애는 바로 남한 기업이 남북교역에 있어 북한 당국으로부터 대중무역에 비하여 최혜국(MFN)대우, 즉 무차별대우라는 국제무역규범의 적용면에서 차별대우를 받아 왔다는 명백한 증거였다. 그렇다면 북한 당국의 남한 기업에 대한 차별대우보다는 북한 내 열악한 외국투자 환경 때문에 남한 기업의 대북투자가 전혀 일어나고 있지 않을 때, 남한 당국은 남한 기업의 대북투자에 대한 북한의 차별대우를 제거할 목적으로 투자보장협정을 교섭하면서, 어려운 여건 속에서도 일어나고 있는 위탁가공 관련 남북교역에 대한 북한 당국의 명명백백한 차별대우에 관하여 충분한 정보를 갖고 있지 않았나?

또한 위에서 설명한 바와 같이, 외국기업에 대한 열악한 정책과 사업환경을 그대로 유지하고 있는 저소득층 개발도상국의 초기개발단계에는 위탁가공 형태의 외국기업제휴를 통한 무역이 외국인 직접투자보다 훨씬 더 중요하다는 국제개발 경험에 대한 지식을 남한 당국은 갖고 있지 못했었나? 만약 남한의 위탁가공 파트너들이 북한에서 직면하고 있던 3불통과 북한 노동자 현장실습교육 금지에 대한 실상, 그리고 저소득 개발도상국의 발전 초기에는 위탁가공 형태의 외국기업제휴가 외국인 직접투자 형태의 제휴보다 더 중요하다는 것을 남한 당국이 잘 알고 있었다면, 왜 남한 당국은 남한 기업에 대한 북한의 3불통과 북한 공장노동자 현장실습교육 금지정책을 바꾸는 데 초점을 두지 않았으며, 위탁가공 관련 남북교역 활동에 종사하는 남한 기업에 대하여 최혜국(MFN)대우를 보장하는 남북 간의 위탁가공촉진합의서에, 투자보장협정과 4대 합의서의 다른 항목에 대한 합의서보다 더 큰 중요성을 부여하지 않았는가? 그 이유는 북한의 3불통 및 북한 공장노동자 현장실습교육 금지정책 폐지라는 쉽지 않은 과제를 다루는 힘든 도전을 맞겠다는 남한 당국의 확고한 신념의 결여 때문이라고 볼 수밖에 없다. 아마도 궁극적으로는 그러한 남한 당국의 확고한 신념 결여는 아래에서 더 언급하겠지만 남북경제교류와 협력에 대한 남한과 북한 최고지도자들의 올바른 비전의 부족 때문이라 하겠다.

다른 한편, 4대 합의서는 "남과 북은 2000년 6월 15일에 발표된 '남북공동선언'에 따라 진행되는 경제교류와 협력이 나라와 나라 사이가 아닌 민족 내부의 거래임을 확인하고"라는 첫 문구로 시작된다(Samsung Economic Research Institute, 2001). 남한 당국이 2000년에 4대 합의서에서 남북 간의 경제교류와 협력을 나라와 나라 사이로 규정하건, 내부 법률용어상 민족내부거래로 규정하건 간에, 최혜국대우가 남북교역이든 투자든 모든 남북 간의 경제행위에 있어서 지켜야 할 규범이라는 것을 분명하게 천명하도록 노력하지 않은 것이 아쉽다.

민족경제 균형발전과 민족내부거래

◈ 2000년에 1992년의 아이디어를 구함은 좋으나 '3불통' 없는 교류합의서는 의미 없음

2000년 당시 세계 13위의 경제규모를 가진 세계 12위의 상품무역국(World Bank, 2002)임에도 불구하고, 남한 당국은 급속히 변화하는 세계경제시대에 2000년 남북공동선언의 남북경제협력부문의 비전에 대한 아이디어를 1992년의 남북 간 화해와 불가침 및 교류협력에 관한 합의서(Ministry of Unification, 2003a)에서 얻으려 한 것은 사실이며, '3불통'으로 이 합의서가 아무 성과를 거두지 못한 지 이미 7년이 지났다. 남북기본합의서의 제3장(남북교류협력) 제15조는 다음과 같이 기술하고 있다.

> "남과 북은 민족경제의 통일적이며 균형적인 발전과 민족 전체의 복리향상을 도모하기 위하여 자원의 공동개발, 민족내부교류로서의 물자교류, 합작투자 등 경제교류와 협력을 실시한다."

2000년 남북공동선언에 명기된 민족경제의 균형발전이라는 용어와 위에서 언급한 4대 합의서의 첫 문구에 명기된 민족내부거래라는 용어는 바로 1992년 기본합의서의 위에 기술한 용어들의 복사판인 것이 명백해졌다. 물론 1992년의 문서 원본에도 민족경제의 균형발전과 민족내부거래의 개념이 명백히 규정되지 않았었다.

◈ 2000년 남북정상선언의 제4항과 4대 합의서가 1992년의 기본합의서의 아이디어에 일부 의존하였으나 주요 문제를 간과하였음

2000년 정상선언의 4대 합의서에서 발췌한 (위에 기술한)문구를 1992년 기본합의서 제15조(그리고 제15조의 시행에 필수불가결한 제17조) 및 위에서 분석한 과거 7년간의 남북경협사업의 평가와 조심스럽게 비교한 결과, 다음과 같은 4가지 문제를 확인하였다.

- 문제 1: '민족경제의 균형발전' 개념의 명확한 규명 결여. 이 용어를 기본합의서 제15조에서 직접 발췌하였으나, 기본합의서에서도 그 개념이 규명되지 않았었다.
- 문제 2: '경제교류'와 '경제협력'을 명확히 구분하지 못하였다. 경제교류는 남북 기업 간의 제휴와 교역을 의미하며, 경제협력은 남북 정부 간의 지원을 의미한다. 1992년의 기본합의서는 이 두 용어를 별도로 사용함으로써 이 두 용어의 다른 의미를 분명히 하였으나, 2000년의 남북정상선언에서는 경제협력이라는 용어만 사용함으로써 경제협력을 넓은 의미로 해석하였다. 즉, 위의 경제교류와 경제협력을 다 포함시킴으로써 이 두 판이한 개념을 확실히 분간하여 그 상관관계를 분명하게 하여야 함에도 불구하고 이러한 공과 사(즉, 정부와 기업) 사이의 분간을 투명하지 못하게 만들었다. 남북 간 경제활동의 참된 주체는 남측의 사기업과 북측의 자율화된 공기업이었어야 하였으며, 남북 정부의 조치는 이러한 기업들의 자유로운 제휴와 교역활동을 가능하게 하는 정책과 사업환경을 보장하기 위한 정책개혁에 초점을 두었어야 하였다(인도적 지원을 비상상황에 국한하고 인프라스트럭처 지원은 개발전

략의 전환과 남북 기업활동을 위한 시급성과 연계되었어야 했다).

- 문제 3: '민족내부거래'의 명확한 개념규정 결여. 이 용어도 기본합의서 제15조에서 직접 발췌하였으나, 기본합의서에서 이 용어가 명확히 규명되지 못하였었다.
- 문제 4: '남북 기업 간의 활동에 필수불가결한 자유로운 여행과 접촉' 보장에 관한 천명의 결여. 1992년의 기본합의서에서는 제15조의 경제교류를 시행하는 데 필수불가결한 자유로운 여행과 접촉을 제17조에서 강조하였었다. 그러나 2000년 정상선언에서는 1992년의 기본합의서에서 강조한 남북경제협력 중의 남북경제교류에 필수불가결한 기업활동에 연관된 여행과 접촉을 보장하는 천명을 하지 못하였으며(통신 및 통행 불통), 통상도 불통되어 3불통을 그대로 안고 넘어가게 되었다.

다시 말하면, 2000년 정상선언과 4대 합의서는 1992년 기본합의서의 두 가지 개념(민족경제 균형발전과 민족내부거래) 가운데 2000년에는 이미 낡은 개념이 된 것은 그대로 채택하고, 2000년에도 그리고 지금까지도 필수불가결한, 기본합의서의 현명함을 본받아야 할 개념과 조항(남북경제교류(남북경제협력과 분명히 별개로 규명해야 함)와 기업 간의 자유왕래 및 접촉)은 채택하지 않았는데, 이는 현명하지 못한 판단을 이중으로 범한 것이다. 아래에서 보여주듯이 이러한 4개의 문제가 남북경제협력에 관한 남한과 북한의 법률에 다시 나타났으며, 과거 7년간 남한 정부의 남북경제협력에 관한 비전의 결여를 나타냈다고 할 수 있다.

아래에서 더 검토하겠지만, 위의 4가지 문제 중 '문제 4'가 가장 심각한 문제였다. 이 문제가 결국은 3불통, 모기장정책, 그리고 현장실습교육의 제한을 가져오게 되었다. 1992년 기본합의서의 제15조에서 발췌한 '민족내부거래'의 개념(문제 3)이 남북경제협력정책(특히, 남북 기업 간 제휴와 교역)을 지배하여 온 것 같으나, 문제 4가 기본합의서 제17조를 정면으로 배치하여 온 데 대하여 남한이 심각하게 대응하지 못함으로써 결국 민족내부거래 활동 자체가 잘 이루어지지 못하게 되었다.

◈ '민족내부거래'에 관한 남한 법률

1992년의 남북기본합의서는 남한의 국회와 북한의 최고인민회의에서 비준되지 않았고 유효한 문서가 되지 못하였다. 그러나 1992년의 남한 정부의 공식 의견이었던, 남북교역을 국제무역의 일부가 아닌 민족내부거래로 규정한다는 개념이 1995년 1월 3일에 제정된, 세계무역기구(WTO) 협정의 이행에 관한 남한의 특별법에 정식으로 다시 나타났다. 이 법의 제5조(민족내부거래)는 다음과 같이 천명하였다.

> "남북 간의 거래는 민족내부거래로서 협정에 의한 국가 간의 거래로 보지 아니한다."

이 법률조문이 남북 간의 교역을 국제무역의 일부가 아닌 민족내부거래라고 규정하는 이유는 아마도 남한이 국제무역기구 협정상의 의무를 이행하는 데 있어 북한을 제외하겠다는 남한 정부의 공식적 의견을 대변하였기 때문인 것 같다. 1992년의 기본합의서도 민족내부거래를 천명하였지만, 그때 남한 정부의 참된 의도는 아마도 남북 간의 공동이익을 촉진할 목적이었던 것으로 보이는 반면, 1995년의 세계무역기구 협정의 이행에 관한 법률은 세계무역기구 협정에 관한 남한의 의무이행 사항만 다루게 되어 있었다. 따라서 남북교역 촉진이라는 중대한 문제는 이른바 민족내부거래라는 개념 하에 별도로 다루어져야 하였다. 따라서 이른바 '햇볕정책' 하에 김대중 정부는 민족내부거래로 규정한 남북교역이 북한 경제의 세계화에 있어 개척자적 역할을 할 수 있도록 촉진하기 위해서는[6] 남북경제협력 추진 당국이 다음과 같이 천명하도록 설득하였어야 했다.

> "남북한은 민족내부거래로 규정한 남북교역을 국제무역기구 협정상의 국가 대 국가 거래와 동일하게(1992년의 기본합의서 제17조에 규정된 교역과 관계된 자유 통행과 접촉을 포함하여) 수행하기 위하여 필요한 정책을 변경하기로 공약한다."

이른바 '평화번영정책' 하의 노무현 정부는 남북 간의 상업적 무역이 북한 경제 세계화의 개척자적 역할을 하도록 촉진시키기 위하여 위에 기술하였듯이 남북이 천명하지도 실시하지도 못한 공약을 천명하고 실시하려는 노력을 김대중 정부보다 더 심각하게 시도한 것 같지 않다. 남한의 입법 진행상황 차원에서 보더라도, 2005년 12월 29일에 제정하고 2006년 6월 30일부터 유효해진 남북관계 발전에 관한 법률이 이러한 냉정한 판단의 이유를 설명할 수 있을 것이다. 남북관계 발전에 관한 법률 제3조(남한과 북한의 관계)는 다음과 같이 기술하고 있다.

---

6) 북한 기업과의 위탁가공계약을 민족내부거래의 일부로 이행하는 남한 기업에 대하여 북측 당국이 최혜국대우를 위반하는 아주 명백한 증거로 위에서 고찰한 3불통, 모기장정책 및 북한 공장노동자에 대한 현장실습교육 금지 등은 남북 간의 상업교역이 북한 경제의 세계화를 위하여 참된 개척자적 역할을 하는 것을 가로막아 왔다. 한편, 대북수입에 대한 남측의 영세율 적용은 민족내부거래의 개념 없이 다룰 수 있었을 것이다.

"① 남한과 북한의 관계는 국가 간의 관계가 아닌 통일을 지향하는 과정에서 잠정적으로 형성되는 특수관계이다.
③ 남한과 북한 간의 거래는 국가 간의 거래가 아닌 민족 내부의 거래로 본다."

이미 그 전에 규정한 남북관계를 반복하고 있다. 이 조항은 "대한민국의 영토는 한반도와 그 부속도서로 한다"라고 규정한 대한민국 헌법 제3조의 영토 조항에 저촉되지 않게 남북관계와 남북거래를 법적 용어를 적당히 써서 규명한 데 불과하다.[7] 그러나 그러한 용어상의 장식이 남북교역정책을 포함하여 남북 간의 정책에 아무 지침도 제시하지 못하였다. 남북관계 발전에 관한 법률은 남북 경제활동에 대한 정부의 주요 책무로 제7조에서 남북경제공동체 구현을 명시하였으며, 다음의 방법을 제시하였다.

"① 남북경제공동체를 '민족경제의 균형적 발전'을 통하여 구현한다(제7조의 (1)항).
② 남북경제협력의 활성화를 위한 제도적 기반을 구축한다(제7조의 (2)항)."

이 법률이 남북경제공동체를 '민족경제의 균형적 발전'이라는 개념으로 규정하고 있으나, 이 개념은 위에서 고찰한 바와 같이 1992년 기본합의서, 2000년 남북공동선언, 그리고 그 후의 남북경제협력사업에서 과용되고 있음에도 아직도 그 개념

7) 민족내부거래라는 용어는 남한의 헌법 제3조와 상충하는 국가와 국가 간의 거래라는 용어와 북한이 독립된 유엔 회원국이라는 현실과 상충되는 국가 내부의 거래라는 용어를 모두 회피할 목적으로 사용되었다(Ministry of Unification, 2006d). 놀랍게도 이러한 법률용어상의 장식으로 인하여 세계에서 가장 열악한 북한의 정책을 개선하기 위해서는 남북교역을 국가 대 국가의 무역으로 다루어야 한다는 심각한 문제를 등한시해 온 것 같다.

이 명확히 규정된 적이 없다. 더구나 이 법률이 제3조에서 남북교역을 대부분 국가들이 국제무역규범을 준수하는 국가 대 국가의 국제무역 일부가 아닌 민족 내부의 거래라고 천명하였기 때문에, 남북교역정책이 제7조에서 언급한 제도적 기반의 중요 부분임에도 불구하고 이 법률은 남북교역정책에 대하여 방향을 제시하지 못하고 있다. 다시 말하면, 이 법률은 위에서 1995년의 세계무역기구 협정의 이행에 관한 특별법을 고찰한 후 건의한 문구와 유사한 다음과 같은 문구를 삽입하였어야 했다.

> "북한 경제의 세계화에 있어 남북교역이 개척자 역할을 할 최초의 기반을 닦기 위하여 민족내부거래라고 이 법에서 규정한 남북교역을 세계무역기구 협정상의 나라와 나라 사이의 국제무역과 동등하게(1992년의 기본합의서의 제17조에 명시된 교역에 관계된 자유로운 통행과 접촉을 포함하여) 수행할 수 있도록 정책과 사업환경을 개선하는 것이 남북경제협력 추진 당국의 책무 중의 하나다."

남북관계 발전에 관한 법률은 제13조에서 남한 정부에게 5년마다 남북관계 발전에 관한 기본 계획을 수립하도록 요구하고 있는데, 그러한 계획은 아마도 정부의 중장기 비전을 담고 있어야 할 것이다. 남북교역에 관한 당면과제에 대하여는 아마도 위에 건의한 남북경제협력 추진 당국의 책무가 이 법률 제7조보다 정부의 중기계획을 작성하는 데 더 좋은 방향을 제시하지 않을까 생각된다. 또한 이 법률의 남북경제공동체에 관한 제7조는 가장 최근의 남북경제협력사업이었던 남북 간 경공업 및 지하자원 개발협력사업을 고안하고 실시하는 방법을 선택하는 데 있어 별로 좋은 방향을 제시할 수 없었다. 즉, 위에서 지적한 것같이 정부 차원의 물물교환 방법보다는 남북 기업 간의 자발적인 제휴에 기반을 두고, 그러한 제휴를 가능하게 하는 정책과 사업환경을 보장하는 방법을 더 선호하였어야 했다.

◈ 북한의 북남경제협력법

북한은 2005년 7월 6일에 북남경제협력법을 제정하였다. 이 법률은 주로 북한 경제단체와 정부기관 내부의 절차를 다루고 있지만, 남북경제협력의 목적(제1조)과 원칙의 일부(제4조)를 위에서 고찰한 2000년의 기본합의서의 일부를 따라서 민족경제의 균형발전이라는 개념에 의하여 규정하고 있으며, 남북경제협력에 관계된 수입관세는 없다는 것을 천명하고 있다. 그러나 1992년 기본합의서, 2000년 남북공동선언, 그리고 여타의 문서에서와 마찬가지로 민족경제의 균형발전이라는 개념은 정확히 규정되지 않았다.

따라서 북한 경제를 세계화하기 위한 노력의 시급함에 입각하여 북한 경제의 균형발전을 명확히 규정하지 못함으로써 야기되는 부정적인 측면에 대한 위의 평가가 여기에서도 마찬가지로 적절하다고 생각된다. 북남경제협력법의 또 하나의 주요한 측면은 이 법률이 정의하는 남북경제협력의 범위인데, 물자의 교환, 즉 남북교역 및 위탁가공에 의한 교역을 남북경제협력의 일부로 보는 것이다(제2조). 위에서 설명한 남한의 법규들과는 다르게 남북교역 또는 위탁가공에 의한 교역이 민족내부거래의 일부라는 문구가 없지만, 위의 민족내부거래에 관한 남한 법규에 대한 비판이 여기에도 해당된다. 즉, 북남경제협력법은 1992년의 기본합의서의 제17조에 명시된 남북교역과 위탁가공에 관계된 통행과 접촉의 자유를 보장한다는 것을 명시하였어야 했다.

마지막으로, 남북경제협력의 원칙의 일부로 '유무상통'이라는 개념을 이 법률에 명시하였다(제4조). 이 개념이 위에서 설명한 바와 같이 남북 경공업 지하자원 발전협력사업의 사려 깊지 못한 원칙으로 사용되었었다.

◆ 세계무역기구 회원들의 정책과 사업환경에 준하는 북한의 정책과 사업환경을 조성하는 것이 남북교역을 위한 최초의 기반이 될 것임

2008년에 남한과 북한을 합해서 192개의 유엔 회원국이 있다. 다른 한편, 2007년 7월 27일 현재 세계무역기구(WTO)에는 151개의 회원 정부가 있고 31개의 참관 정부가 있다. 세계무역기구 회원의 3/4 이상이 개발도상국과 시장경제로의 체제전환국임에도 불구하고 북한은 세계무역기구의 회원이나 참관국이 아니다. 유엔 회원국 중 북한을 포함한 10개국만이 세계무역기구의 회원이나 참관국이 아니다. 세계무역기구는 세계적 또는 거의 세계적 차원에서 나라와 나라 간의 무역에 관한 규율을 다루고 있다. 세계무역기구는 또한 회원국 간의 무역상 분쟁을 해결해 준다.[8)]

남한은 1990년대 초에 GATT제도의 도움이 없었다면 1960년대 초부터 실시해 왔던 대외지향적 개발전략을 그렇게 성공적으로 실시할 수 없었으리라는 것을 잘 알고 있었을 것이다. 1992년에 북한의 무역액이 26억 달러인 데 비하여 남한의 무역액은 1,584억 달러였다. 그래서 1992년 남한 당국의 비전 결여,

8) 세계무역기구는 1995년 1월 1일에 창설되었지만, 세계구역제도는 반 세기 이상의 연륜을 가지고 있다. 즉, 1948년 이래 이른바 관세 및 무역에 관한 일반협정(GATT)이 세계무역제도를 위한 법규를 제공하여 왔다. 1998년 5월에 있었던 두 번째의 세계무역기구 장관급 회담에서 세계무역제도의 50회 창립기념을 축하하였다. 남한은 1967년 4월에 정식으로 GATT 회원국이 되었으나 1964~1967년간에 있었던 케네디라운드 국제무역교섭을 포함하여 GATT의 절차에는 참관국으로 참여해 왔다.

즉 남북교역 관련 남북경제협력을 통하여 무역관련 북한의 정책에 대한 영향력을 발휘하여 세계무역기구 회원들의 정책과 비슷하게 유도함으로써, 결국은 북한이 세계무역기구의 회원이 될 수 있도록 하는 비전을 남한 당국이 갖고 있지 않았다는 것은, 아마도 남북한의 통일이 독일 통일과 같이 자기들이 원하는 방향으로 갑자기 오리라는 환상을 갖고 있지 않았다면 이해하기 힘들다.

만약 위에서 보여준 1992년 기본합의서로부터 발췌한 문구들이 남북한 통일이 독일 통일같이 갑자기 올 것이라는 환상에 진실로 연유하였다면, 1990년의 동서독에 비교하여 2000년의 남북한은 대내 및 대외적으로 근본적인 격차 때문에 독일 통일이 남북한 통일을 장래에 고려할 모형이 되지 못한다는 것을[9] 깊게 인식할 시간이 1992년부터 2000년까지 충분히 있었을 것이다. 그래서 김대중 정부와 노무현 정부의 2000~2007년 사이의 유사한 비전의 결여에 대하여는 1992년 때보다 더 이해하기가 힘들다. 이 남한 당국자들은 1990년대 초부터 북한이 세계시장에 침투하는 데 남한 기업들이 선구자적 역할을 시작하였음에도 불구하고, 특히 북한의 공기업과 의탁가공계약 중인 남한 사기업에게 간접교역만을 하도록 강요하는 북한의 정책을 바꾸려는 최대한의 시도를 하였던 것 같지 않다. 이러한 북측의 조치는 1992년의 기본합의서 제15조에 의한 민족내부거래를 이행하기 위한 제17조의 자유로운 통행과 접촉을 거부하는 모순이 있음에도, 민족내부거래를 정부정책으로 채택한 남측의 대북 대응은 무책임하다는 비판을 피할 수 없었다.

9) 예를 들면, Tietmeger(2000)는 1990년의 독일 여건과 2000년의 남북한 여건 사이의 근본적인 차이로 남북한은 독일의 경험을 자기들에게 유용한 모델로 생각하지 말라고 경고하였다.

151개의 세계무역기구 회원 중 단 한 나라도 1990년대 초부터 남한 기업에게 적용되어 온 3불통, 모기장정책, 북한 공장 노동자의 현장실습교육 금지 같은, 최혜국대우를 노골적으로 위반하는 행동을 하려고 시도하지 못하였을 것이다. 그렇다면 위에서 건의하였던 그렇게 노골적인 최혜국대우 위반을 제거하기 위한 남북위탁가공촉진합의서 건의나 세계무역기구 회원국 정책 같은 무역정책조치를 적어도 남북교역에 한해서 고려하는 노력을 하지 않았던 사실을 김대중 및 노무현 정부 지도자들의 비전 결여 이외의 다른 어떤 이유로 설명할 수 있겠는가?[10)]

2000년 남북공동선언 때의 북한 총무역량은 20억 달러에 불과한 데 비해 남한의 총무역량은 3,328억 달러에 달하였다. 그 시기는 남한의 총무역량이 20억 달러였던 1970년부터 2000년까지 30년간의 무역증대 학습과정을 북측에게 전수시킬 목적으로 남측이 과거를 회상하는 좋은 기회였을 것이다. 사실, 2000년과 그 이후에 1970년대 말부터 추진되어 온 중국의 세계시장 지향적 개혁의 이행과정이 남과 북에게 모두 독일 통일과정보다 더 유익한 교훈을 주었을 것이라는 점을 남측이 잘 역설하였어야 했다. 위에서 반복하였듯이 불행하게도 남북한 지도자들에게는 덩샤오핑 같은 영도력과 웅대한 세계적 비전이 결여되어 있었다. 그러한 영도력과 비전의 결여로 인하여 남북기업 간의 위탁가공, 합작, 합영, 외국직접투자 등 형태의 제휴가 이를 장려할 수 있는 정책 및 사업환경을 보장하는 진실한 남북경제협력 당국의 노력 하에 북한 경제의 세계화 전략을 시

10) 남북 간의 연간 왕래가 2000년의 8,000명에서 2006년의 10만 명으로 늘었다는 사실, 그리고 북한의 생존을 위하여 가장 중요한 북한 경제의 세계화에 개척자적 역할을 할 남북교역 종사자들의 왕래가 3불통, 모기장정책 및 현장실습교육 금지로 어려운 현실 간의 거대한 간격이야말로 새로운 남측 지도자가 북측 지도자와 함께 해결해야 할 남북경제협력의 가장 큰 과제인 것 같다.

작하는 데 있어 진실로 개척자 역할을 하지 못하였다. 그러한 영도력과 비전의 결여로 인하여 위에서 반복한 바와 같이 모기장정책 같은 비합리적 조치가 설 자리 없이 국제적으로 모범적인 정책 및 사업환경 하에서, 중국-홍콩·대만·싱가포르 기업 간의 제휴가 1970년대 말과 1980년대에 중국 경제의 세계화 전략을 시작하는 데 있어서 선구자적 역할을 한 것을 모방하지 못한 것이 안타깝다.

세계무역기구 가입에 있어 하나의 중요한 절차가 가입신청국과 기존 WTO 회원 각국과의 쌍무적 절충회합이다(Michalopoulos, 2002). 만약 위에서 강조한 합리적인 남북위탁가공정책 환경을 포함해서 WTO 같은 남북교역정책 환경에 대한 남북 간의 절충회합이 2000년 남북정상회담 이후에 바로 주요 남북 경제협력사업 중의 하나로 시행되어 왔다면, 남북 위탁가공정책 환경을 포함한 남북교역정책 환경이 지금쯤은 국제적 규범에 많이 가까워졌을 것이다. 특히, 위에서 자세히 고찰한 남북위탁가공촉진합의서가 남북위탁가공업자협회의 건의를 받아들여(KITA, 2000a; 2000b) 2000년 이후에 바로 시행되었다면, 1만 2,000개에 달하는 해외의 남한 제조업체(KOFTI, 2005)와 한국 대기업이 더 제휴에 추가적으로 가담하였더라도, 1992년에 3불통이 해제되어 $47.2 billion—30배가 넘는—수출을 이루지는 못했어도 2000~2012년의 사정은 많이 좋아졌을 것이다.

남북 경공업 및 지하자원 개발협력사업

이 사업은 2006년 6월 6일 제12차 남북경제협력추진위원회에서 양측이 서명하였으나, 복구된 남북 간의 철도 시범운행조건을 북한측이 2007년 5월 17일에야 이행한 뒤인 2007년 5월 22일에 유효해졌다. 이 사업은 정부 대 정부의 물물교환사업으로 이 사업합의서 전문은 부록 Ⅲ에 첨부되어 있다.[11)]

남측은 의복류·신발·비누의 생산에 필요한 8,000만 달러 어치 경공업 원자재를 2007년에 북측에 제공하게 되어 있고, 북측은 2007년에 원자재 대가의 3%를 아연, 마그네사이트 등으로 상환하고 잔여분은 5년 거치 10년 균등분할하여, 앞으로 이루어질 남북 간의 지하자원 합작투자에 의하여 북측 몫으로 분배되는 지하자원 생산물 개발권 및 생산물 처분권 등으로 상환하게 되어 있다. 실망스럽게도 15년까지 유예되는 정부 대 정부 경공업 원자재와 광산물의 물물교환, 그것도 앞으로 결정되어야 할 합작투자에 의한 광물생산과 관계된 물물교환이라는 형태의 사업을 주요한 남북경제협력사업의 하나로 합의하였다. 실망스런 이유는 북한이 2002년의 7.1조치를 위시하여 공기업의 자율화를 더욱 가속화시켜야 할 때, 남북경제협력 당국자들의 진정한 사명은 필요한 정책 및 사업환경을 보장함으로써 시장원리에 입각한 남북한 기업들의 증대된 제휴를 통하여 북한

11) 이 사업합의서는 "남과 북은…… 경공업 및 지하자원 개발협력이 민족공동의 번영과 이익을 도모하며 민족경제의 균형적 발전에 적극 기여해야 한다는데 대해 인식을 같이 하고……"라는 문구로 시작된다. 이 문구는 21세기에 전례가 없는 정부 대 정부의 15년 유예 물물교환이라는 방법으로 북한에 경공업 제조용 원자재와 중간재를 제공하려는 것을 민족경제의 균형적 발전이라는 명분으로 정당화하는 것 같다. 이는 1990년대 초부터 남북 간 기업체끼리의 위탁가공계약에 의하여 남한 기업이 위에서 검토한 바와 같이 세계에서 최악이라고 할 만큼 열악한 정책과 사업환경을 무릅쓰고 그러한 경공업 제조용 원자재와 중간재를 제공해 왔으며, 이제는 정책과 사업환경의 개혁을 통하여 이러한 남북한의 기업체들로 하여금 민족경제의 균형발전을 위한 개척자 역할을 할 수 있는 참된 기회를 줄 때가 되었다는 것을 간과하는 것이다. 이것은 '기본합의서'가 '통행·통신·통상'을 못해서 아무 의미가 없었다는 1992년의 고사를 모르고 있는 것 같다. 정상적인 국제무역상 위탁가공계약에 의하면 다 해결될 수 있는 것이다.

기업의 원자재 부족을 해결하는 것이었어야 하기 때문이다. 만약 이 사업이 더 사려 깊게 고안되었다면, 남북 기업 간의 제휴를 촉진함으로써 북한의 원자재 해결과 국제시장 침투에 필수적인 주요 정책개혁을 과시할 수 있는 시범사업을 남북이 함께 설계하고 실시할 수 있는 최적의 기회로 활용할 수 있었을 것이다. 한편, 인프라스트럭처의 취약 등으로 인하여 광업분야의 합작투자의 타당성(즉, 이익성)이 불확실하기 때문에 이 물물교환 합의의 경제적인 타당성에 대한 의심을 제기하기도 하였다(Dong, 2007). 결국 남북경제협력사업의 참된 목적을 반영하고 더욱더 사려 깊고 진취적인 사업을 고안하지 못한 것이 아쉽다.

사실 북한은 의복류·신발·비누 등 생필품 생산에 필요한 수입원자재의 극심한 부족을 해결할 의도로 2005년 7월 9~12일 사이에 있었던 제10차 남북경제협력추진위원회에서 이 사업에 대한 최초의 제안을 하였다. 북측은 이 회의에서 '유무상통'원칙에 입각한 남북경제협력의 '새로운 방법'을 채택하자고 제안하였다. 북측은 이 원칙에 의하여 남측에게 풍부한(그리고 북측에게는 희소한) 의복·신발 및 비누의 생산원료인 수입원자재와 북측에게 풍부한 광물자원(그 자원은 남북 합작으로 개발되어야 함) 사이의 정부 대 정부 차원의 물물교환을 제안하였다. 남북경제협력의 새로운 방법에 대한 북측의 최초 제안이 있었던 2005년부터 북측 제안에 합의한 2006년까지 11개월 동안, 북측의 유무상통원칙에 의한 이러한 새로운 방법의 제안에 대한 대안으로 남측은 다음에 요약하는 것 같은 진취적인 시범사업을 제안하고 토의할 충분한 시간이 있었을 것이다.[12)]

남측은 북측에게 다음과 같이 시범사업 아이디어가 북측의

12) 예를 들면, 제1차 남북 경공업 및 지하자원 개발협력 실무자급 토론회의가 2005년 8월 24~27일간에 평양에서 있었다.

물물교환사업 건의보다 더 효과적이라는 것을 설명하였어야 했다.

① 유무상통원칙의 현대판(즉, 비교우위원칙)에 의하면 북측의 기업들은 북측에 풍부한(즉, 남측에 희소한) 노동력을 이용하여 노동집약적인 의복과 신발 등 경공업 제품 생산에 특화를 하여 수출을 통한 외화획득도 하고 국내수요도 충족시켜야 한다. 그러나 〈표 7-1〉에서 설명하듯이 북측 기업들은 경공업 제품 수출능력이 초년기이기 때문에 그러한 수출능력의 구성요소를 갖고 들어올 남측이나 다른 외국의 사기업들과 제휴하여야 한다. 다시 말하면, 남측의 사기업이 풍부히 갖고 있는(즉, 북측의 기업이 부족한) 경공업 수출능력의 제 요소인 자본, 원자재, 노하우, 그리고 국제시장 네트워크의 연결 등을 가져오도록 남북 기업 간의 제휴를 촉진시켜야 한다. 이러한 제휴는 기업 대 기업의 제휴에 한해서 가능하며, 정부의 역할은 이러한 제휴를 촉진하는 정책 및 사업환경을 보장하는 데 있고, 직접적으로 기업 간의 제휴에 간섭하면 오히려 역효과만 가져올 것이다. 이렇게 하여 북측은 의복 및 신발 같은 경공업 제품을 수출하여 외화를 획득하고 국내수요도 충족시킬 수 있다. 한편, 북측의 무역회사는 비누와 같이 북측에 희소한 자본집약적인 생산공정을 거치는 제품은 의복이나 신발같이 북측에 풍부한 노동집약적인 제품의 수출을 통하여 획득한 외환의 일부로 수입하는 것이 낡은 비누생산 시설을 돌리기 위하여 비누생산용 원자재를 수입하는 것보다 국가이익이 될 것이다. 북측이 현재 당면하고 있는 수

입원자재 부족으로 인한 의복·신발 및 비누의 국내시장 공급부족 문제와 의복·신발 등의 수출확대를 통한 외화획득의 필요를, 이상의 비교우위를 따르는 기업의 생산특화와 기업 대 기업의 제휴에 의한 무역특화에 의하여 정부 대 정부의 물물교환사업보다 더 효과적으로 해결할 수 있었을 것이다.

② 지하자원 개발에서는 만약 남북 기업 간의 합작투자에 타당성(다시 말하면, 이익가능성)이 있다면, 북측 기업은 풍부한 지하자원과 노동을 제공하고 남측 사기업은 풍부한 자본, 노하우와 국제시장 네트워크를 제공하여 합작투자로 외화획득을 할 수 있을 것이다. 이러한 방법과 ①에서 건의한 방법이 정부 대 정부 간 경공업 원자재와의 물물교환 방법보다 경공업 원자재 조달과 지하자원 개발을 더 효과적으로 할 수 있을 뿐 아니라 북측이 제일 부족한 외화획득을 효과적으로 할 수 있을 것이다.

③ 북측의 7.1조치 및 후속조치에서 강조한 북측 공기업의 자율성 제고라는 정책과도 일치하기 위하여 남북 기업 간 제휴의 자세한 내용은 남측 사기업과 북측 공기업 간의 자발적인 교섭에 의한 결정에 일임하고, 남북경제협력 추진 당국의 역할은 위의 ①에서 건의한 바와 같이 북측의 의복과 신발생산을 증대하기 위한 남북 기업 간의 위탁가공제휴를 촉진하고, 위의 ②에서 건의한 바와 같이 북측의 지하자원 개발을 증대하기 위한 남북 기업 간의 합작투자 제휴를 촉진하기 위하여 다음과 같은 위탁가공 시범사업을 제안하였어야 했다.[13] 시범사

13) 2000년에 창설된 남측의 남북위탁가공업체협회가 이러한 시범사업을 계획하

업의 목적은

- 남측과 북측의 의복과 신발분야 시범사업 참여기업을 지정하고 각 측이 상대방의 기업과 제휴하기 위한 파트너를 물색하는 데 필요한 정보를 제공함.
- 시범사업 참여 남측 기업이 시범사업 참여 북측 기업과 제휴하는 것을 편안하게 느낄 수 있을 정책 및 사업환경을 보장함(〈표 7-2〉에 열거한 정책들 참조).
- 남측 시범사업 참여업체와 북측 시범사업 참여업체가 북측 공장에서 만날 수 있도록 주선하고, 필요한 여행을 위한 편의를 알선하고 신변안전을 보장함.
- 시범사업에 대하여 합의된 예산에 입각하여 다음과 같은 재정지원을 집행함.
  - 여행경비 반액 지원
  - 계약된 위탁가공비를 지불하지 않는 경우 변상 또는 특히 국내판매와 관계된 원자재 비용이 위탁가공계약에서 커버가 안 되는 경우 변상
  - 만약 자본재 비용이 축적된 미납부 위탁가공비보다 많을 경우 변상
  - 기타의 시범사업 시행 중에 일어나는 재정적 손해를 변상하되, 남북경제협력 추진 당국이 임명한 시범사업팀의 개별적인 허락을 필요로 함.

예를 들면, 남측이 제공한 원자재를 사용하여 북측에서 의복을 제조하는 경우, 여기서 건의하는 시범사업이 위에서 설명한 바와 같이 3불통, 모기장정책, 북측 공장노동자 현장실습 금

는 데 있어 필수불가결한 일반적 아이디어와 실무 차원의 자세한 자문을 할 수 있었을 것이다.

지 등의 열악한 북측 정책과 사업환경 속에서도 1990년 초 이래 100여 개의 남측 기업이 북측 기업과 위탁가공계약 하에 남측이 제공한 원자재로 북측 기업이 수출제품을 생산하는 현재의 상태와 다르게 별도로 무슨 공헌을 할지에 대하여 의문을 제기할 수 있을 것이다. 북측이 남북 경공업 및 지하자원 개발협력사업을 통하여 의복생산용 원자재를 남측에 요구할 때, 아마도 북측이 생각하는 공장들은 현재 100여 개 남한 기업의 위탁가공계약 하에 의복을 생산·수출하는 공장들과 다른, 즉 수출품을 생산하지 못하는(즉, 주로 국내판매용) 공장들일 것이다. 수출품을 생산하지 못하는 이유는 아마도 그 공장들이 수출품 생산과 마케팅의 노하우가 부족하든지, 공장시설이 노후화되었든지, 또는 생산공정이 자본집약적인 제품이라 북측에게는 비교우위가 없기 때문일 것이다. 그렇기 때문에 시범사업에 의하여 노동집약적 생산과정을 이용하는 봉제생산의 새로운 위탁가공계약을 남측 기업과 맺는 북측 공장들은 수출가능성을 높이고 국내판매품의 질을 올림으로써 북측의 외환부족 완화와 산업경쟁력 향상에 공헌할 수 있을 것이다.

부록 Ⅲ에 첨부한 남북 경공업 및 지하자원 개발협력에 관한 합의서 제3항의 일부에 명기된 "북측은 남측이 제공한 경공업 원자재 및 **그 제품**을 제3국에 수출하지 않는다"라는 수출금지규정을 시범사업의 수출가능성 제고와 비교하여, 어느 쪽이 더 북측의 경제 세계화에 도움이 될지를 판단하는 것은 어렵지 않을 것이다. 더구나 시범사업은 3불통, 모기장정책 및 북측 공장노동자에 대한 현장실습교육 금지 등 북측의 경제 세계화 정책에 반하는 정책의 폐지를 위시하여 여타의 정책 및 사업환경 개혁을 시범사업 참여기업들에게 적용함으로써 성취되는 혜택을 과시할 수 있을 것이다. 그리하여 시범사업은 4대 합의서를 체결한 지 7년 후에, 〈표 7-2〉에 제시한 열린 수출공단제도까지는 아직 못미치더라도 남북 간의 위탁가공촉진합의서를 작성하는 첫 단계를 성취할 수 있었을 것이다. 위에서 남북 간의 위탁가공촉진합의서가 채택되었다면, 과거 7년 동안 남북경제활동에 별 영향을 못미친 4대 합의서보다 더 큰 혜택을 남과 북에 가져올 수 있었으며, 〈표 7-2〉에 제시한 열린 수출공단제도의 기초를 이룰 수 있었을 것이라는 것을 설명한 바 있다.

불행하게도, 위의 시범사업 아이디어는 고려되지 않았다. 남북교류협력지원협의회가 남북 경공업 지하자원 협력사업 이행기구로 지정이 되었고, 40억 원의 1차 정부예산을 할당받아 사업이 시행중이다(NKchosun.com, 2007k). 북측이 계속해서 경공업 원자재를 지원해 달라는 요청이 있을 것을 예상하여, 남측이 제공한 원자재로 북측이 생산한 경공업 제품의 일부를 남측이 사고 그 대금을 남측이 북측에 원자재로 갚는 순환구조 건의(Lee, 2007)는 현 경공업 원자재—지하자원 개발품의 물물교환구조보다 발전적이다. 그러나 위의 시범사업에서 건의한 기업 대 기업 차원의 위탁가공구조가 시장경제원칙에 입각하여 정부간섭 없이 북한의 만성적인 원자재 부족 문제도 해결하고 북한 경제의 세계화를 주도하는 원동력이 되어야 한다. 따라서 남북 기업체가 더욱 밀접하고 확대된 제휴를 맺을 수 있도록 남북경제협력 추진 당국은 필요한 정책 및 사업환경을 보장할 수 있어야 한다.

2007년 10월 4일 남북정상선언

남한의 노무현 대통령과 북한의 김정일 국방위원장은 2007

년 10월 2~4일 동안 평양에서 제2차 남북정상회담을 하였다. 정상회담의 8개 합의사항을 담은 '남북관계 발전과 평화번영을 위한 선언'을 2007년 10월 4일에 서명하여 발표하였다(Korea Net/News, 2007; NKchosun.com, 2007y). 2007년 정상선언의 제5항에서는 남북경제협력분야를 다루고 있다.

2000년 6월의 제1차 남북정상회담 이후 7년간의 남북경제협력사업에 대한 분석을 위에서 할 때는 제2차 남북정상회담이 노무현 정권 하에서 2007년 10월에 개최되리라는 기대를 하지 못하였다. 그 이유는 2007년 12월에 있을 남한의 대통령선거가 가까웠기 때문이다. 다시 말하면, 제2차 남북정상회담은 2008년 2월에 시작되는 남한의 새 정부 임기 중에 열릴 것이라는 가정을 하였었다. 여하간 위에서 과거 7년간의 남북경제협력사업을 분석한 결과로 남북경제협력에 대한 새로운 비전의 시급함을 강조하게 되었었다. 따라서 아래에 기술하는 2007년 10월 4일의 정상선언 제5항에 관한 검토의 초점을, 새로 건의한 남북경제협력사업에 대한 원칙과 접근법이 위에서 강조한 새로운 비전을 제시하여야 한다는 도전을 제대로 맞고 있는지에 맞추기로 하였다.

◈ 남북경제협력에 대한 낡은 원칙의 반복

2007년 10월 4일의 남북정상선언의 제5항의 첫 번째 문구는 다음과 같다. "남과 북은 민족경제의 균형적 발전과 공동번영을 위해 경제협력사업을 공리공영과 유무상통의 원칙에서 적극 활성화하고 지속적으로 확대 발전시켜 나가기로 하였다."

첫째, 남북경제협력사업의 목적을 2000년의 제1차 남북정상회담과 1992년의 기본합의서(그리고 북한의 북남경제협력법)의 문구를 모방하여 '민족경제의 균형적 발전'이라고 천명하고 있다. 그러나 북한 경제를 세계화하는 데 있어 북한이 막대하게 뒤떨어진 간격을 좁히기 위한 노력이라는 관점에서 민족경제의 균형적 발전이라는 개념을 규정하지 못함으로써 과거의 남북경제협력사업이 북한 경제의 세계화를 위한 노력을 시작하는 데 있어 별로 효율적 공헌을 못하였다는 평가를 위에서 한 바 있음을 상기한다면, 제2차 정상선언이 분명치 못한 낡은 목적을 반복한 것에 대하여 실망할 수밖에 없다.

둘째, 2007년 정상선언에서 천명한 남북경제협력의 원칙 중 하나인 '유무상통'은 북한의 북남경제협력법에서 발췌한 것이 분명한데, 이 낡은 원칙이 이미 2006년의 남북 경공업 및 지하자원 개발협력사업, 즉 정부 대 정부의 물물교환사업의 방향을 제시하였기 때문에 위에서 충분히 검토하여 평가하였다. 이 낡은 원칙의 현대화된 형태는 '비교우위'원칙으로서 반 세기 간의 후진국의 국제무역 추세를 이끌어 오는 데 있어 지침을 제공하였기 때문에, 21세기의 남북경제협력사업은 낡은 유무상통원칙이 아니라 현대적인 비교우위원칙을 따라야 한다고 위에서 강조하였다. 이 점을 상기한다면, 2007년 정상선언이 낡은 원칙을 또한 반복하고 있는 데 대하여 실망할 수밖에 없다.

◈ 남북경제교류와 남북경제협력 간의 관계를 관장하는 투명한 규정 미비상황의 반록

2007년 10월 4일의 제2차 남북정상선언 제5항의 첫 번째 글에 담겨 있는 '남북경제협력'이라는 용어는 2000년의 제1차 남북정상선언의 제4항에서 사용한 용어의 반복으로서 1992년 남북기본합의서의 경우와 다르게 넓은 의미의 남북경제협력을 지칭하는 것 같다. 다시 말하면, ① 남북경제교류(즉, 위탁가공, 합작투자, 외국인 직접투자, 기술·마케팅계약, 턴키공장 등의 남북 기업 간 제휴(〈표 7-1〉 참조), 교역, 그리고 기타 기업의 이윤을 목적으로 하는 남북 기업 간의 경제행위)와 ② 좁은 의미의 남북경제협력(즉, 남북경제교류를 가능하게 하는 정책·기업환경을 보장하기 위한 남북 정부 차원의 지원, 정책자문, 재정 및 물자지원, 그리고 인프라스트럭처 건설지원)의 두 가지를 합한 넓은 개념을 말한다.

위에서 고찰한 바와 같이, 자율화된 남북 기업 간의 제휴와 교역이 남북경제협력 당국의 효율적인 지원 하에 북한 경제의 세계화를 촉진하는 데 개척자적 역할을 하였어야 했다. 그러한 남북경제협력 당국의 지원은 주로 남북 기업 간의 제휴와 교역을 가능하게 하는 정책환경을 보장하는 데 중점을 두고 인프라스트럭처 건설지원은 필수불가결한 부분에 한정했어야 하였다. 그러나 흔히 남북 기업 간의 제휴와 교역의 역할은 경시되었고, 남북 정부 차원의 물물교환사업(즉, 경공업 원자재-광산물 협력사업)에서 보여준 것같이 어느 남북경협사업에서는 아예 남북 기업 간의 제휴나 교역이 제외되었다. 2007년 남북정상선언은 남북 기업 간의 제휴와 교역을 남북경제협력의 중심에 세우도록 제도화하는 명백한 규율을 천명하지 못하였다. 예를 들면, 이상에서 발췌한 정상선언 제5항의 첫 문구에 있는 '상호이익'의 원칙을 실천하는 주체가 남북의 정부관리들이 아닌 완전히 자율화된 남북 기업들이어야 한다는 것이다.

◈ 국제구역 및 투자규범과 상치되는 접근법의 반복

2007년 남북정상선언 제5항의 두 번째 문구는 다음과 같다.

> "남과 북은 경제협력을 위한 투자를 장려하고 기반시설 확충과 자원개발을 적극 추진하며 민족내부협력사업의 특수성에 맞게 각종 우대조건과 특혜를 우선적으로 부여하기로 하였다."

과거 남북경제협력의 비전 결여를 검토하는 데 있어서, 위에서 남측이 1992년의 기본합의서 제15조 상의 민족내부거래 개념에 일치되도록 제17조에서 명시한 남북 기업체 간의 제휴와 교역에 관계된 자유로운 통행과 접촉을 보장하도록 북측에 계속 요구하거나, 남북교역의 팽창에 필수적인 WTO 회원 같은 명확한 남북교역정책의 보장을 요구하였어야 했다고 지적한 바 있다. 그러나 이른바 민족내부협력사업을 위한 특혜대우에 관한 2007년 정상선언은 한편 3불통, 모기장정책 및 금지된 현장 실습교육 등의 어려움으로 치명상을 받고 있는 민족내부거래의 참 실상을 간과하는 것 같다. 다른 한편, 정상선언은 특혜대우라는 불분명한 조치를 건의하는 것으로 보인다. 이는 경제의 세계화 성공에 그 장래가 달려 있는 북한에게는 현명한 건의가 아닌 것 같다. 그 이유는 북한이 투명한 국제적인 무역과 투자 규범을 준수하지 못한다면 경제의 세계화에 있어서 성공할 수 없기 때문이다.

◈ 약속한 남북경제협력사업

2007년 정상선언에서 동의한 남북경제협력사업은 다음과 같다.

① 해주경제특구 건설, 해주항 활용, 민간선박의 해주 직항로 통과, 한강 하구 공동이용, 공동어로구역, 그리고 평화구역 등으로 구성된 서해평화특별지대 설치
② 개성공단 1단계 및 2단계 건설, 문산-봉동 간 철도화물 수송 시작, 그리고 개성공단 내의 3불통 문제를 비롯한 제반 제도 보장조치 조속히 완비
③ 개성-신의주 철도와 개성-평양 고속도로 개보수

④ 안변과 남포에 조선협력단지 건설, 그리고 농업·보건·의료·환경보호 등의 협력사업
⑤ 현재의 남북경제협력 추진위원회를 부총리급 남북경제협력 공동위원회로 격상
⑥ 백두산관광 실시, 그리고 이를 위한 백두산-서울 직항로 개설(공항건설사업 포함, 이 사업은 공동선언의 제6항에 포함되어 있음)

남북경제협력사업의 초점은 산업공단, 교통망, 항구 및 공항, 조선단지 등의 건설에 있다. 정책개선분야는 개성공단에 국한되었으며, 공단 내의 3불통 문제가 일부 완화되더라도 시장임금 및 직원고용과 해고를 포함한 경영의 완전자율 보장문제는 제기조차 요원할 것 같으며, 근본적인 해외공단 이외의 '3불통' 문제는 전혀 다루지 않았다(2007년 11월 16일 남북총리회담 합의문, 2007년 12월 6일 남북경제협력 공동위원회 합의문, 2007년 12월 20일 남북 간 군사실무책임자 접촉, 그리고 2007년 12월 22일 개성공단 협력분과위원회 합의문 등 중의 개성공단 내부의 가능한 정책개선에 관한 합의사항에 의하면 위의 우려가 옳았다는 것을 확인할 수 있었다). 즉, 개성공단을 출입할 수 있는 시간을 현재의 오전 8시 30분~오후 5시 40분으로부터 오전 7시~오후 10시까지로 확대하고, 2008년부터 인터넷 및 유무선 전화서비스를 시작하도록 1만 회선 능력의 통신센터를 세우기로 하였고, 세관통관절차를 간소화하기로 합의하는 등 진전이 있었다(chosun.com, 2007n). 그러나 위에서 깊이 있게 논의한 새로운 수출공단전략에 필수불가결한 시장임금과 자유로운 노동이동 그리고 직원 고용과 해고를 포함한 경영의 완전자율 보장문제 등 근본적인 정책개혁 과제는 이러한 여러 남북당국자회담에서 제기조차

하지 않았다. 따라서 개성공단정책이 북한의 시장경제 전환의 초보를 제공하는 것은 고사하고 개성공단 제품의 미국 시장에서의 판매를 가능하게 하기 위한 한·미 자유무역협정 하의 역외가공지역(OPZ) 제품으로 인정받을 수 있는 조건을 충족시킬 수 있는지에 대한 종전에 갖고 있던 심각한 우려에 대하여는 아무런 변화를 찾을 수 없다. 이와 같은 인프라스트럭처 시설의 건설 제안은 북한의 개발전략에 대한 새로운 비전에 의거하지 않았다. 따라서 거대한 사업경비에도 불구하고 이러한 협력사업이 북한의 개발전략을 비시장 위주와 대내지향으로부터 시장 위주와 대외지향적으로 전환시키는 데 뚜렷한 공헌을 하리라고 기대하기는 곤란하다. 2007년 정상선언에서 남북경협에 대한 새로운 비전이 결여된 점에 비추어 보아, 남북경제협력 당국 위상의 격상 자체가 북한의 경제개발전략의 변화에 새로운 역할을 하리라고 기대하기는 힘들다.

2007년 정상선언에서 약속한 남북경제협력사업의 비용에 대한 공식적인 추정치는 발표되지 않았다. 현대경제연구소에 의하면(NKchosun.com, 2007z), 2007년 정상선언에서 약속한 모든 사업의 비용은 112억 달러(또는 10조 2,600억 원)로 추정된다고 한다. 다른 한편, chosun.com(2007c)은 산업은행, 한국토지개발공사 및 통일부의 과거 보고서에 수록된 관련사업 추정치를 종합한 총비용은 50조 원에 이른다고 보도하였다.

◈ 약속한 사업이 한반도의 경제공동체 건설노력 또는 한국판 마셜계획의 일부인가?

2007년 10월 4일자 정상선언에서 한반도(또는 남북) 경제공동체라는 용어를 공식적으로 사용하지 않았지만, 2007년 10월 3일 저녁 평양 만찬에서 행해진 노 대통령의 연설안에 그러한 용어가 포함되어 있었기 때문에 남한 정부가 정상선언에서 약속한 사업들을 그러한 경제공동체 건설을 위한 노력의 일부로 간주하고 있다고 해석된다(chosun.com, 2007d). 사실, 노대통령은 경제공동체 용어를 2007년 8월 14일 각의에서 정상회담 준비에 대하여 설명할 때 그리고 8월 15일 광복절 연설에서 사용하였다. 한편, 영국의 일간지 파이낸셜 타임즈(*Financial Times*, 2007a)는 2007년 10월 2일자 신문에서 남북정상회담에서 남한이 하기로 예정된 대북한 지원약속을 막대한 '마셜계획'이라는 용어를 써가면서 보도하였다. 실제로 노 대통령은 2007년 2월 16일 이탈리아에서 대북한 지원을 위한 한국판 마셜계획에 대하여 언급한 바 있다(NKchosun.com, 2007j).

그러나 다음과 같은 이유로 인하여 한반도의 경제공동체 또는 한국판 마셜계획이라는 용어나 개념을 사용하는 것이 시기상조라고 판단된다.[14)]

첫째, 8개 유럽 시장경제국이 1958년에 창설한 '공동시장'으로 알려진 유럽경제공동체(EEC)가 오늘날 유럽연합(EU)의 초석이 되었지만, 다음과 같은 이유로 EEC를 남북경제공동체의 모형으로 생각할 수는 없다. 즉, EEC/EU는 시장경제와 GATT/WTO의 국제적 규범을 준수하여 오고 있지만, 북한은 그러한 국제적 규범을 향한 개발전략의 전환준비조차 아직 불확실하다.

둘째, 다음과 같은 이유로 2003년에 체결한 중국-홍콩 간의 경제강화협정(CEPA)도 한반도의 경제공동체의 가능한 모형이 될 수 있으리라고 상상하기 힘들다.

14) 최근 많은 남한의 정치인들이 그러한 용어를 흔히 사용하였다. 예를 들면, 정동영 전 여당 의장, 이해찬 전 국무총리, 그리고 정형근 한나라당 의원의 한반도 경제공동체에 대한 언급에 대하여는 NKchosun.com(2007h), NKchosun.com(2007i) 및 chosun.com(2007b) 참조.

① 1970년대 말부터 CEPA가 체결된 2003년 사이에 중국-홍콩 간의 긴밀한 기업제휴(위탁가공, 합작투자, 직접투자 등 형태로)는 중국 경제의 세계화에 있어 개척자 역할을 하였지만, 위에서 강조한 바와 같이, 북한 경제의 개발 전략이 시장 위주와 대외지향적 방향으로 전환되는 것을 가로막는 4가지 장애요소(〈그림 4-1〉) 중의 하나로 인하여 남북 간의 기업제휴는 그러한 모범을 답습하지 못하였던 것이다. 남북한이 홍콩과 중국으로부터 진정으로 배워야 할 것은 CEPA 체결 후 홍콩의 중국 시장 진출이 더욱 자유로워졌다는 것이 아니라, CEPA 체결 전에 홍콩-중국 기업 간의 밀접한 제휴가 중국의 세계 시장 진출에 개척자적 역할을 하였다는 것이다. 왜냐하면, 남북관계에서 가장 중요한 문제는 1979~2003년간 홍콩과 중국 기업의 자유로운 제휴를 가능하게 하였던 정책 및 사업환경과 유사한 환경을 북한이 남한 기업에게 보장함으로써 남북한 기업이 자유롭게 제휴하여 북한 경제의 세계화에 있어 개척자적 역할을 할 수 있게 하는 것이기 때문이다.

② 홍콩은 중국이 개방과 개혁을 하기 전에 이미 100여 년 간의 가장 성공적인 자유무역경제였고, 1960년대 초 이후에는 동아시아의 슈퍼스타 경제 중 하나였으며, 중국은 1970년대 말부터 가장 성공적인 체제전환국이었다. 그에 비하여, 남한은 1960년대 초부터 동아시아의 슈퍼스타 경제 중에 하나였으나 북한은 1940년대 중반부터 대내지향적 비시장경제였다. 홍콩은 1997년에 중국 본토로 귀환되었고, 중국은 2001년에 WTO에 가입하였다. 따라서 남북한이 중국-홍콩과 유사하게 독립된 관세지

역이라는 이유만으로 홍콩-중국의 CEPA가 남북한 경제 공동체의 가능한 모형이 될 수 있을 것이라고 생각하는 것은 시기상조이다.

셋째, 현재 미국과 각양각색의 중동 국가들이 협상중인 미국과 중동 지역 간 자유무역협정(MEFTA)이 아마도 한반도의 경우에 더 좋은 통찰력을 제공하리라고 보는 자들이 있을 것 같다. 그러나 북한과 남한은 MEFTA의 전제조건이 시장경제뿐만 아니라 WTO 회원이라는 것을 주의 깊게 볼 필요가 있다. 그 이유는 자유무역협정에 관한 WTO의 법규 때문만이 아니라, 각 국가가 시장경제의 규범과 국제무역의 규범을 준수하겠다는 확고한 의지를 가져야 한다는 참된 필요조건 때문이다. 요르단·이집트·쿠웨이트 같은 11개 중동 국가는 이미 WTO 회원국이고, 예멘과 레바논 같은 7개 여타 국가는 WTO 가입을 교섭 중이다. 14개의 중동 국가들은 이미 미국과 무역 및 투자에 관한 기본 협정을 체결하고 있으며, 7개의 중동 국가들은 미국으로부터 특혜관세(GSP)의 혜택을 받고 있다(Lawrence, 2007).

넷째, 마셜계획으로 알려진 유럽부흥계획은 미국의 경제원조계획이었으며, 1948/1949년에 창설된 유럽경제협력기구(OEEC)가 미국의 감독 하에 마셜계획을 기안하고 집행하였다(OEEC는 후에 OECD가 되었음). 한국판 마셜계획을 기안하고 집행할 OEEC 같은 기구도 없고 북한이 유럽의 시장경제와 유사성이 전혀 없다는 사실에 비추어 볼 때, 남한의 북한 원조는 마셜계획이라는 용어를 사용할 만한 유사성이 전혀 없다. 따라서 남북한 경제협력에 관하여 한국판 마셜계획이라는 용어를 사용하는 것은 시기상조다.

결론적으로 말하면, 남북경제협력에 관하여 한반도 경제공동체나 한국판 마셜계획이라는 용어나 개념을 사용할 두 가지 전제조건은, ① 북한이 시장경제가 되고 WTO 회원이 되든지, ② 북한이 시장지향적 개혁과 WTO 회원 같은 남북교역정책을 국제사회에 공약하고 시행에 착수하는 것이다.

조지워싱턴대학교 박도차 교수(미국 부시 행정부의 전 국가안전회의 아세아 국장)는 그의 최근 저서 *IMPOSSIBLE STATE* 에서 남한의 "햇볕정책"에 대하여 다음과 같이 기술하였다(Cha, 2012, p. 403).

> "북한은 남한의 '햇볕정책'을 통한 관대함을 아무런 대가 없이(offering little in return) 그들의 '달빛정책'에 이용하였다. 평양은 금강산관광 투자와 개성공단 단지를 경제협력으로 간주하였는데, 그 이유는 이러한 프로젝트들은 외부의 영향을 받지 않고 북한 체제에 대한 개방 없이 외국 달러를 너무나 잘 제공하였기 때문이다. '달빛정책'은 특히 북한의 핵무기 문제가 남한의 '햇볕정책'에 있어서 암시적으로 중요한 가정이 아니라는 것을 크게 이용하였다. '햇볕정책'은 정권의 불안전성과 개혁 없는 사회의 더 큰 위험의 일부로서 북핵 위험을 너무 등한시하였으며, 만약 이런 불안정성이 제거되고 개혁 작업 없이 잘 되면 북핵 문제는 잘 될 것이라고 가정하였다. 북핵 문제에서 '달빛정책'의 답변은 '그의 케이크'를 가지고 또한 '먹는다'는 논리와 같다: 평양은 '햇볕정책'이 북한 정부에 저촉되지 않는 최소 범위 내에서 남북대화를 하면서 북핵 문제를 계속적으로 추구하였다. 이 시대의 이득은 누가 받았는가? '달빛정책'이 끝났을 때 북쪽은 이전보다 더 많은 핵무기를 취득하였고, 북한 정부의 파탄을 피하면서, 남한으로부터 $3 billion의 자금을 받았다. '햇볕정책'이 끝날 때는 남한이 북한에 대한 안 좋은 생각에 대한 정치적 타당성을 느끼고(과거에는 그러한 것이 적합하지 못하고 법으로 변질되게 취급되었으나), 북쪽의 주요 두 경제협력 프로젝트를 갖게 되고, 남한 대통령이 노벨 평화상을 받는 등의 계산이 잘 되었겠지요."

남북경제협력의 관리개선을 위하여

경제개발의 성공을 위해서는 관리능력(governance)의 질이 필수적이다(World Bank, 2006b). 북한의 비핵화가 순조롭게 진전된다 하더라도, 북한의 개발전략 전환에 관하여 남한, 북한 그리고 국제사회가 당면하고 있는 도전은 역사에 유례를 찾을 수 없다. 전 세계의 정부관리능력 지표측정의 일부로 세계은행이 추계한 북한의 2005년 정부효율의 국제비교에 의하면, 정부효율의 정부관리능력 실적면에서 전 세계 99.5%의 국가들이 북한보다 우월한 것으로 나타났다(World Bank, 2006c). 이러한 상황에서, 남북경제협력을 관리하는 데 지도력을 발휘해야 하는 힘든 도전을 받아 온 남한 당국의 과거 10년간 대북한 지원관리(governance)의 효율성에 대해서는 위에서 검토한 바 있다. 장래의 남북경제협력 관리(governance)를 개선할 목적으로 새로운 남한 정부가 배워야 할 교훈은 무엇인가?

◈ 2007년 10월의 남북정상회의 대화를 통한 참신한 교훈

정상선언이 있은 지 5일 후인 2007년 10월 9일에 남한의 통일부 홈페이지 중 개성공단을 안내하는 문장에서 '개혁·개방'이라는 용어를 삭제하였다고 보도되었다. 당초 통일부 홈페이지는 개성공단에 대해 "북한 관리 및 근로자들이 공단 개발 과정에서 자연스럽게 시장경제를 학습, 향후 개혁·개방을 추진하는 데 밑거름"이라고 썼다.

그러나 이 부분을 "북한 경제를 발전시킬 수 있는 지식 및 경험 습득"이라고 바꾸었다(chosun.com, 2007f).

위와 같은 통일부 홈페이지에서 '개혁·개방'이라는 용어를 삭제하게 된 경위에 관하여 노 대통령이 2007년 10월 3일 오전의 정상회담을 마친 뒤 오찬에서 다음과 같이 말하였다고 국내외 신문들이 보도하였다.

"개혁·개방은 북측이 알아서 할 일이고 서울에 가면 적어도 정부는 그런 말을 쓰면 안 된다고 생각한다"(chosun.com, 2007f).

"개성공단을 개혁·개방의 상징으로 취급하는 우리식 관점에 대해 북측이 가졌을 불만을 표시했다. 또 개성공단의 속도문제를 하소연하였다"(*Korea Times*, 2007b).

"우리의 개혁·개방이라는 용어에 대하여 불신과 거부감을 표시하는 것을 느낄 수 있었다"(*USA Today*, 2007).

"일방적인 대화가 불필요한 오해를 가져올 수 있다는 것을 알게 되었다. 북한인들에게 개혁·개방이라는 말은 계속 반복하지 않음으로써 오해를 회피하도록 노력해야 한다"(*Washington Post*, 2007b).

2007년 10월 4일 노 대통령은 정상회담 후 귀로에 개성공단과 남측의 도라산 CIQ에서 다음과 같이 말하였다.

"개성공단은 남과 북이 하나가 되어 같이 성공하는 곳이지 어느 누구로 하여금 개혁·개방하도록 인도하는 곳이 아니다"(chosun.com, 2007g).

"개성공단을 우리가 정치적으로 너무 이용하는 데 대하여 그들이 불편해 하는 것을 느꼈다"(*JoongAng Daily*, 2007b).

위의 보도를 통하여 남북정상 간 대화의 참된 성격을 감지하게 되며, 다음과 같은 측면에 대하여 더 고찰할 필요를 느

낀다.

첫째, 양측 지도자의 입장에서 아주 심한 '인식의 차이 또는 간격'이 있었던 것 같다. 즉, 그들이 다룬 특정한 분야에 있어서도 경제개발 사실에 대한 오해와 해석상의 오류가 있었던 것 같다.

둘째, 장래의 남북경제협력을 위하여 가장 중요한 분야를 정상 간의 대화에서 다루지 않고 제외시켰던 것 같다.

셋째, 만약 남북경제협력의 더 좋은 실적을 내려면 양측 간의 대화를 한 단계 높일 수 있는 방도를 찾아야 될 것 같다.

넷째, 남측의 경우에 한해서도 남북경제협력 관리를 향상시키는 데 더욱 효과적인 영도력을 발휘하기 위해서는 해결해야 할 몇 개의 지적 및 제도적 문제가 있는 것 같다.

남한의 대북한 지원관리의 향상을 위한 자기반성의 노력에서 다루어야 할 적절한 질문을 제시할 목적으로 이러한 측면들에 대하여 아래에서 중요한 점을 제기한다.

◈ 경제개발 사실과 정책에 대한 인식의 차이

무엇보다도 개성공단을 북한에게 보여줄 개혁·개방이나 시장경제의 상징으로 생각하는 노 대통령의 이해는 위에서 깊이 있게 검토한 개성공단에 대한 개발 사실과 일치하지 못한다는 것이다. 위에서 개성공단의 정책 측면에 대하여 국제개발 경험에 기초를 둔 사려 깊은 분석과 국제비교를 한 결과, 개성공단의 정책과 행정절차가 세계에서 가장 열악한 편이라는 평가를 하게 되었다. 또한 개성공단의 노동, 임금 및 외환관리 메커니즘을 통일부의 개정 전 홈페이지에 게재된 것과 같이 북한이 배울 수 있는 시장메커니즘이라고 하기 힘들다는 평가도 한 바 있다. 개성공단에 대한 국제개발계의 평가도 별로 다르지 않은 것 같다. 예를 들면, 2007년 10월 3일의 남북정상회담을 보도하면서 영국의 파이낸셜 타임즈(*Financial Times*, 2007b)는 개성공단의 성격을 '검역격리지역'이라고 규정하였다. 그러한 검역격리지역에서는 통일부의 개정 전 홈페이지에 게재된 내용과는 반대로 북한 노동자들이 참 시장경제를 배울 수 있을 것 같지 않다.

노 대통령이 "남한 정부가 정치적으로 개성공단을 너무 이용하였던 것 같다"고 언급하였다. 위에서 언급한 바와 같이, 북측은 남측이 개성공단을 개혁·개방의 상징으로 선전하면서 북측이 배워야 한다고 한 데 대하여 불쾌함을 표현하였다고 한다. 그러나 우리가 우려하는 이유는 북한의 경우와는 전혀 다르다. 위에서 "개성수출공단은 만병통치가 아니다"라는 제목하에 깊이 있게 검토한 바 있지만, 남한 정부가 개성공단이 시장경제와 개혁·개방의 상징이라고 남한 사람들과 북한을 오도하였다면 이는 모두에게 도움이 되지 않는다. 남측은 왜 북측이 이른바 개혁이라는 용어에 대하여 불편해 하는지를 우려하기 전에 우선 세계적인 개발경험에 비추어 본 개성공단의 실상을 남한 사람들과 북한에게 보여주어야 한다. 만약 개성공단의 정책수준이 혁명적인 변환을 가져와야 할 정도로 국제적 수준에 비하여 열악하다는 것을 이해할 지적 능력이 남측에게 결여되어 있다면, 그것이야말로 북측에 대한 남측의 지원을 효과적으로 관리하는 데 있어 무엇보다도 더 우려되는 점이라고 하겠다.

정상회담 후 노 대통령이 언급한 결과로 통일부의 개성공단에 관한 홈페이지에서 개혁·개방 용어를 삭제한 데 대하여, 조동호·유호열 교수는 남한 대통령이 개혁·개방을 언급하지 않기로 함으로써 남북경제협력이나 남한의 대북지원이 정당성을 상실하게 되었다고 비판하였다(chosun.com, 2007f; *JoongAng Daily*, 2007c). 물론 북측이 싫어한다고 하여 개혁·개방이라는 용어를 제거한 남측의 결정이 현명치 못하다는 데 대하여 동의한다. 그러나 그보다 더 우려되는 점은 개성공단이나 북한 전체에 관련하여 국제적 개발경험에 비추어 시장경제와 개혁·개방의 성격을 명확히 규명할 능력이 남측에게 결여되어 있는 것 같다는 사실을 확인하였다는 것이다.

개성공단과 관련하여 남북정상 간의 '인식의 차이'가 있게 된 이유에 대하여 다시 한 번 회고하면서, 각 정상의 남측이나 북측 내부의 인식의 차이를 자세히 고찰할 필요가 있다. 그러한 양측 내부의 인식의 차이는 다음과 같은 결여 때문에 생긴 것 같다.

① 정책수립자와 개발실무자(즉, 위탁가공, 합작, 직접투자 등 형태로 개성공단 안에서나 밖에서 남북 기업 간의 제휴나 교역에 직접 깊이 관여하고 있는 업체 대표) 간의 의사소통 결여
② 개발전문지식(아래에서 설명할 것임)의 결여

아래에서 더 설명하겠지만, 남북 업체 간의 제휴에 깊이 관여하고 있는 남측의 기업체 대표와의 인터뷰를 통하여, 북한의 3불통, 모기장정책과 현장실습교육 금지 등 비합리적 조치들이 북측 기업의 외화획득 활동에 큰 지장이 되기 때문에 그러한 조치를 시급히 제거해야 한다는 것을 북측 파트너들이 충분히 이해하고 있으나, 이러한 북측 기업의 의견이 북측의 정책수립자들에게 전달되지 않고 있다는 실정을 알게 되었다. 놀랍게도 〈표 5-1〉에서 요약하듯이 이러한 정책수립자와 개발실

무자들 간의 의사소통 결여가 북한 내부와 유사하게 남한 내부에서도 심각하게 존재하고 있는 것 같다. 또한 북한 내부의 개발전문지식 결여는 놀라운 일이 아니지만, 그러한 개발전문지식 결여가 〈표 5-1〉에서 요약하듯이 남한 내부에도 심각하여 남측의 대북 지원관리의 효율성을 저해하고 있다는 것은 놀라운 일이다. 이와 같이 양측 정부 내부의 인식의 차이가 심각한 것에 비추어 보면, 2007년 정상회담에서 양 정상 간 인식의 차이는 놀랄 일이 아닌 것 같다.

◈ 개발 프로젝트 결정 절차상의 심각한 문제제기조차 못함

2007년 10~12월의 3개월 동안의 주요 남북경제협력 관련 특기할 사항을 일어난 순서대로 요약하면

① 2007년 10월 4일 남북정상선언에서 인프라스트럭처, 공단 및 산업단지 건설이 근간을 이루는 '개발 프로젝트'에 동의하였다. 즉, 위에서 언급한 바와 같이 산업공단(공단은 전력·교통 및 통신 인프라스트럭처 건설도 수반함), 철도, 고속도로, 항구 및 공항, 그리고 조선단지 등 100억 달러 또는 그 이상의 막대한 경비가 드는 건설사업으로 구성되어 있다.

② 남한의 재경부 장관이 2007년 10~11월에 세계은행·국제통화기금 연차총회와 G-20 재무장관회의에서 2007년 10월 남북정상선언에서 동의한 북한 개발 프로젝트를 시행하는 데 필요한 자금을 조달하기 위하여 국제개발금융기구들의 '자금지원'을 호소하였다(chosun.com, 2007l).

③ 2007년 11월 16일 남북총리회담 합의문(NKchosun.com, 2007(5))과 이 합의문에 의하여 가졌던 그 후의 회담 등

에서 2007년 10월 정상선언에서 동의한 여러 개발 프로젝트를 준비하기 위한 '현지조사'를 실시하기로 동의하였다(조선협력단지 현지조사에 한하여 남한의 공공기관과 사기업이 공동으로 현지조사팀에 참여하고 여타 프로젝트는 현지조사팀이 남한의 정부기관과 공기업으로만 구성된 것 같다).

④ 2007년 11월 남북총리회담 합의문과 2007년 12월 6일 남북경제협력공동위원회 합의문(NKchosun.com, 2007(6))에서 남과 북은 조선협력단지와 해주경제특구 등 주요 개발 프로젝트 건설에 따라 이 지역에 대한 '출입, 체류, 통신, 통과, 검역, 자금유통 등 법률·제도적 장치'를 마련하는 문제를 협의해 나가기로 동의하였다.

⑤ 위의 여러 회담에서 시장임금, 노동자의 자유로운 이동, 또는 자유화된 노동자 채용제도(또한 단일화된 시장환율정책 등)에 대하여 전혀 언급과 논의가 없었다. 이상의 건설현장 출입 및 체제문제를 제외한 기타의 '정부정책과 사업환경'에 대한 논의도 없었다. 이러한 정책과 사업환경이 남한 사기업이나 여타 외국기업이 ①에서 동의한 개발 프로젝트를 수행하기 위하여 북한 기업과 제휴하는 타당성에 대한 결정을 하려면 가장 중요한 정보임에도 불구하고, 그러한 정보에 대한 의문이 제기조차 되지 않았다는 것은 참으로 놀라운 사실이다.

다른 한편 개발 프로젝트 결정과정 ①~⑤의 특수성에 비추어서

- ①에서 동의한 '산업단지나 공단건설'과
- ①에서 동의한 교통·통신·전력 및 기타 '인프라스트럭

처 건설’ 간의 상관관계의 특별한 의미를 간과할 수 없다. 즉, 동의한 공공기관이 건설하여야 할 인프라스트럭처의 타당성은 공공기관과 사기업이 공동으로 참여해야 할 산업단지나 공단건설 및 운영의 타당성에 달려 있다. 그러나 이러한 타당성 평가가 ①~⑤의 왜곡된 과정으로 인하여 제대로 이루어지기 힘들 것 같다. 특히, ③에서 이루어져야 할 공공기관의 인프라스트럭처 타당성 평가가 ③에서 이루어져야 할 사기업의 현장조사(해주특구 경우에는 사기업의 참여조차 없는 상황에서)의 정보부족으로 인하여 필요한 사실을 파악할 수 없을 것이다.

2007년 10월 남북정상선언에서 동의한 남북경제협력 프로젝트 결정과 준비절차 ①~⑤를 아래에서 요약하는 대부분 개발도상국에서 적용하고 있는 ‘바른개발 프로젝트 절차’ (i)~(v)와 비교하기로 한다.

(i) 잠재적으로 후진국 기업과 제휴할 의향이 있는 외국사기업이 ⑤의 경우와 정반대로 시장임금, 노동의 자유로운 이동, 그리고 자유로운 노동자 채용절차 등과 단일시장환율제도 등 여타 정부정책과 사업환경을 우선 확인함.

(ii) 후진국 기업과 제휴 의향이 있는 외국사기업은 이미 상존하고 있는 정상적인 입국비자절차에 의하여 가능한 개발 프로젝트에 관한 타당성 조사를 위해서든지 프로젝트를 시행하기 위해서든지 상시로 입국비자를 받을 수 있다. 이러한 자유로운 여행허용은 3불통, 모기장정책, 또는 현장실습교육을 금지하는 북한의 실정과는 판

이할 뿐 아니라, 각 개발 프로젝트마다 별개로 출입국 규정을 새로 제정하여야 하는 ④와도 판이함.

(iii) 개발 프로젝트의 타당성 조사를 위한 여행을 공공기관의 주관 하에 하는 ③의 경우와 다르게, 그리고 ⑤에서 보여주는 바와 같이 또한 ②에 대한 별로 좋은 반응이 없는 사실에서 볼 수 있듯이 충분한 자료와 정보가 없는 ③과는 판이하게, 외국사기업들은 자기들의 주관 하에 잠재적인 제휴상대자인 제휴유인국 기업과 같이 자유롭게 잠재적인 개발 프로젝트의 타당성 조사를 실시한다.

(iv) (i), (ii) 및 (iii)에서 볼 수 있는 양호한 정책 및 사업환경으로 인하여 유망한 개발 프로젝트에 대한 국제적인 자금지원을 받을 가능성이 높다. 이에 비하여 북한의 경우에는 그러한 가능성이 극히 희소함. 그 이유는 ⑤, ④, ③, ② 및 ①에서 볼 수 있듯이 양호하지 못한 정책 및 사업환경으로 인하여, 즉 북한의 개발전략 전환이 이루어지지 않는 한 ②에서의 국제개발 또는 사금융계에 대한 지지호소는 극히 시기상조였기 때문이다.

(v) 외국기업제휴를 유인하고자 하는 후진국 기업과의 잠재적인 제휴를 목적으로 하는 개발 프로젝트에 대하여 외국사기업이 긍정적인 결정을 내릴 수 있을 것이며, 그러한 프로젝트는 유인국 경제의 세계화에 좋은 공헌을 할 수 있을 것이다.

이에 반하여 ①에서 동의한 개발 프로젝트들이 북한 경제의 세계화에 현격하게 공헌할 수 있는 좋은 프로젝트가 되리라는 보장이 없다. 그 이유는 북한의 개발전략 전환을 필요로 한다는 것을 반증하는 왜곡된 개발 프로젝트 절차 ①~⑤ 때문이다. ①~⑤는 바른 프로젝트 절차 (i)~(v)의 정반대 순서일 뿐 아니라 프로젝트의 중추인 외국(남한)사기업이 좋은 프로젝트를 선택·결정할 수 있는 제휴유인국(북한)의 정책과 사업환경에 대한 정보와 보장이 없이 외국(남한)의 공공기관이 프로젝트를 결정하고 있는 우를 범하고 있기 때문이다.

2007년 정상회담에서 바른개발 프로젝트 절차 (i)~(v)를 북한의 개발전략 전환의 필요성과 함께 논의하였었다면, 그러한 논의야말로 북한 경제의 세계화에 공헌할 수 있는 남북경제협력(또는 여타 외국기업)의 개발 프로젝트를 유치하려면 북한 당국이 무엇을 해야 하는가를 터득시키는 데 크게 도움이 되고, 결과적으로 장래의 남북경제협력 프로젝트의 더 효율적인 관리(governance)를 위하여 아마도 가장 바람직하였을 것 같다. 그 대신 ①에 있는 개발 프로젝트에 동의하였으나 예상되는 막대한 산업단지, 공단 및 인프라스트럭처 건설비용에도 불구하고 북한 경제의 세계화에 크게 공헌할 수 있는 좋은 프로젝트가 될 수 있으리라는 보장이 없다. 그 이유는 세계에서 아마도 제일 열악하다고 할 수 있는 개발 프로젝트 절차 ①~⑤ 때문이다.[15)]

예를 들면, 2007년 12월 25~28일에 부산에서 열린 조선 및 해운협력분과의 제1차 회의에서 남측은 북측에게 남측이 조선

15) 2007년 정상회담에서 동의한 남북경제협력 프로젝트의 왜곡된 절차에 대한 비판적 견해에 대하여 Jo(2007c)를 참조. 다른 한편, 개성공단의 제2단계 산업공단과 해주경제특구의 산업공단 개발에 관하여, 한나라당 대통령 후보인 이명박 전 서울시장은 거대한 노동자의 주거시설 건설비용을 필요로 하는 수십만 명의 노동자를 고용하는 거대한 규모의 닫힌 산업공단을 장려하는 방법에 대하여 비판적이었다. 좋은 투자환경이 보장됨으로써 남측 기업이 투자유치를 자유롭게 선택할 수 있어야 할 것이라고 언급하였다(chosun.com 2007i). 물론, 이러한 요구를 충족시키려면 북측은 위의 바른개발 프로젝트 절차 (i)~(v)를 따르고, 특히 모기장정책을 제거하여야 된다.

협력단지의 투자결정을 하는 데 필수불가결한 위의 ④와 여타 정책환경 문제를 해결하기로 동의하라고 요구하였다.

북측은 ③에 추가적인 현지조사가 계획되어 있으며, ④와 여타 정책환경에 대한 북측의 확약이 없는 상태임에도 불구하고 남측이 먼저 남측 투자자의 이름과 투자예정액을 알려 주기 전에는 남측의 요구에 응할 수 없다고 대응하였다고 보도되었다(chosun.com, 2007m). 이러한 대화가 세계에서 가장 왜곡된 개발 프로젝트 절차를 따르고 있다는 위의 평가를 감안하면 놀랍지 않다.

2007년 12월 6일 남북경제협력 공동위원회 합의문 제7조는 "남과 북은 남북경제협력사업과 관련한 출입, 체류, 통신, 통관, 청산결제, 상사중재 등 투자환경 조성 및 제도적 보장 문제들을 협의·추진하기 위하여 남북경제협력제도분과위원회를 구성·운영하기로 하고 제1차 회의를 2008년 4월 초에 개성에서 진행하기로 하였다"로 기술하고 있으며, 제8조는 "남과 북은 수출 및 투자 확대를 위한 다양한 협력방안을 협의해 나가기로 하였다"고 기술하고 있다. 그러나 여기서 말하는 협의사항 중에 위의 ⑤에서 제기한 근본적인 문제가 포함되는지 명확하지 않다. 여하간 이러한 논의가 남북경제협력 당국자들의 심각한 관심을 갖게 하려면 2007년 정상회담에서 제기되었어야 했다. 결국, 제5장에서 건의하는 바와 같이 남북경제협력 당국이 북한 경제의 세계화를 위하여 선구자적 역할을 할 새로운 방향을 시작하려고 한다면 새로운 비전을 제시할 새로운 남북정상회담이 필요할 것 같다.

◆ 남북경제협력 과제에 대한 남북 당국의 커뮤니케이션을 어떻게 개선할 수 있을까?

2007년 남북정상의 대화에서 배워야 할 교훈 중의 하나는 남측이 더욱 효과적인 의사소통(communication)전략을 세워야 한다는 것이다. 효과적인 커뮤니케이션 전략은 남측 내부에서 정치적으로 확고한 지지를 받고 국제적인 개발경험에 비추어 개발전문지식 입장에서 확고부동한 대북한 지원전략에서부터 출발하여야 한다. 개성공단에 관한 정상회담의 대화만 보더라도, 남측 지도자와 참모 사이에 또는 남측 지도자와 개발전문가 사이에 인식의 차이가 있었다는 것을 추측할 수 있다. 다시 말하면, 국제개발 경험에 비추어 볼 때 개성공단의 정책수준이 세계에서 가장 열악하다는 사실에 대한 충분한 정보와 지식을 남측 지도층이 갖지 못하였던 것으로 보인다. 그러한 인식의 부족을 가져온 데는 개발전문지식적 측면과 제도적 측면의 이유가 있으며 아래에서 더 검토할 것이다.

여하간, 남측이 검증을 거친 확고한 계획이나 과제를 갖고 북측과 의사소통을 하려면 가장 효과적인 의사소통 방법에 대하여 심사숙고할 필요가 있다. 무엇보다도 이제는 북측과의 솔직한 대화를 더 이상 지체하지 않아야 한다(Park, 2007). 그러한 솔직한 대화에 포함되어야 할 가장 중요한 측면은 남북경제협력의 목적의식이다. 우리가 강조하는 남북경제협력의 목적은 북측에게 외화나 물건을 직접 주는 것이 아니라 북측에게 절실히 필요한 외화획득을 위한 자체 능력을 돕는 것이다. 북측이 외화획득을 할 수 있는 유일한 방법은 경제를 세계화하는 것이다. 따라서 북한의 생존은 얼마나 빨리 경제의 세계화를 이룰 수 있는가에 달려 있으며, 경제의 세계화 속도는 북한의 비핵화와 경제개혁의 범위와 속도에 의존한다. 다시 말하면, 남측의 대북지원이 기대하는 효과를 가져오려면 제4장에서 제시한 방향대로 북측이 경제개혁을 통하여 새로운 개발전략을 실시하여야 한다.

둘째, 북측의 세계시장에서의 경쟁을 가장 효과적으로 도울 수 있는 상대는 남측(과 여타 외국의) 사기업들과 북측의 자율화된 기업들이며, 남북경제협력 당국의 주요 역할은 이러한 기업들과의 제휴활동을 가능하게 하는 정책과 사업환경을 보장하는 것이라는 점을 충분히 납득시켜야 한다. 전력이나 인프라스트럭처같이 중요한 분야에 대한 남북경제협력 당국의 지원도 그와 같은 정책 및 기업환경 보장을 위한 개혁이 먼저 이루어질 때 북측의 외화획득에 도움이 될 것이라는 점을 강조하여야 한다. 그렇게 되면, 남측의 개인기업과 북측의 자율화된 기업이 공동으로 위에서 요약한 바른개발 프로젝트 절차에 의거하여 북한의 세계시장 진출을 위한 좋은 제휴 프로젝트의 타당성을 분석한 후 실천에 옮길 수 있을 것이다.

셋째, 위에서 요약한 바와 같이 북한 당국자들이 자체의 산업능력(industrial competence)을 획득하는 정교한 과정을 파악할 수 있도록 설명하고, 특히 3불통, 모기장정책 및 노동자들의 현장실습교육 제한 등의 조치가 북측의 외화와 산업능력 획득에 막대한 지장을 초래하고 있다는 점을 납득시켜야 한다. 사실, 북측 기업과의 위탁가공제휴에 깊게 관여하고 있는 남한 기업체와의 인터뷰를 통하여, 북측 기업들이 외화획득에 지장이 되는 북한의 특수조치들의 불합리성을 잘 파악하고 있으며, 그중 극소수의 기업은 용감하게도 남측 기술자의 현장실습교육을 허용하였다는 것을 알게 되었다. 물론, 이러한 비합리적인 북측 조치의 개혁 필요성에 대하여 남측 기업과 제휴중인 북측의 기업인과 북측 정책수립자 간의 의사소통이 별로 없다는 것을 위에서 지적한 바 있다.

북한 기업이 세계기업과 시장으로부터 오랫동안 고립되었던 점을 감안한다면, 공장노동자들이 외국기술진으로부터 제한 없는 현장실습교육을 받는 것이 나라의 생존을 위하여 얼마나 중요한지를 북한 지도자와 관리들이 충분히 납득하지 못하고 있는 여건과 역사를 이해할 수 없는 것은 아니다. 여하간, 개발 초기에 산업능력을 획득하는 과정이 정묘하고 힘들다는 고차원적 개발경험을 남한 당국자들이 북한 당국자들에게 설명하여 납득시키려고 시도한 일이 있었는가? 남한과 중국의 개발 초기의 경험은 물론 방글라데시 같은 저소득후진국의 산업능력 획득과정을 예로 들어 설명하려고 시도한 일이 있는가? 방글라데시의 봉제수출 성공사례야말로 과거 오랫동안 대내지향적이었던 후진국이 제조업 수출을 처음 시작하는 데 있어서, 세계시장 진출의 국제적인 지도급 외국기업 기술진의 직접 감독 하에 공장 작업장과 수출품 판매실에서 받는 현장실습교육(OJT)과 일하면서 배우는(learning by doing) 것보다 더 중요한 것이 없다는 것을 명백하게 보여주었다.

수출품 생산과 마케팅 노하우는 생산제품 디자인과 생산과정에 대한 지침서나 특허만을 통해서는 과거 대내지향적 후진경제에 이전될 수 없다. 수출 노하우의 효과적인 이전은 긴밀한 대인접촉이 꼭 필요하며, 후진국의 비숙련공과 외국기술진간의 공장 작업실과 수출품 판매실에서의 매일매일 현장지도를 위한 상호접촉을 통해서만 이루어질 수 있다(한편, 방글라데시 봉제수출 경험은 남한 기업이 제공한 수출 노하우와 현장실습교육이 방글라데시 봉제산업에 참여한 어느 외국기업보다 더 효과적이었다는 것을 입증하였다).

북한이 산업능력을 키워 가는 어려운 과정에 대한 위의 관찰은 남한이 산업과 기술능력을 초기단계에 키워 온 과정을 분석한 책과 논문에서 발표한 세계은행의 연구결과와 일치된다고 볼 수 있다. 즉, 남한은 외국기술 특허계약을 통한 서류상의 청사진에 의해서가 아니라, 수출품 제조와 해외시장 판매활동을 통한 노동자·기술자·판매원의 외국기술진으로부터의 현장실습교육과 일하면서 배우는 과정을 통하여 초기단계의 산업과 기술능력을 주로 획득하였다(Rhee, Ross-Loarson, and Pursell, 1984; Westphal, Rhee, and Pursell, 1981).

제한 없는 남북 기업 간의 제휴가 북한의 외화획득에 개척자적 역할을 할 수 있도록 하려는 남북경제협력 당국의 필요한 조치에 관하여 북한 당국과 의사소통하려면, 남한 당국이 위에서 요약한 논리와 역사적 실증에 따라 북한의 산업능력을 키워가야 할 힘든 과정에 대하여 의견을 교환할 필요가 있다(남북경제협력 당국의 필요한 조치란 결국 남북 기업 간의 제휴를 활발하게 하기 위하여 필수불가결한 조치로서, 즉 3불통, 모기장정책, 그리고 북한 공장에서의 현장실습교육 제한조치 등을 제거하는 것이다). 남북 기업 간의 제휴활동에 관계되는 실질적인 측면뿐만 아니라 산업화 과정, 개발전략, 정책문제 등 복잡한 분야의 국제개발 경험에 관하여 북한 관리들과 의사소통하려면 일정 수준의 지적인 준비가 필요할 것이다. 물론 북측의 관리들은 이러한 분야에 대한 지식이 미흡할 수도 있고, 북측 기업들이 경험을 통해 느끼고 있는 북한의 비합리적 정책과 조치들의 자해적인 측면에 대하여 전혀 들어보지 못하였을 수도 있다.

이와 유사하게, 예를 들면 Jo(2006)는 다음과 같은 북한 관리들의 불평을 보도하였다. “민족끼리 사업을 하는데, 노동시장 같은 것을 왜 걱정하나? 우리 땅을 다 내줄 정도로 큰 양보를 했는데 왜 개성공단이 더 잘 되지 못하는지 모르겠다.” 이러한 개성공단의 늦은 진도에 대한 불만에 대하여, 남측에서 위에서 논의한 바와 같이 닫힌 수출공단의 국제적 규범에 크게 미흡한 여러 정책 및 사업환경 등 개성공단의 진도를 지연시킨 적절한 이유를 자세히 설명하였는지는 알 수 없다. 여하간, 2000년과 2007년의 정상회담에서 개성공단 문제보다 더 큰 전반적인 남북경제협력 문제를 남측이 위에서 제기한 논리와 관점에서 북측과 충분히 의사소통하지 못한 것이 안타까울 뿐이다.

◈ 남한의 대북한 지원전략에 관계된 개발전문지식과 제도적 문제에 관한 질문들

위에서 지적한 바와 같이, 2007년 남북정상회담시 개성공단에 관한 대화에서 나타난 남측 내부의 인식부족 및 2007년 정상선언에서 약속한 경제협력사업들에 관한 통일된 전략적(경제적) 골격의 결여 등을 관계된 개발전문지식의 기반 및 제도적 실태와 연관시켜 이해하도록 시도하여야 할 것 같다.

2000년 6월 제1차 남북정상회담으로부터 2007년 10월 제2차 정상회담 직전까지 과거 7년간의 남북경제협력사업을 검토하면서 다음과 같은 질문을 하였다. 남한 당국은 각종 지원사업과 활동을 통하여 거액의 대북원조를 제공할 때 일관된 지원전략을 국민에게 제시하였는가? 위에서 적절한 비전이 결여된 것을 지적하면서 묵시적으로 이러한 질문을 제기하였었다. 이와 비슷하게, 뜻 있는 자들은 주로 북측의 원조요구에 의하여 남측이 수동적 또는 반사적으로 대북지원을 하는 방법에 대하여 많은 우려를 제기함으로써 남측 자체의 일관된 대북지원 비전이나 전략의 부재를 지적하여 왔다(Jo, 2007b; Park 2007; Yoo, 2007). 우리는 북한 경제의 세계화에서 뒤떨어진 간격을 좁히기 위한 북한의 조직적인 노력을 지원한다는 명백한 대북지원 목

적이 남측에게 결여되어 있음을 지적하였다. 이와 유사하게, 뜻 있는 자들이 명백한 대북지원원칙과 투명성의 필요를 지적하였다(Park, 2007; Yoo, 2007). 한나라당의 두 대통령 후보 경선자들은 과거의 원칙 없는 대북포용정책을 대치할 원칙 있는 포용정책을 강조한 바 있다(*Korea Times*, 2007).

한편, 권위 있는 대북지원전략을 만들기 위하여, 북한은 특수한 경우이므로 국제적인 개발경험과 비교하는 자체가 부적절하며 기회비용이나 개발수단의 대안 등 개발경제의 통상적인 분석방법이 도움이 되지 않는다는 전통적인 낡은 견해를 다 배격할 때가 되었다.

특히, 2007년 남북정상선언에서 약속한 남북경제협력사업과 2000년 정상회담 이후에 집행해 온 남북경제협력사업에 관한 조심스러운 검토에 의하여, 김대중 및 노무현 정부의 북한 개발지식상의 가장 현저한 차이는 북한 경제의 침체를 감소하는 데 있어 최상의 우선순위가 산업공단, 교통(도로 및 철도), 항구 및 공항, 전력, 통신 등의 인프라스트럭처 건설에 있다고 믿었던 것이라고 추측하게 된다. 예를 들면, 2006년에 한국토지공사가 작성한 『북한 개발 로드맵』 보고서와 2005년 한국산업은행이 작성한 『중장기 남북경협 추진을 위한 재원조달방안』 등이 2007년 남북정상회담 준비에 큰 영향을 준 것으로 보도되었던바, 이 보고서들은 정부의 요청에 의하여 작성되었을 뿐 아니라 주로 대북 인프라스트럭처 건설지원사업에 초점을 두고 있다(chosun.com, 2007h; chosun.com, 2007c).

사실 노 대통령은 2007년 정상회담 출발 전에 "북쪽에 가는데 토지공사, 도로공사의 일거리를 많이 만들어 오겠다"고 언급했는데, 이 말은 남한 정부의 생각을 잘 대변하고 있다. 즉, 정상회담 전에 대통령은 남한의 공단과 고속도로 건설을 담당하고 있는 국영기업이 북한의 주요 공단과 고속도로 건설 사업을 시행하리라고 언급하였던 것이다(*JoongAng Daily*, 2007e). 국제개발계의 어느 누구도 거대한 공적 자금을 필요로 하는 막대한 인프라스트럭처 건설만으로 북한의 경제개발전략 전환을 가져올 수 있으리라는 주장이나 믿음을 지지하지 않을 것이다. 아마도 이들은 그러한 막대한 인프라스트럭처 건설 자체가 타당성이 없다고 할 것이다. 그 이유는 개발전략의 전환과 정책 개혁 없이는 해외의 사적인 자금조달이나 국제개발 금융기구의 자금지원이 불가능하기 때문이다.

다른 한편, 당초 1992년 기본합의서 제15조에서 발췌한 '민족내부거래'의 개념과, 같은 기본합의서 제17조에서 명시한 민족끼리의 자유여행과 접촉의 정반대인 세계적으로 유래를 찾을 수 없는 '3불통, 모기장정책 및 북한 노동자의 현장실습교육 금지' 등 사이에 거대한 간격이 계속 존재한다는 사실에서 배워야 할 교훈이 무엇인가? 이처럼 세계에서 가장 열악한 정책환경이 북한 내부에서 남북 기업 간의 제휴에 계속 적용되고 있는 현실을 다루기 위한 남측의 전략이나 확고한 의지가 없는 것은 아마도 민족내부거래라는 실속 없는 수사를 믿고 있는 정책수립자, 그리고 남북경제 활동에 깊이 관여하면서 모기장정책 등의 근본적인 개혁의 필요성을 절감하고 있는 기업인이나 실무자 간에 불행하게도 정보와 개발전문지식의 소통이 이루어지지 못하고 있는 것과 무관하지 않을 것이다.

남측의 대북한 지원전략과 정책, 사업을 기안하고 집행하는 내부과정에 관하여 다음과 같은 많은 질문이 있을 수 있다. 즉,

• 남한 사기업체들이 북한 기업과 제휴하는 동안 경험한,

세계에서 가장 열악한 정책과 사업환경에 관한 남한 기업체 대표의 견해를 경청하여 남한 정부 정책결정에 반영하는 정도

- 북한 경제에 관한 남한의 정부기관 및 연구기관들의 전문적 개발지식의 심도, 과거 반 세기 동안의 국제개발 경험에 입각한 심층적인 북한 경제분석과 이해를 비롯하여 그러한 분석과 이해가 정부의 대북지원정책 수립과 집행에 공헌하는 정도
- 남한 전체 및 정부 내부에서 대북지원전략과 정책에 대한 국민적 합의를 이루기 위한 좀더 나은 과정(Jo, 2007a). 특히, 만약 남한 지도자가 북한 경제의 세계화를 위한 일련의 과정이라는 큰 테두리 안에서 북한의 비핵화와 경제개혁을 포함한 대북지원전략과 정책을 북한 지도층과 남한 국민들에게 설득하였다면, 동아시아 경제의 세계화의 총아인 남한 내부에 남남갈등을 가져오지 않았을 것이다(북한 경제의 세계화를 위한 북한의 비핵화와 경제개혁을 포함한 대북지원전략에 대해서는 우와 좌가 있을 수 없었을 것이다).

◈ 남한의 대북한 지원관리의 개선을 위한 남한 내부의 제도개혁 방향

〈표 5-1〉에서 위에서 평가한 과거 7년간의 대형 남북경제협력사업, 위에서 검토한 2007년 남북정상회담시 개성공단에 대한 정상 간의 대화, 그리고 2007년 정상선언에서 약속한 대표적 사업인 해주경제특구 등의 사업계획 또는 사업실적상의 하자가 있을 경우, 그러한 하자의 각종 원인을 요약하였다. 〈표 5-1〉에 요약한 것과 같이, (가) 비전의 결여, (나) 개발전문지식

의 결여, (다) 정책수립자와 개발실무자(여기서 개발실무자는 남북 기업체 간의 제휴와 교역에 깊게 관여 중인 남한 기업대표를 지칭함) 간의 의사소통이나 연락단절, (라) 남측 당국자들의 북측 당국과의 의사소통상의 어려움, (마) 남측이나 그리고 북측의 압도적 지지공약의 결여 등이 모두 사업계획이나 사업실적의 하자를 초래하는 데 영향을 미친 것 같다.

〈표 5-1〉의 분석의 가장 중요한 결론은 개발전문지식의 결여가 제일 특출하게 영향을 많이 미쳤다는 것이다. 어떤 남북경제협력사업의 경우에는 개발전문지식의 결여가 비전이나 전략 결여, 위에 언급한 정책수립자와 개발실무자 간의 의사소통 단절, 그리고 북측과의 의사소통 곤란의 원인이었던 것을 확인할 수 있었다.

개발전문지식은 북한의 필수불가결한 개발전략과 개발정책에 관한 깊이 있는 지식을 말하는데, 이러한 개발전문지식은, (a) 과거 반 세기 간의 국제개발 경험, 그리고 (b) 북한의 고유한 여건, 특수한 정책과 제도, 그리고 남북 간의 제휴와 교역에 깊게 관여한 남한 기업이 파악하고 있는 실상과 문제점 등에 대한 심층 있는 분석적·실증적 연구를 통해서만 개발·축적할 수 있을 것이다. 따라서 대북한 지원관리의 향상을 위한 남한 내부의 제도적 개혁의 새로운 방향에서 제일 중요한 측면은, 해당 공공기관 내에 개발전문지식을 강화하는 방법을 찾는 것이라고 판단된다. 그 다음으로 중요한 사항은 남북기업제휴와 교역에 깊게 관여하고 있는 개발실무자들과 정책수립자 간의 의사소통 단절을 제거할 수 있는 방법을 찾는 것으로 보인다. 대북한 지원관리의 향상을 위한 남한의 제도적 개혁을 단행하기 위한 새로운 조치가 필요할 것 같다.

Chapter 6

한반도 통일전략

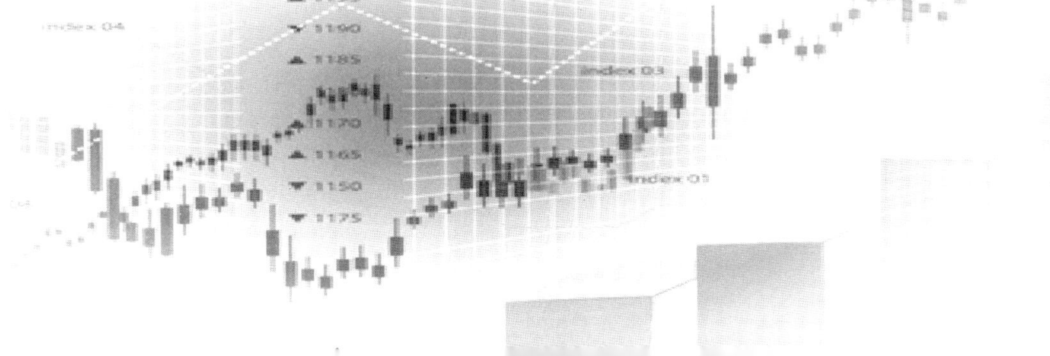

2013년은 '핵무기 없는 북한' 그리고 '글로벌 시장경제의 북한'의 두 가지 중책(dual task)을 시작하는 '한반도 통일전략'을 시작하는 해가 되기를 기대한다. 물론 아무도 이 전략이 참으로 힘들다는 것을 부인하는 사람은 없을 것이지만, 이 전략이 경제개발이론과 국제사리(事理)에 합당하기 때문에 성공하리라고 확신한다.

제일 중요한 것은, 미국 대통령과 한국 대통령이 2012년 11월과 12월에 당선되어 내년 초에 취임하여 중국의 새 지도자와 여타 지도자들과 같이 한반도 통일전략이 지연되지 않기를 기대한다. 그리고 2013년 7월 27일이면 한국 휴전 60년이 되므로 한반도 통일전략의 시발점이 되기를 바란다.[1)]

둘째는, 1인당 국민소득 $20,000 그리고 인구 5,000만 명으로 세계 7대 강국이 된(미국, 일본, 영국, 프랑스, 독일, 이탈리아 다음에) 한국은 자유와 민주주의적인 한반도 통일전략의 기수로서 세계와 인류에 공헌을 할 때가 되었다.

셋째는, 루치르 샤르마아는 『월등한 나라들: 새로운 경제적 기적을 찾는 나라들』(2012)에서 이렇게 말하였다. 동구권 유럽과 현재의 중동이 급격한 정치적 변화로 인하여 변하는 것을 보고, 남한이 앞으로 5~10년 안에 통일된 한국이 큰 단계로 크게 성장한다면 놀랄 일이 아니다. 통일된 한국은 고유한 에너지 자원이 없는 경제에서 한국의 현존한 노동자원에 잘 훈련된 북한의 2,400만 명을 추가적으로 보급할 수 있을 것이다. 남한이 북쪽의 침체된 공산주의를 얼마나 잘 적응하여 새로운 방향으로 이끌어 갈 것이냐에 달려 있다. 이렇게 한국이 잘 성공할

1) 한국전쟁은 러시아의 지도자 스탈린과 중국공산당 지도자 마오쩌둥의 동의 하에 북한이 남한을 1950년 6월 25일에 남침한 것은 많은 역사적 기록에 의하여 잘 알고 있다. 유엔군(미국과 20개의 여타 국가)이 북한(그 후의 중국)의 공격을 방어했으며, 전쟁은 1953년 7월 27일 휴전으로 끝났다.

수 있다면 유일한 금메달리스트가 될 것이다.

루치르 샤르마가 지적하듯이 한반도의 통일전략은 우선 한국 지도자의 '핵무기 없는 북한' 그리고 '글로벌 시장경제의 북한'에 대한 웅대한 비전과 리더십에 달려 있다. 또한 이러한 비전과 리더십은 아주 세밀한 계획과 치밀한 긴급대책 계획에 의존할 수밖게 없다.

1992년 2월 18일에 남북기본합의서가 '통행 · 통신 · 통상'과 함께 그 효력을 역사적으로 발휘하였다면 북한은 현재 $1.51 billion가 아닌 $47.2 billion—30배가 넘는—의 수출을 성취하고, 로버트 루카스 주니어가 가장 중요하다고 주장하는 북한의 현장실습교육을 남한이 공헌하여야 한다는 큰 목표를 위해 자그만한 것을 버릴 시간이 많이 필요할 것이다.[2)]

◈ 북한 경제의 세계화지표에 대한 도전

무역(수출+수입)/국민소득을 흔히 경제의 세계화지표로 사용하고 있다(원칙적으로는 원조에 의한 수입은 추가할 수 없으나 그냥 WDI를 사용함). 북한의 세계화지표는 AB에서 보여주는 것과 같이 1965년의 20%에서 10% 정도로 떨어지는 반면에 가장 저소득후진국들이 세계화지표에서 CDE에서 보여주는 것같이 1990년의 25%에서 2000년에는 40%를 거쳐 2007년(2007년은 2008년 이후의 국제경제의 침체 이후를 회피하기 위함)에는 63%에 이르렀다(World Development Indicators 2009 and 2010: 48 countries included in the Low Income Countries in Table 1 are: Afghanistan, Bangladesh, Benin, Burkina Faso, Burundi, Cambodia, Central African Republic, Chad, Comoros, Congo(Dem. Rep.), Cote d'Ivoire, Eritrea,

2) "North Korea's dangerous reforms" by Andrei Lankov(*Washington Post*, September 7, 2012) 참조.

Ethiopia, Gambia(The), Ghana, Guinea, Guinea-Bissau, Haiti, Kenya, Korea(Dem. Rep.), Kyrgyz Republic, Lao PDR, Liberia, Madagascar, Malawi, Mali, Mauritania, Mozambique, Myanmar, Nepal, Niger, Nigeria, Papua New Guinea, Rwanda, Sao Tome and Principe, Senegal, Sierra Leon, Solomon Islands, Somalia, Tajikistan, Tanzania, Togo, Uganda, Uzbekistan, Vietnam, Yemen(Rep.), Zamia, Zimbabwe; There are 55 Lower Middle Income, 42 Upper Middle Income, and 65 High Income Countries). 남한은 세계화지표에서 FG에서 보여주는 것같이1965년 20%에서 출발하여 박정희 대통령의 대외지향적 새로운 개발전략인 1960~1970년대의 힘을 얻어 그러한 추세로 2007년에는 80% 이상을 넘어서고 있다(한국은행이 명목으로 수출입의 대 GNI비율을 추계한 숫자임(조사통계월보, 2012. 4)).

48개 저소득후진국들의 총세계화지표와 북한의 세계화지표의 주요 차이점은, 첫째 저소득후진국들은 대외시장 위주와 자

그림 6-1 북한 경제의 세계화지표 (무역/국민소득)%를 1965~2007년 기간 중 동아시아의 세계화 모범국 중 하나인 남한과 1990 및 2000~2007년 기간 중 저소득후진국들과 비교

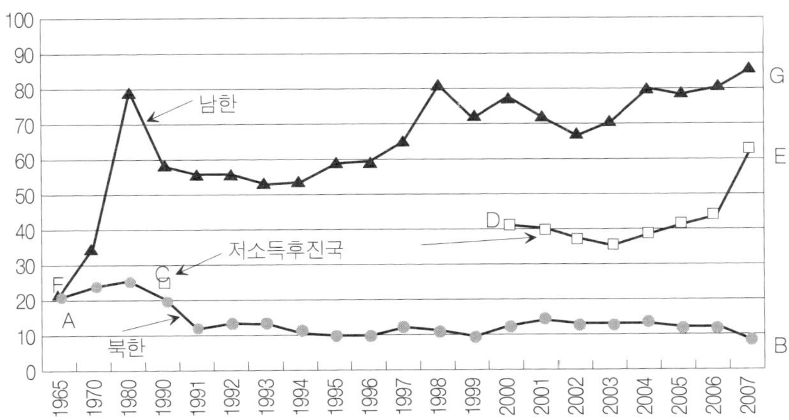

유시장경제를 추구하는 반면 북한은 사회주의와 주체사상 정책하에 있으며 저소득후진국들은 핵무기와 대량살상무기에 아무런 관심이 없는 대신 북한은 제1차와 제2차 핵무기 실험을 하였고 대량살상무기에 관심이 깊다. 둘째, 저소득후진국들은 글로벌 시장경제로서 자기들의 외화획득에 모든 힘을 기울이는 대신, 북한은 세상에서 하나밖에 없는 가장 후진된 사회주의 체제에 있다.

◈ 한반도 통일전략

그리하여 한반도의 통일전략은, 첫째 '핵무기 없는 북한'을 위한 모든 국제적인 외교적·정치적·경제적인 힘을 다하여 핵과 대량살상무기를 제거하는 데 좋은 진전이 2013년에 있기를 목표로 하고, '핵무기 없는 북한'에 대한 원칙적 합의가 있으면, 둘째 '글로벌 시장경제의 북한'을 위하여 남북한의 주도 하에 북한의 시장과 대외개방적 개발전략을 채택하여 최소한 저소득후진국들의 평균 세계화지표를 적어도 2018년에는 추적하도록 일단 목표하도록 한다.

즉, 북한의 제일 후진된 세계화지표 AB가 우선 '핵무기 없는 북한'을 위하여 비핵과 대량살상무기 절감에 커다란 공헌을 하고 '글로벌 시장경제의 북한'을 위한 시장과 대외개방적 개방전략을 채택하여 많은 수출을 늘린다(수출을 통한 수입을 늘림). 이는 남한의 세계화지표 '1960~2007년의 줄기찬 FG'에 기초를 두어 저소득후진국들의 평균 세계화지표 CDE까지 목표로 하여 남북 민간주도에 의한 무역과 직접투자로 주민들의 삶과 안전 및 더 큰 국제적 안전과 후생을 위한 전략이다.

위에서 설명하듯이 덩샤오핑이 1983년 6월에 김정일에게 천거한 중국의 개혁과 개방을 추종하였었다면, 북한은 한국과 같이 잘 성공하고 핵무기에는 관심이 없었을 것이다. 그 이외에는 노태우 대통령 당시(1992년 2월) '남북기본합의서'의 '통행·통신·통상'을 합의하였다면 남북한 기업의 20년의 기적으로 북한은 잘 성공하여 핵무기에는 관심이 없었을 것이다(또한 2000년 6월 제1차 그리고 2007년 10월 제2차 남북정상회담에서도 '통행·통신·통상'을 성취 목적으로 하지 않으면 참으로 무엇 때문에 이런 회담이 있었는지 알 수 없음).

◈ '핵무기 없는 북한'과 '글로벌 시장경제의 북한'의 상관관계

북한은 2012년 6월 28일 "우리식의 새로운 경제관리체제 확립에 대하여"에서 다음과 같은 내용을 실시하기 위한 태스크포스(TF)를 구성해 운영 중이라고 하였는데 알려진 바에 의하면 다음과 같다.

- 군과 내각으로 양분된 경제사업을 내각으로 일원화한다.
- 협동농장의 분조단위 축소(농민 수확물 중 30% 개인소유 인정)
- 기업의 경영자율권 확대(생산, 판매, 수익, 분배를 공장 기업소가 자체적으로 결정하게 되었다)
- 국가기관 사무원과 교육, 의료 부문 종사자 등에 한에서만 국가가 배급을 하고 기타 근로자들의 배급제는 폐지되었다.

그러나 개인이 마음대로 공장·기업소를 설립할 수 없고, 기업소 간부들도 예전처럼 노동당이 임명하거나 해임한다.[3)]

북한은 2012년 9월 25일 최고인민회의 제12기 6차 회의를

3) *JoongAng Daily*, "North Korea's food rationg will be reduced more," August 10, 2012.

열었으나, 예상과 달리 경제개혁조치 등에는 언급을 하지 않았다.[4)]

한편, 장성택 국방위원회 부위원장은 2012년 8월 13~18일에 중국을 방문하였으며 다음과 같은 중국측과 북한측의 협의 내용을 요약한다.[5)]

- 북한과 중국이 2012년 8월 14일 베이징에서 3차 중조합작지도위원회 회의를 열어 나선과 황금평, 위화도 개발구 개발을 촉진하기 위해 4개항에 합의하였다.
- 양국 정부가 인도하되, 개발은 기업에 맡기며, 시장경제를 도입하고, 양국에 이익이 되도록 중국은 나선지구 개발에는 적극적인 대신 황금평, 위화도 개발에서는 미온적이며 중국 기업에 맡겨야 한다고 주장하고 있다.
- 북한이 헌법에 핵보유를 명기한 상황에서 중국 기업들이 투자하기를 꺼려한다.
- 특히, 최근 랴오닝성에 본사를 둔 시양그룹이 북한에 2억 4천만 위안을 투자했다가 북한 당국의 일방적인 계약 파기로 한 푼도 건지지 못한 채 쫓겨난 사실이 드러나면서, 중국 기업들의 대북투자 분위기가 좋지 않다.

장성택 국방위원회 부위원장은 2012년 8월 13~18일의 중국 방문에서 다음과 같이 밝혔다.

- '핵무기 없는 북한'이 외국투자(와 외국과의 제휴형태)의

4) *Washington Post*, "N. Korea Assembly Silent on Expected Reforms," September 26, 2012.

5) *JoongAng Daily*, "North Korea-China Agreed to Introduce Market Economy in Nasun," August 15, 2011, *The Korea Times*, "North Korea's Chang Meet with Hujintao and Wanjabao," August 18, 2012; David Chance and David Stanway, "North Korea Launches Barbed Attack on Chinese Investor," Reuters Repints, September 5, 2012.

선결조건이고, 앞으로의 '글로벌 시장경제의 북한'이 필요불가결인데, 우선 국제적 규범 없이는 외국투자(와 외국과의 제휴형태(위탁가공 등))가 불가능하다.

• 황금평에는 2010년 5월 당시 김정일 방중 과정에서 합의된 뒤 지금까지 두 차례 회의를 거쳤으며 지난 해 6월 대대적인 착공식을 하고도 진전이 없는 이유는, 첫째 공동 개발사업이 사업성과 채산성이 맞지 않다는 판단이며, 둘째 북한의 본토가 아닌 멀리 떨어진 '특구'를 우선시하는 때는 이미 지났다는 것이다(중국의 '특구'와 다르게 북한에는 적합하지 않다고 〈그림 7-2〉에서 설명하였음).

위의 결론은 너무나 명백하다. 외국투자(와 외국과의 제휴형태)는 '핵무기 없는 북한'이 이루어지기 전에는 불가능하며, 앞으로의 '글로벌 시장경제의 북한'을 상상하려면 또한 '핵무기 없는 북한'이 전제조건이다. 특히, 북한을 살릴 수 있는 것은 북한의 수출산업이지만 외국투자(와 외국과의 제휴형태)가 없이는 북한은 해외시장에 진출할 수 없다. 따라서 '핵무기 없는 북한'이 더욱 절실하다. 북한이 2012년 6월 28일 시작한 태스크포스(TF)의 제일 주요한 과업이 아마도 북한의 수출산업일 것이다. 그리하여 제7장에서 "한반도 통일전략을 위한 수출산업의 육성지침"을 제시한다.

◈ 미국의 민주당과 공화당의 북한 핵에 관한 정강정책

미국의 대통령선거를 즈음하여 2012년 8월 말과 9월 초에 미국의 공화당과 민주당의 북한 핵에 관한 정강정책은 모두 다 북한이 "비핵화를 입증할 조치를 취하지 않으면, 국제사회와 미국으로부터 대가를 치를 것"이라고 경고하였다.[6] 미국의 대통령선거가 끝나면, 6자회담이나 또는 더 큰 틀에서 북한의 비핵화 교섭이 빨리 있기를 기대한다.

◈ 한국의 대통령 후보들

새누리당 박근혜 대통령 후보가 2012년 9월 10일 "안정적인 남북관계와 지속가능한 평화를 만들기 위해 진전된 대북정책을 추진해야 한다"고 말했다. 그는 이날 서울 신라호텔에서 열린 제15회 중앙글로벌포럼에 참석해 축사를 통해 "(북한 지도부가) 핵무기를 포기하고 주민들의 삶의 질을 근본적으로 개선할 수 있는 결단을 내려야 한다"며 이같이 밝혔다.[7)] 축사 초안을 마련한 윤병세 전 청와대 통일외교안보정책 수석은 "북한이 고립 국면을 탈피하려는 변화에 나설 경우 박 후보도 집권시 그에 상응하는 대북정책을 취할 것이란 시그널을 보낸 것"이라고 설명하였다.

민주당 문재인 대통령 후보는 2000년 6월 15일의 제1차 공동선언과 2007년 10월 4일의 제2차 선언을 이행·발전시키고, 취임 첫 해에 남북정상회담을 추진한다고 2012년 9월 16일 공약하였다.[8)] 제5장과 〈표 5-1〉에서 설명하였듯이 남한은 햇볕정책을 수행하기 위하여 $3 billion~$4 billion를 들였다는데, 적어도 남북교류를 통해서만이라도 '통행·통신·통상'이 다 이행될 수 있게 하여, 세계의 모든 국가들과 교역을 같이 할 수 있었

---

6) *Yonhap News*, "미민주 전대—강경해진 대북정책—4년 전과 달라" 2012. 9. 5; *Korea JoongAng Daily*, "오바마, 롬니 누가 되어도 North Korea 압박 더 세진다," 2012. 9. 6.

7) *Korea JoongAng Daily*, "진화하는 대북정책 추진해야", 2012. 9. 11(Park Geun-hye, "A New Kind of Korea: Building Trust Between Seoul and Pyongyang," Foreign Affairs, September/October 2011 참조). 박 후보는 북핵에 대한 단호한 입장을 천명하였다(*Korea JoongAng Daily*, 1012. 11. 6).

8) *Yonhap News*, 2012. 9~16; *JoongAng Daily*, 2012년 8월 17일.

어야 하는데 그렇지 못한 것은 참으로 후회할 수밖에 없을 것이다. 따라서 '핵무기 없는 북한'과 '글로벌 시장경제의 북한'은 우선 이러한 전근대적 사고방식에서 모든 후진국과 선진국들이 하는 행태로 방향을 바꿔야 한다.

민주당 문재인 대통령 후보는 2012년 9월 25일에 남북분단으로 끊긴 경의선 철도의 남쪽 마지막 기차역인 도라산역을 방문하여, "개성공단을 당초 계획대로 3단계 2,000만 평까지(〈표 7-3〉 참조) 발전시키는 것이 남북경제연합의 시작"이라고 강조하였다. 이 저서에서 주창하는 '한반도 통일전략'에서도 북한의 수출산업이 북한 경제에서 제일 중요하나 '개성공단'을 '공공 정책으로' 이전과 같이 하는 것은 현재로서는 '글로벌 시장경제의 북한'을 위해서는 너무나 사려 깊지 못한 것으로 생각된다. 첫째, 북한은 이상에서 언급한 대로 '통행·통신·통상'을 하루 빨리 조치하여 모든 후진국과 선진국 간의 정상적 통상을 하도록 한다. 둘째, 북한 개인기업과의 위탁가공, 합작, 직접투자, 기술마케팅 계약, 그리고 턴키공장 등으로 아무 지장 없이 제휴함으로써 보세공장제도, 열린 수출공장제도, 닫힌 수출공장제도, 일부 수출업자제도 등으로 균등하게 모든 후진국들이 다 하는 제도들을 장려하나, 닫힌 수출공장제도인 개성공단을 $ 374 million의 최초 공적자금에다 추가로 몇 배의 공적자금을 새로 지원하는 것은 사려깊지 못하다. 한편, 문재인 후보는 "개성공단 제품들이 한국산으로 인정되지 못해 한·미 FTA의 혜택을 못보고 있다고 하는 것" 같은데, 부속서 22-나의 '한반도 역외가공지역위원회'에서 1주년 이후 결정을 하나, 다른 여건을 포함하여 '한반도 비핵화를 향한 진전'이 있기 전에는 불가능하다는 것을 문재인 후보는 잘못 인식한 것 같다.

안철수 교수는 2012년 9월 19일 무소속으로 제3의 대통령 후보가 되었다.[9] 대북정책에 대해서는 그의 저서에서의 생각만 우선 고찰한다.[10] 'Globalization'을 통한 북한 경제의 세계화보다는 핵무기를 증대한 과오를 범하였다. 세계에서 하나밖에 없는 '주체사상'과 사회주의를 아직까지 지속하다보니 경제의 파탄이 너무 심해 식량자급은 둘째이고 인권문제에다 결국 핵무기에 몰두한 것이다. '핵무기 없는 북한' 없이는 북한은 경제성장은 생각할 수 없다. 그 이유는 외국(및 외국과의 제휴형태)은 생각할 수 없으며 '글로벌 시장경제의 북한'은 역시 생각할 수 없기 때문이다. 개성공단 같은 형태는 '통행·통신·통상'이 다 이행되지 못하여 세계의 모든 국가들과의 교역을 같이 할 수 없기 때문에 세계에서 하나밖에 없는 형태이다. 따라서 '핵무기 없는 북한'과 '글로벌 시장경제의 북한'은 이러한 전근대적 사고방식에서 모든 후진국과 선진국들이 하는 행태로 우선 방향을 바꿔야 한다(1992년 2월 18일에 남북기본합의서가 '통행·통신·통상'과 함께 그 효력을 역사적으로 발휘하였다면 북한은 현재 \$1.51 billion가 아닌 \$47.2 billion—30배가 넘는—의 수출을 성취하고, 로버트 루카스 주니어가 주장하는 가장 중요한 현장실습교육을 남한이 북한에게 가장 큰 공헌을 하지 못한 것을 몇 번 강조하였다).

안철수 후보는 2012년 10월 7일 서울 공평빌딩 캠프 사무실에서 정책 비전과 관련 기자회견을 열었다. 여기서 안 후보는 "북한은 핵무기를 폐기해야 한다"고 강조했으며, "남북기본합의서(1992)로부터 6.15선언(2000), 10.4선언(2007) 그리고 남북한 미·일·중·러가 함께 합의한 9.19공동선언(2005)의 합의정신인 한반도와 동북아의 평화체제를 만들어 가기 위해 노력해야

9) *Korea Joongang Daily*, 2012. 9. 20.
10) Cheol-soo Ahn, *Ahn Cheol-soo's Thoughts*, Kim Young Sa, 2012.

한다"고 말하였다. 안 후보는 이러한 너무나 중요한 사건들을 '추상적' 또는 '정치 아마추어'로 하는 것이 아닌가?[11] 여기에서 첫째, 만약 2012년 7월에 출간한 『안철수 생각』에서 "남북이…… 평화체제를 정착시켜야 북한이 핵에 의존할 명분을 제거할 수 있다고 생각합니다"를 어떻게 9.19공동선언의 '핵무기 폐기'로 갑자기 바꾸었는지는 아무도 알 수 없다. 둘째, 위에서 언급한 '통행 · 통신 · 통상'의 남북기본합의서를 시행하지 못한 것을 6.15선언과 10.4선언에 앞서서 얼마나 심각하게 추가할 것인지?

안철수 후보는 2012년 10월 10일에 서울 쉐라톤워커힐호텔에서 열린 세계지식인 포럼에 참석하여, 이제는 북방경제로 한국 경제의 2막을 열어가야 한다고 주장하였다. 안 후보는 북방경제 추진 3대 기조로 중소기업 육성, 지역균형발전, 개방형 발전전략 등을 제시하였다.[12] 여기서 3대 기조는 남한, 북한 또는 남북을 언급하는 것 같은데(예: "1만 개의 중소기업이 북한에 진출해 9만 개의 일자리를 만든다"는 119 프로젝트를 설명했음), 그러면 '통행 · 통신 · 통상'이 이행되었다는 이야기며, 이른바 '글로벌 시장경제의 북한'이 이렇게 쉽게 된다는 것인지? 또 ① 대륙철도 연결을 중심으로 도로, 해운이 결합하는 복합물류망 구축, ② 러시아의 천연가스(PNG)와 북한의 광물자원 등을 겨냥한 자원, 에너지 실크로드 건설, ③ 남북 간 공동 영농 및 인력, 기술교류와 연해주 등지의 해외 농업개발을 염두에 둔 북

11) "최근 발표한 정책 비전도 추상적이고…… 그의 말과 행동은 '여전히 발이 허공에 떠 있다'는 느낌을 들게 한다"라는 안철수 후보를 평가한 글을 인용한 것이다(한국일보 김동국 정치부장의 오피니언, 박정희의 딸, 노무현 아바타, 정치 아마추어, 한국일보, 2012. 10. 12).

12) *Korea Times*, "National Welfare Program vs. North Korean Program," 2012. 10. 10.

방 농업협력 등 3대 사업계획도 내놓았다.

이러한 대륙철도, 복합물류망 구축, 천연가스, 에너지 실크로드, 농업협력 등의 협력들은, 첫째 '핵무기 없는 북한' 없이는 누가 투자를 하며, 둘째 북한의 깊은 신용 있는 개인기업이나 반공기업이 없고, 셋째 '인적자본 형성(human capital)'이 경제성장의 주동력인데(Lucas, Jr., 2002), 이는 후진국의 시장경제에서의 이야기이며, 하나밖에 없는 사회주의와 주체사상을 하루 빨리 '글로벌 시장경제의 북한'으로 전환시켜야 되지만 먼저 우선순위를 세밀하게 찾아야 한다. 다행히도 북한은 2012년 6월 28일 "우리식의 새로운 경제관리체제 확립에 대하여"에서 태스크포스(TF)를 구성해 운영 중이라고 전해들었으며 우선 알려진 바에 의하면

① 군과 내각으로 양분된 경제사업을 내각으로 일원화한다.
② 협동농장의 분조단위 축소(농민 수화물 중 30% 개인소유 인정)
③ 기업의 경영자율권 확대(생산, 판매, 수익, 분배를 공장·기업소가 자체적으로 결정하게 되었다)

등 좋은 방향으로 움직이고 있다. 남한의 대통령은 이러한 역사적 사업을 이해하고, '글로벌 시장경제의 북한'에 필수적인 북방정책을 수립하여야 된다. 북한의 개발전략의 제일 큰 애로사항은 공장, 노동장, 영농에서의 '실습훈련(learning on the job)'인데 외국 노동자와 국내 노동자의 자유로운 정보가 너무 오래 금지된 것에 대한 완전 자유화를 빨리 유지하여야 된다. 그러나 '핵무기 없는 북한'이 있기 전에는 외국과의 제휴형태에는 아무도 관심이 없다. 해외 기계는 구입할 수 있지만 '실습훈련'

은 자유로운 정보와 분위기 속에서 외국과 국내 기업 간의 융화가 절실하다. 개성공단의 세계에서 유례 없는 남측 감독이 북측의 노동자를 북측의 감독 하에 '실습훈련'을 하는 관행 등은 알고 있는지? 그러므로 북한은 '북핵 없는 북한'과 '실습훈련'이 제자리에 정착되기 전까지는 외국과의 제휴형태에서 아무런 실적이 있을 수 없다. 여기서 '통행·통신·통상'의 3불통이 북한 경제에 큰 치명상을 주었는데 빨리 회복해야만 한다.

◈ 남한의 새로운 대통령

남한의 새로운 대통령은 가능하면 2013년에 아래 ①에서 북한의 '핵무기 없는 북한'에 대한 원칙적인 합의가 있으면, ③을 위하여 북한의 지도자와 북한 경제의 '세계화 정책에 대한 공동선언'을 할 것을 건의한다(이 선언은 '북한의 제조업 수출을 확대하는 데 있어서 외국기업과의 제휴의 필수적 역할'과 '북한 경제의 세계화를 위한 합리적인 수출공단전략'을 철저히 이행하는 것이 필수적이다).

① 미국의 대통령선거를 즈음하여 2012년 8월 말과 9월 공화당과 민주당의 북한 핵에 관한 정강정책은 모두 다 북한이 "비핵화를 입증할 조치를 취하지 않으면, 국제사회와 미국으로부터 대가를 치를 것"이라고 경고하였다. 미국의 대통령선거가 끝나면, 2013년에 6자회담이나 또는 더 큰 틀에서 북한의 비핵무기의 해결이 빨리 있기를 기대한다.

② 북한의 장성택 국방위원회 부위원장은 2012년 8월 13~18일의 중국 방문에서, '핵무기 없는 북한'이 외국투자(와 외국과의 제휴형태)의 선결조건이고, 앞으로의 '글로

벌 시장경제의 북한'에 필요불가결한데 우선 국제적 규범 없이는 외국투자(와 외국과의 제휴형태(위탁가공 등))가 불가능하다.

③ 외국투자(와 외국과의 제휴형태)는 '핵무기 없는 북한'이 이루어지기 전에 불가능하며, 앞으로의 '글로벌 시장경제의 북한'을 상상하려면 또한 '핵무기 없는 북한'이 전제조건이다. 특히, 북한을 살릴 수 있는 것은 북한의 수출산업이지만 외국투자(와 외국과의 제휴형태)가 없이는 북한은 해외시장에 진출할 수 없다. 따라서 '핵무기 없는 북한'이 더욱더 절실하다. 북한이 2012년 6월 28일 시작한 태스크포스(TF)의 제일 주요한 과업이 아마도 북한의 수출산업이며, 그리하여 제7장에 '한반도 통일전략을 위한 수출산업의 육성지침'을 제시한다.

Chapter 7

한반도 통일전략을 위한 북한 수출산업

· 북한의 제조업 수출을 확대하는 데 있어서
외국기업과의 제휴의 필수적 역할
· 개성수출공단
· 북한 경제의 세계화를 위한 합리적인 수출공단전략
· 경제적으로 세계화된 한반도
· 북한의 세계화 정책에 대한 공동선언

아래에서 서술하는 ‘한반도 통일전략을 위한 북한 수출산업’은 두 가지의 조건을 전제로 한다.

첫째, 북한의 핵무기 없는 상태(그렇지 않으면 외국기업은 북한에 관심 없음)이고, 둘째 북한의 자유시장제도의 활기 있는 북한 개인기업과 위탁가공, 합작, 직접투자, 기술 마케팅계약, 그리고 턴키공장 등으로 제휴하는 것이다.

이러한 두 가지 전제조건을 충족시키려면 많은 노력이 필요하다.

북한의 제조업 수출을 확대하는 데 있어서 외국기업과의 제휴의 필수적 역할

◈ 북한 기업체 단위의 수출능력의 유년기[1)]

〈그림 4-1〉에서 보여주듯이 과거 수십 년간 북한의 원자재 등 생산에 필요한 물자부족 그리고 연료부족과 열악한 인프라스트럭처 등이 북한 공장과 기업의 매우 저조한 시설가동률과 생산성, 그리고 활력 없는 국제경쟁력을 가져왔다. 그와 같이 장기간 매우 저조하였던 북한 기업의 활력 없는 국제경쟁력의 미시경제적 측면은 이런 기업들이 국제시장에서 경쟁할 수 있는 시설, 기술 및 경영능력을 키울 기회를 갖지 못하였다는 것이다. 북한은 외환위기의 악순환을 보여주는 전형적인 경우라 할 수 있다. 다시 말하면, 장기간의 만성적 외환위기로 인하여

1) 박봉주 북한 전 총리는 2004년 3월 25일 인민최고회의 연차회의의 연설에서 “국가경제의 모든 단위는 그들의 수출기반을 구축하여 국제무역을 발전시키기 위하여 총력을 다해야 한다”고 강조하였다. 그러나 그가 설명한 목적을 성취하기 위하여 필요한 외국기업과의 제휴를 유인하는 데 필수적인 정책개혁을 고안하고 집행할 복안을 아직도 보지 못하였다.

기업이 수출능력을 키울 기회를 갖지 못함으로써 외환위기를 반전시킬 수 있는 희망을 상실하였다. 이러한 만성적인 악순환을 깰 수 있는 유일한 방법은 과거 반 세기 동안 북한의 독특한 경험과 다른 경제들의 풍부한 국제개발 경험이 분명히 보여주듯이, 핵무기 없는 북한이 수출 위주의 외국기업과의 제휴를 유지하여 자유시장제도의 활기 있는 개인기업과 제휴하도록 적극적으로 유치하는 것이다.

북한은 북한 기업의 제조업 수출능력[2)]이 매우 낮기 때문에 비숙련노동과 저임금에서 오는 비교우위를 최대한 이용하지 못하고 있다. 〈표 7-1〉에 현재 부족한 북한 기업의 수출능력을 키우는 데 필수적인 6가지 요소들, 그리고 이러한 부족한 요소들을 즉각 외국에서 들여와 북한의 수출공장과 무역상을 육성함으로써 북한의 제조업 수출을 급속히 팽창시킬 수 있는 외국기업과의 4가지 제휴형태를 열거한다.

◈ 심각한 이해부족

북한 기업에게 부족한 필수적인 요소들에 대한 가장 심각한 이해부족은 북한 기업들의 다음과 같은 사고방식인 것 같다. 즉, 그들은 해외 소스로부터 필요한 것이 〈표 7-1〉의 요소 (4)('자금이나 자본재')와 요소 (5)('원자재 · 중간재')뿐이라고 흔히 단정하는 것 같다. 물론 이러한 요소들이 북한에 절실히 필요하다는 것을 아무도 부인하지 않는다. 그러나 절실히 필요한 그런 요소 못지않게 심각한 일은 이들 북한 기업이 자기들의

2) 제1차 상품수출(주로 농업, 수산업 및 광업 수출품)도 ① 포장용 물건의 비용이 모든 수출품의 원가에 상당한 부분을 차지하고 있으며, 국내산이나 수입된 포장용 물질은 공산품이고, ② 천연자원에 기초를 둔 수출품을 가공하여 부가가치를 더하는 것은 제조업인 것을 고려하는 한도 내에서 제조업 수출에 포함시킬 수도 있다.

표 7-1 북한으로부터 제조업 수출을 확대하는 데 필수적인 부족한 요소들과 그러한 요소들을 들여오는 외국기업과의 수출지향적 제휴형태들

외국 제휴기업이 갖고 들어올 부족한 요소	외국기업과의 수출지향적 제휴형태			
	(가) 합작(또는 합영) 또는 전액 외국투자	(나) 위탁가공 계약	(다) 기술·마케팅계약	(라) 턴키공장
(1) 해외시장 네트워크 침투 능력?	✓	✓	✓	✓(만약 (나)를 포함하면)
(2) 기술적 노하우?	✓	✓	✓	✓(만약 (나)나 (다)를 포함하면)
(3) 마케팅 노하우?	✓	✓	✓	✓(만약 (나)나 (다)를 포함하면)
(4) 자금이나 자본재?	✓	✓(부분적으로, 외국파트너의 자본재 공급 크레디트하에)	✓(부분적으로, 만약 (나)를 포함하면)	✓(만약 장기수입차관을 포함하면)
(5) 원자재·중간재?	✓	✓	✓(만약 (나)를 포함하면)	✓(만약 (나)를 포함하면)
(6) 수출사업의 국제적 경험이 있는 경영?	✓	✓(부분적으로)	✓(부분적으로)	✓(부분적으로, (나)를 포함하면)

노동자가 〈표 7-1〉의 요소 (2)와 요소 (3)을, 그리고 자기들의 경영진이 요소 (1)과 요소 (6)을 모두 소유하고 있다는 환상을 갖고 있다는 것이다. 그들의 노동자들과 경영진은 해외기업과 해외시장, 해외사업으로부터 매우 오랜 기간 고립되어 왔기 때문에 이와 같은 요소들을 소유하고 있지 못하다. 북한 기업의 노동자들과 경영진이 수출능력을 구성할 이러한 요소들, 즉 요소 (2)('기술적 노하우'), 요소 (3)('마케팅 노하우'), 요소 (1)('해외

시장 네트워크 침투능력') 및 요소 (6)('수출사업의 국제적 경험에 입각한 경영') 등을 취득할 수 있는 방법은 외국기업과 제휴한 공장에서 외국의 기술진과 경영진이 실시하는 현장실습교육(OJT)뿐이다. 그렇기 때문에 아래에서 특히 북한의 남한 기업과의 위탁가공에 연관하여 더 설명하는 바와 같이, 로버트 루카스 주니어가 주창하는 현장실습교육(OJT)을 북한 당국이 북한 기업과 제휴중인 남한(또는 타외국) 기업의 기술자와 경영자들이 북한 노동자들과 경영자들에 대해 어느 지역에서든 제한 없이 현장실습교육을 실시할 수 있도록 보장하지 못하는 조치보다 북한의 경제발전에 더 치명적으로 해가 되는 일은 없을 것이다.

결론적으로 말하면, 북한의 박봉주 전 총리가 원하던 것같이 북한의 제조업 제품의 수출을 급속히 확대할 수 있는 유일한 방법은 〈표 7-1〉의 요소 (1), (2), (3), (4), (5) 및 (6)의 보따리를 갖고 들어오는 수출지향적 외국기업과의 제휴를 적극적으로 유인하여 북한 기업의 수출능력을 양성함으로써 수출공장과 무역회사를 확장하는 것이다. 그러므로 아래에서 더 설명하겠지만, 북한 경제발전전략의 가장 중요한 부분은 지체 없이 제한 없는 수출지향적 외국기업과의 제휴를 적극적으로 유인하고, 이들 기업을 통한 제한 없는 현장실습교육을 보장해야 하는 것이다.

〈표 7-1〉의 수출지향적 외국기업 제휴형태 (가)('합작(또는 합영) 또는 전액 외국투자')만이 외국의 자본지분(즉, 〈표 7-1〉의 요소 (4)와 관계된)을 포함한다. 반대로 〈표 7-1〉의 여타 외국기업 제휴형태(형태 (나)('위탁가공'), 형태 (다)('기술·마케팅계약') 및 형태 (라)('턴키공장')) 등은 외국자본 지분을 포함하지 않는다. 제휴형태 (가)가 〈표 7-1〉의 6가지 모든 요소를 모두 가지

고 들어오는 관계로 북한에게는 가장 필요한 제휴형태라고 생각할 것이다. 그러나 아직까지 일반적으로 외국기업들은 북한 내에서의 외국투자와 사업환경의 열악으로 인하여 외국자본 지분에 대한 위험부담을 꺼리므로 제휴형태 (가)에 대하여 크게 관심을 표시하지 않고 있다. 한편, 과거 반 세기의 개발경험에 의하면, 특히 수출지향적 외국기업들은 첫째로 외국기업제휴를 받아들이는 국가 내에서 제휴형태 (나)('위탁가공')를 경험한 뒤 만족스럽다는 평가를 하기 전에는 그 국가 내에서 제휴형태 (가)로 변경하지 않았다는 것이다.[3] 한편, 제휴형태(다)('기술·마케팅계약')와 (라)('턴키공장')는 북한에서 수출용 제조업 제품 생산에 필수적인 부족한 수입원자재를 가져오지 못하기 때문에 위탁가공만큼 북한에게는 매력적이지 못하다. 그에 더하여 턴키공장은 연계된 장기수입차관을 받기 어려운 관계로 북한에서는 당분간 그 적용가능성이 희박하다.[4]

〈그림 4-1〉에서 보여준 북한의 인프라스트럭처의 퇴보와 연료난에 비추어 볼 때, 〈표 7-1〉에 수록된 6가지 요소를 수출지향적 외국기업제휴가 가져오더라도 무역과 관계된 인프라스트럭처와 수출생산을 위한 연료공급을 개선할 조치가 보장되어야 할 것이다. 그러나 그러한 인프라스트럭처나 연료공급의 어

---

3) 외국투자 위험부담에 대한 대가는 투자기업의 이윤이며, 그 이윤은 투자를 받는 국가의 정책과 사업환경에 밀접한 영향을 받는 데 반하여, 위탁가공의 외국계약자는 국내계약자가 외국계약자가 제공한 원자재와 현장실습교육(OJT)을 포함한 생산지도에 의하여 제조한 수출품 단위당 합의한 위탁가공비만 국내계약자에게 지불한다. 국내계약자가 그 수출업에 대한 이윤위험부담을 전담한다.

4) 기술·마케팅 형태 제휴의 외국계약자에 대한 대가는 국내계약자가 계약기간 중 수출을 통한 외화획득액의 일정 비율로 지불하는 로열티이며, 외국계약자는 국내계약자의 계약파기 위험부담을 안고 있다. 턴키공장의 외국계약자는 턴키공장을 수출하는 외국의 수출보험에서 위험부담을 하지 않는다면 국내계약자의 턴키공장값 지불을 이행하지 않을 수도 있는 위험부담을 진다.

려움에도 불구하고 북한은 세계시장에서 경쟁하기 위한 모든 기회를 빠짐없이 최대한 이용하고 있는 것 같지 않다. 예를 들면, 발전소에서 공급되는 전력이 부족하면 수출지향적 외국기업제휴 업체들은 외부에서 가져온 소형 제너레이터와 디젤유로 수출공장의 전력공급 문제를 단기적으로는 해결할 수도 있을 것이다.

◈ 수출지향적 외국기업 제휴업체들에게 국제적으로 가장 모범적인 외국기업 유치정책 환경을 보장하기 위한 각종 제도

위에서 고찰한 수출 위주의 위탁가공, 합작(또는 합영) 및 전액 외국투자 등 여러 형태의 수출지향적 외국기업과의 제휴를 유인하는 데 필수적인 국제적으로 가장 모범적인 정책환경을 개발도상국에서 보장하고 관리하는 데 쓰였던 각종 제도(Rhee, 1985; World Bank, 1992)를 〈표 7-2〉에 기술한다. 보세공장제도, 열린 수출공단제도, 그리고 닫힌 수출공단제도는 외국기업과 제휴중인 전액 수출하는 공장이나 외국기업과 제휴하지 않은 전액 수출하는 국내공장이 이용할 수 있다. 일부 수출업자들은 외국기업과 제휴하든, 제휴하지 않든 이러한 3가지 전액 수출하는 공장에만 허용되는 제도를 이용할 수 없다. 중국식 경제특구제도에서는 전액 수출요구조건이 없다. 즉, 전액 국내판매기업, 일부 수출기업, 그리고 전액 수출기업 모두 중국식 경제특구 내에서 기업을 경영할 수 있고 이 제도를 이용할 수 있다.

〈표 7-2〉에서 볼 수 있듯이 닫힌 수출공단제도나 중국식 경제특구제도는 반드시 상당한 또는 거대한 공단건설비를 들여 만든 공단 내에 기업이나 공장이 위치함으로써만 그 제도를 이용할 수 있다. 그에 반해서, 공장이 공단 안에 위치하여야 한다

표 7-2 수출지향적 외국 및 국내 제휴업체에게 국제적으로 가장 모범적인 정책환경을 보장하기 위한 각종 제도

	(a) 보세공장 제도	(b) 열린 수출 공단제도	(c) 닫힌 수출 공단제도	(d) 일부 수출 업자 제도	(e) 중국식 경제특구제도
(A) 제도혜택 기업					
(i) 국내기업					
*위탁가공계약 있는 기업	✓	✓	✓	✓	✓
*위탁가공계약 없는 기업	✓	✓	✓	✓	✓
(ii) 외국투자기업	✓	✓	✓	✓	✓
(iii) 합작(또는 합영)기업	✓	✓	✓	✓	✓
(B) 제도요구 조건					
(i) 공장산품 전액 수출	✓	✓	✓		
(ii) 공장이 공단에 위치			✓		✓
(iii) 닫힌 공단 이용			✓		
(iv) 보세창고 설치	✓	✓			
(v) 관세·간접세 면제 또는 환급제도 이용				✓	
(C) 보장된 정책					
(1) 자유무역에 준하는 상태 보장	✓	✓	✓	✓	✓(수출에 한함)

표 7-2 계 속

	(a) 보세공장 제도	(b) 열린 수출 공단제도	(c) 닫힌 수출 공단제도	(d) 일부 수출 업자제도	(e) 중국식 경제특구제도
(2) 시장임금, 노동이동 자유, 고용 및 해고자유 보장	✓	✓	✓	✓	✓
(3) 개방적인 외국 및 국내 투자정책 보장	✓	✓	✓	✓	✓
(4) 자유로운 외환시장에 의한 단일환율 및 정책 보장	✓	✓	✓	✓	✓
(5) 모기장정책 등 반외국기업정책 철폐 보장	✓	✓	✓	✓	✓
(6) 국내기업의 외국기업 제휴결정 자유 및 회사 설립·퇴출 자유보장	✓	✓	✓	✓	✓
(7) 소득세 감면정책 보장		✓	✓		✓

는 요구조건이 없는 보세공장제도나 열린 수출공단제도를 이용함으로써 닫힌 수출공단과 동일한 정부정책 (1)~(6)까지나 또는 정부정책 (1)~(7)까지 모두 혜택을 받을 수 있다. 열린 수출공단제도 하에 있는 공장이 원한다면 공단 안에 위치할 수 있

겠지만, 그러한 공단은 닫힌 수출공단과는 다른 공단이다. 닫힌 또는 벽으로 막힌 수출공단제도는 해당 공장들의 원자재나 기계류 수입화물 및 인력의 공단진입, 그리고 제조한 수출완제품 화물과 인원이 공단에서 나가는 것을 면밀하게 감시한다. 반면, 중국식 경제특구제도나 열린 수출공단제도는 그렇게 엄격한 벽막이나 출입구에서의 화물이나 인원이동의 감시를 강요하지 않는다. 북한의 공단 밖에 위치한 기존 공장시설과 땅을 사용하고 있는 전액 수출공장은 외국기업과의 제휴를 불문하고 열린 수출공단제도나 수정 보세공장제도를 이용할 수 있다. 닫힌 수출공단의 공단시설은 수출공장이 밀집해 있는 협소한 지역의 산업공단인 데 반해, 중국식 경제특구의 공단시설은 광범위한 지역을 포괄하는 기본적인 인프라스트럭처를 지칭하는 경우가 보통이라는 것을 명심할 필요가 있다. 아래에서 더 고찰하겠지만, 방글라데시의 봉제수출은 주로 특수보세공장제도에 의존하였다.

한편, 모리셔스·마다가스카르 및 튀니지 같은 아프리카 나라들은 자국의 열린 수출공단제도에 의하여 수출산업을 성공적으로 확대하였다. 중국에 비하여 북한의 협소한 영토, 작은 국내시장, 거대한 인프라스트럭처 건설비용을 조달할 금융능력의 제한, 그리고 전액 수출공장을 급속히 확대시킬 수 있는 외국기업제휴의 절박성 등으로 인하여 중국식 경제특구제도는 북한에 적합하지 않다.[5)]

5) 예를 들면, 남부 중국의 4개 경제특구가 점유하고 있는 땅의 면적이 3단계에 걸쳐 개발되기로 계획된 개성공단 지역보다 약 30배가 된다. 펄리버델타 지역은 남부 중국의 경제특구들에 대한 노동력 공급과 기타 지원역할로 인하여 남부 중국 성장의 삼각지 중 중요한 부분으로 알려져 왔는데, 그 지역의 면적만도 북한 전체의 가용토지보다 넓고, 그 지역의 인구는 북한 전체 인구의 80%였던 것으로 알려져 있다. 특히, 중국의 경제특구들은 개성공단과는 판이하게 중국 전체 지역과 긴밀한 경제관계를 유지하기 위하여 개방적이고 비독점적이

그러므로 북한은 〈표 7-2〉에 있는 중국식 경제특구제도를 제외한 4개의 제도, 즉 보세공장제도, 열린 수출공단제도, 닫힌 수출공단제도와 일부 수출업자제도를 모두 실시하여 수출업자들이 자기의 필요성에 비추어 선택하도록 하고, 수출지향적 위탁가공, 합작(또는 합영)투자, 그리고 전액 외국투자 등 외국기업과의 제휴를 유도하기 위하여 〈표 7-2〉에 수록한 정책 (1)~(7)을 보장할 것을 건의한다. 현재로서는 개성공단이 특별법에 의하여 규제하는 북한의 유일한 닫힌 수출공단이다. 개성공단 이외의 많은 닫힌 수출공단을 북한에 개발시키려면, 개성공단만 관장하는 현행 특별법을 수정하여 모든 닫힌 수출공단들을 관장할 수 있도록 하여야 한다. 아래에서 자세히 설명하겠지만, 개성수출공단이 지향하는 거대한 단일의 닫힌 수출공단만이 현재 북한 실정에 비추어 북한 경제의 세계화에 필요한 모든 것을 해결해 주는 최상의 방도는 아니다. 만약 보세공장제도와 열린 수출공단제도를 이용하게 하고 많은 중소형 닫힌 수출공단을 개발한다면, 많은 수출지향적 외국기업과의 제휴를 더욱 적은 경비로 더 빨리 더 효과적으로 유치할 수 있을 것이기 때문이다.

〈표 7-2〉에 수록된 국제적으로 가장 모범적인 모든 정책을 보장할 수 있는 제도들(중국식 경제특구제도는 제외)을 제공하려면, 현 닫힌 수출공단법과 보세공장법을 수정하고 새로운 열린 수출공단법을 제정하여야 할 것이다.

〈표 7-2〉에서 북한에서 동시에 실행하도록 건의한 4개 제도의 국제적으로 모범적인 실시경험에 의하면, 이러한 제도들의 사용혜택이나 〈표 7-2〉에 제시한 국제적으로 모범적인 정책 (1)~(6)까지를 모두 보장하는 데 있어 수출지향적 외국이나 국

었다(Thant, Tang, and Kakazu, 1995).

내기업 간에 그리고 어떠한 특정 외국기업에 대한 제도별 또는 동일제도 내에서도 차별대우를 하여서는 안 된다는 것이다. 그러나 아래에서 더욱 자세히 설명하겠지만, 다음과 같은 북한의 실상이 차별대우하지 말라는 국제적 도범원칙에 위반되고 있다.

첫째, 북한의 유일한 국제적 공장이나 무역상이라고 할 수 있는, 한국 기업이나 다른 외국기업과의 위탁가공계약 하에 북한 경제의 세계화에 선구자적 역할을 해 온 전액 수출 북한 기업체들이 닫힌 수출공단 밖에 위치해 있다는 이유로 개성공단 내의 외국기업에 비하여 조세감면 등 정부정책면에서 차별대우를 받고 있다. 차별대우를 시정할 수 있는 유일한 방법은 열린 수출공단제도를 닫힌 수출공단제도와 병행하여 실시함으로써, 위탁가공에 의하여 전액 수출하는 북한 기업도 열린 수출공단 기업자격을 갖게 하여 닫힌 수출공단 기업과 동등한 대우를 받게 하는 것이다. 아래에서 자세히 설명하는 "개성공단이 만병통치는 아니다"라는 논의 가운데 하나는 개성공단정책이 공단 밖의 전액 수출기업을 주요 정부정책 수혜대상에서 제외시키거나 차별함으로써 결국 경제의 세계화 정책에 반하는 측면이 많다는 것이다.

둘째, 개성공단정책은 앞에서 언급한 것같이 개성공단 내에서 북한 기업의 기업활동을 금지하고 있다. 다시 말하면, 개성공단정책은 개성공단 내에서 북한 기업의 합작(또는 합영)이나 위탁가공을 금지함으로써 북한 기업의 기술자와 경영진이 합작(또는 합영)이나 위탁가공 파트너인 외국기업으로부터 수출품 생산, 생산품, 마케팅뿐 아니라 국제적 사업경영에 관한 귀중한 노하우를 배울 수 있는 절호의 기회를 박탈하고 있는 것이다. 현 시점에서 북한의 국제시장 진출 확대를 위한 위탁가공의 중요성을 아래에서 다시 강조하지만, 개성공단정책은 그러한 기회를 북한 기업에게 부여하지 않고 있다.

셋째, 〈표 7-2〉에 기술되어 있는 정책 (5)의 모기장정책 등 반외국기업정책 철폐보장은 북한의 과거 반외국기업정책의 경험에 의한 것이며, 그러한 차별정책이 남한 기업에게 가장 심하게 적용되었다는 것은 주지의 사실이다.

넷째, 외국기업과의 제휴 여부에 관계 없이 〈표 7-2〉의 정책 (2), (3), (4)와 (6)을 통한 기업들의 완전한 자율권을 보장하여야 한다는 것은 북한의 고유한 상태로 인하여 문제시되는 것이다. 왜냐 하면, 모든 개발도상국이나 체제전환국에서는 그들의 수출공단 안이나 밖을 불문하고 이러한 정책이 자동적으로 보장되었기 때문이다.

◈ 위탁가공을 북한 내로 야심적으로 유치하는 데 최상의 우선순위 부여 필요

북한은 수출지향적 외국인 투자 및 합작(또는 합영)형태의 외국기업제휴를 유치하기 위하여 정책과 사업환경을 개선하는 한편, 당장 위탁가공에 의한 경공업 제품 수출을 급속히 확대하기 위하여 위탁가공 형태의 외국기업제휴 유치가 얼마나 시급하고 중요한지를 알기 위하여 1960년대와 1970년대의 동아시아 슈퍼스타 경제의 경험, 1980년대와 1990년대의 동아시아 체제전환경제의 경험 그리고 여타 개발도상국의 경험에서 배울 것이 많다. 〈그림 7-1〉(〈표 10〉, 부록 I 참조)은 위탁가공에 의한 중국의 수출추세를 외국직접투자에 의한 중국의 수출추세와 비교한다. 맨 위에 있는 그래프는 중국 수출에서 위탁가공에 의한 수출이 차지하는 비율이 1988~2000년간 계속 증가하였으며 아주 컸다는 것을 보여준다. 중국의 위탁가공에 의한 수출은 1987년의 400억 달러에서 2000년에는 2,500억 달러로 증가하였

그림 7-1 중국 수출에 있어서 위탁가공에 의한 수출과 외국직접투자에 의한 수출 비교, 1988~2000년

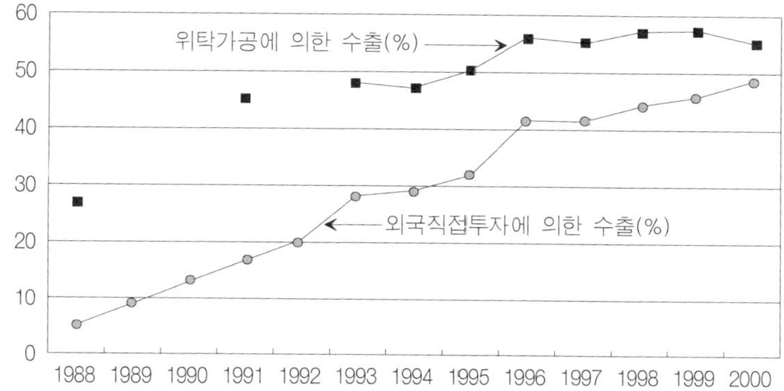

다.[6] 〈그림 7-1〉의 맨 위 그래프를 밑에 있는 그래프와 비교하면, 위탁가공에 관한 다음 세 가지 중요한 사실을 알게 된다.

첫째, 수출지향적 외국직접투자가 중국으로 몰려들기 전에 수출지향적 위탁가공 형태의 외국기업제휴가 기반을 이루었으며, 그러한 기반이 외국기업으로 하여금 위탁가공 형태의 제휴로부터 외국직접투자 형태의 제휴로 전환할 수 있다는 자신감을 갖게 하였다.

둘째, 중국의 국내투자업체들이 위탁가공 형태의 외국기업 제휴를 통하여 수출사업에 참여하여 중국의 수출증진에 막대한 공헌을 할 수 있었다. 중국의 수출에서 외국직접투자 역할의 중요성이 점점 커졌지만, 그림에서 볼 수 있듯이 수출액면에서 위탁가공의 역할이 계속 더 중요해졌다.

셋째, 중국의 수출발전 초기부터 위탁가공의 제일 중요한 외국기업 제휴자들은 홍콩·대만 및 싱가포르의 화교회사들이

6) 중국의 2004년도의 총상품수출액은 5,930억 달러였다(World Bank, 2006a).

었다. 이런 화교기업들은 홍콩·대만 및 싱가포르의 노동자 임금상승으로 인하여, 중국이 개방정책을 채택하자마자 위탁가공 형태의 제휴를 통하여 중국의 수출산업으로 몰려들었다. 이러한 해외 또는 인근 국가의 화교기업들이 수출사업 거점을 중국 본토로 옮기기로 결정한 것은 중국이 개방정책을 채택하자마자 바로 이루어졌기 때문에, 중국 당국은 이들 기업의 위탁가공과 직접투자를 유치하기 위하여 특별한 유치활동을 할 필요가 없었다. 덩샤오핑과 그 추종자 등 현명한 중국 지도층의 지도력으로 인하여 이러한 해외 화교기업들은 중국 본토의 기업과 제휴하는 데 있어, 북한의 공기업과 제휴하려고 시도하던 남한 사기업의 경우와는 달리, '모기장정책'과 비슷한 장애요소에 대하여 전혀 염려할 필요가 없었다.

위에서 검토한 위탁가공의 중요성에 대한 국제적인 경험에 비추어 볼 때, 단기적이나 중기적으로 북한에게는 위탁가공이 직접투자와 동일하게 중요하다고 단언할 수 있다. 왜냐 하면, 위탁가공 형태의 외국기업제휴가 〈표 7-1〉에 제시된 북한의 수출능력을 형성하는 여러 요소 가운데 요소 (4)(즉, 자본재)만 빼고 모든 것을 들여올 수 있으며, 자본재도 위탁가공 형태의 제휴를 하는 외국기업이 북한 기업에 대하여 일종의 기계의 외상수출 형태로 제공할 수 있기 때문이다.

〈표 11〉, 부록 I에서 보여주듯이, 북한 기업과 위탁가공 형태로 제휴한 남한 기업이 1995~2002년간 위탁가공계약 하에 이루어진 북한의 대남수출액의 7%에 해당하는 자본재를 북한 공장에 제공하였다. 외국기업과의 제휴를 받아들이는 개발도상국의 입장에서 보면, 위탁가공 형태의 제휴 하에 이루어지는 수출과 수입은 이런 개발도상국의 여타 정상적인 수출 및 수입과는 다음 면에서 전혀 다르다는 것을 명확하게 할 필요가 있다.

즉, 위탁가공제휴중인 외국기업이 내국기업에 지불하는 위탁가공비를 제외하면, 위탁가공제휴와 관계된 수출에 대한 외국수입자로부터 또는 위탁가공제휴와 관계된 원자재·중간재나 자본재 수입에 대한 국내기업으로부터의 외환지불이 수반되지 않는 것이다. 또한 외국기업과의 제휴를 받아들이는 국가의 입장에서는 위탁가공과 관계된 외국기업이 제공하는 원자재·중간재나 자본재의 수입을 해외직접투자로 간주하지 않고, 외국기업이 제공하는 기계나 원자재의 외상수입으로 본다. 특히, 위탁가공 형태의 외국기업제휴를 통한 수출은 북한의 심각한 수출용 수입원자재의 부족문제를 해결할 수 있다.[7)]

다른 한편, 위에서 언급하였고 아래에서 더 설명하겠지만 불행하게도 현 개성공단법은 북한 기업이 개성공단 내에서 기업행위를 하는 것을 허용하지 않기 때문에, 북한 기업의 경영자들은 현재 개성공단 밖에서 행해지는 위탁가공 형태의 외국기업제휴를 통해서만, 즉 위탁가공에 제휴하고 있는 남한 기업이 행할 수 있는 현장실습교육을 통해서만 〈표 7-1〉의 요소 (6)인 수출사업 노하우를 취득할 수 있게 되어 있다. 따라서 북한은 위탁가공 형태의 외국기업제휴를 적극적으로 유치하여 경공업 수출을 증대시킬 목적으로 〈표 7-2〉의 열린 수출공단제도를 채택하는 것이 시급하다.

7) 북한의 제조업에 필요한 원자재와 부수되는 생산 노하우 부족 문제를 해결하는 최상의 방법은 남북 간의 기업 차원에서 위탁가공 형태의 제휴를 증대시키는 것임에도 불구하고, 최근 유효해진 남북 경공업 및 지하자원 개발협력사업은 아래에서 설명하겠지만 남북기업 간 위탁가공 형태의 기업제휴를 보급시키는 접근법을 따르지 못하였다.

◈ 타개발도상국 경제에 비교하여 세계적 공동생산에 있어서 북한의 무시할 만한 역할

제조업 생산과정의 국제화를 흔히 특정 생산품 제조과정의 다양한 단계에서 다양한 나라의 기업들이 참여하는 '세계적인 공동생산'이라고 지칭한다. 적어도 제조업 생산품의 세계무역량 중 30%가 부품, 서브 어셈블리(소조립품) 및 어셈블리(조립품)의 세계적인 공동생산 과정을 거치는 것으로 추정된다(Yeats, 1998). 세계적 공동생산의 필수적인 부분에 참여하는 대부분의 저소득 개발도상국들은 저임금노동자들을 이용하여 주로 위탁가공 형태의 외국기업제휴 하에 노동집약적 조립생산 활동을 담당하여 오고 있다. 그러나 북한은 위탁가공 형태의 외국기업제휴 하에 저임금을 이용하여 세계적 공동생산에 참여할 수 있는 호기를 잡는 데 있어 유년기를 넘지 못하고 있다. 다시 말하면, 위탁가공 형태의 외국기업제휴 하에 세계적인 공동생산에 참여하고 있는 북한의 공장과 무역회사의 수가 대부분의 저소득 개발도상국 경제에 비하여 무시할 정도로 적은 것이 현실이다.

북한은 수출발전상 유년기 단계에 있으며, 그러한 구조적 측면을 극빈국가 가운데 하나인 방글라데시의 주로 위탁가공에 의한 봉제수출 발전경험에 비추어 검토하려고 한다.

〈그림 7-2〉(〈표 6〉, 부록 I 참조)는 1985~2009년 기간의 주로 위탁가공에 의한 방글라데시의 봉제수출액을 북한의 총수출액과 비교한다. 〈그림 7-3〉(〈표 7〉, 부록 I 참조)은 1993~2002년간 북한의 위탁가공에 의한 봉제의 대세계시장 수출과 대남한 수출을 보여준다. 북한의 1990년대 위탁가공수출의 주종품은 봉제였다. 〈그림 7-2〉와 〈그림 7-3〉에서 보여주듯이, 2002년에 방글라데시의 봉제수출액은 북한 총수출액의 거의 7배에 달하

그림 7-2 방글라데시의 봉제수출 성공의 원천을 제공한 대우의 현장실습교육과 남한 기업에 의한 위탁가공의 위력

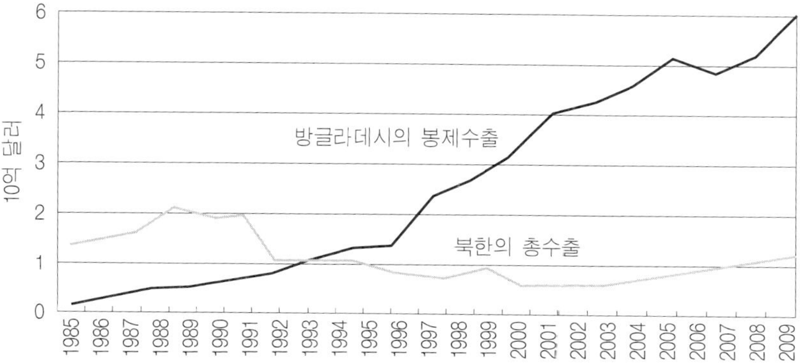

였으며, 북한의 위탁가공에 의한 봉제의 대세계시장과 대남한 수출액의 약 24배에 달하였다. 〈그림 7-2〉와 〈그림 7-3〉의 상이한 수출추세에 영향을 준 여러 가지 요소들을 명확히 이해함으로써, 왜 북한이 위탁가공에 의한 세계적 공동생산에 참여하는 데 있어 대부분의 여타 개발도상국 경제보다 크게 뒤떨어져 있는지에 대하여 적절한 평가를 할 수 있을 것이다.

◆ 남한 기업이 시행한 현장실습교육을 통한 수출의 시작과 수출능력 양성 및 이러한 것을 가능하게 한 정책환경이 방글라데시의 봉제수출 성공에서 선구자적 역할

〈그림 7-2〉와 〈그림 7-3〉에서 볼 수 있는, 1980년 초에는 전무하였던 방글라데시 봉제수출의 괄목할 만한 팽창추세, 그리고 1985년에는 13억 달러에 달하였던 북한의 총수출 및 북한 봉제품의 세계시장 수출의 감소추세를 가져온 가장 중요한 요소는 무엇인가? 방글라데시의 봉제수출 성공에 있어서 수출지

그림 7-3 북한의 세계시장에서의 봉제·직물(위탁가공의) 국제경쟁력 저하와 남한 기업과의 위탁가공계약 하의 북한의 대남 봉제·직물수출 증가추세 비교, 1993~2002년

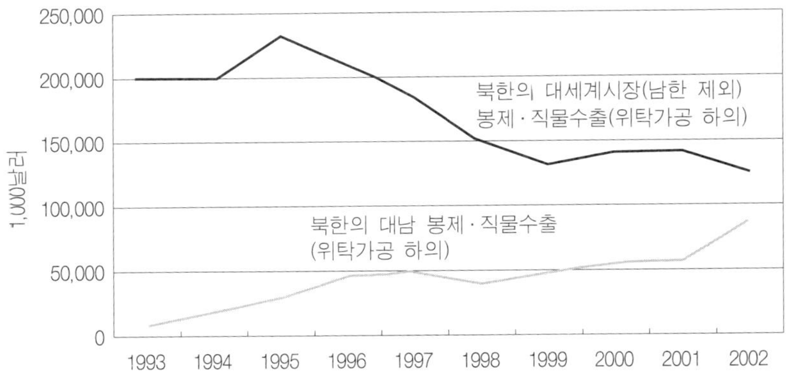

향적 한국 및 여타 해외기업제휴의 선구자적 역할에 대하여 국제개발계에서는 많은 감명을 받아 왔다. 특히, 봉제 및 여타 제품에 있어 1980년대 초에 세계시장의 선두주자였던 남한의 대우가 선도한 현장실습교육(OJT)과 그 후 여타 남한 기업들의 방글라데시 봉제수출 시작과 능력배양에서의 괄목할 만한 성공을 가능하게 한 선구자적 역할은 국제사회에 잘 알려져 있다 (Rhee and Belot, 1990).

2009년에 대부분이 중소기업인 3,500개의 방글라데시 봉제수출업체협회 회원 공장에서 300만 명의 노동자를 고용하여 156억 달러의 연간 봉제수출을 성취하는 데 가장 중요한 원동력이 되었던 것은, 1979년에 대우의 부산공장 수출품 생산라인에서 130명의 방글라데시 직원들에게 실시한 7개월간의 제1차 현장실습교육이며, 그 후 여타 한국이나 외국기업 그리고 제1차 현장실습교육 참여자들이 세운 많은 방글라데시 기업들이 실시한 제2, 3, 4, 5차 현장실습교육이었다. 그에 반하여 아래에

서 자세히 설명하겠지만, 개발도상국 중 가장 열악한 북한의 정책 및 사업환경으로 인하여 방글라데시에서 대우나 타 한국 기업들이 실시한 것같이 자유로운 현장실습교육을 실시하는 것이 1980년대, 1990년대, 2000년대, 2010년대에도 용이하지 않았다. 예를 들면, 북한 내 최초의 남한 합영사업은 1996년에 500만 달러를 들여 세운 가장 이상적인 대우의 남포봉제공장이었으나, 현장실습교육을 실시할 대우 기술진의 방북 어려움 및 합영기업 북한 파트너와 의사소통의 어려움, 그 밖의 이유로 대우는 합영사업을 포기하였다(KOTRA, 2003, p. 23). 따라서 북한 봉제품의 세계시장 진출에 있어서는 방글라데시에서 성취한 것 같은 선구자적 역할을 행할 수가 없었었다.[8)]

방글라데시 정부는 외국기업에게 자유로운 사업활동을 가능하게 하는 정책과 사업환경을 보장하였기 때문에 남한 기업의 선구자적 역할을 통하여 혜택을 받을 수 있었었다. 반면, 북한은 그러한 정책과 사업환경을 보장하지 못하였다. 수출용 봉제를 생산하고 수출하는 데 필수불가결한 정책 및 사업환경을 수많은 방글라데시 봉제공장들에게 보장하기 위하여 〈표 7-2〉에 명시된 보세공장제도의 특수한 형태를 이용하는 공장수가 닫힌 수출공장제도를 이용하는 공장수보다 월등하게 많았다는 방글라데시의 경험에서 북한은 배울 점이 많다.

8) 북한 남포에서 1996년 대우의 합영사업이 중단된 데 더하여, 남한 대기업 대표들의 나진·선봉 경제자유구역 방문비자를 1998년 10월에 별 이유 없이 취소함으로써 북한 투자가능성에 대한 남한 대기업들의 부정적 견해가 최고점에 달하였다(KITA, 2006). 남한 기업의 나진·선봉 경제특구에서의 경제활동에 참여하는 것이 금지되어 왔다(Bae, 2007). 이러한 사태 이후에 눈에 뜨이는 남북 기업 간 경제활동은 개성공단을 제외하고는 위탁가공에 의한 교역뿐이었다.

◈ 북한의 위탁가공에 의한 봉제·면직의 대국제시장 수출의 국제경쟁력 약화

〈그림 7-2〉는 주로 위탁가공에 의한 방글라데시 봉제의 세계시장 수출이 1985~2009년 기간중 계속 상승해 온 것을 보여준다. 대조적으로 〈그림 7-3〉의 윗부분에서는 위탁가공에 의한 북한산 봉제 및 직물의 대세계시장 수출(대남수출은 제외)이 1993~2002년 기간중 감소되고 있는 것을 보여준다. 위에서 언급한 바와 같이 방글라데시 봉제의 세계시장 연간 수출이 1980년대 초에는 거의 무의 상태에서 계속 증가하여 2004년에는 64억 달러를 초과하는 동안, 북한 봉제 및 직물의 연간 세계시장 수출(대남한 수출 제외)은 최고치였던 1995년의 2억 3,370만 달러에서 계속 감소하여 2002년에는 1억 2,300만 달러밖에 안 되었다. 북한은 미미한 양의 위탁가공에 의한 봉제수출마저도 1990년대 중반부터 방글라데시·중국·베트남 등 여타 저소득 개발도상국에게 빼앗겨 온 것이 분명하다. 이것은 북한이 당연히 비교우위를 가져야 할 노동집약적인 위탁가공에 의한 봉제수출에서 가지고 있던 저조한 국제경쟁력마저 더욱 무너지고 있다는 것을 보여주는 최상의 증거라고 볼 수밖에 없다. 한 경제의 국제경쟁력이란 상대적인 개념이다. 경쟁상대인 여타 저소득국가의 수출경쟁력이 더 강해지는 동안에 북한의 국제경쟁력은 매년 더 떨어졌거나 적어도 더 향상되지 못하였다는 것이다. 이러한 이유는 무엇인가? 대부분의 경쟁상대인 저소득 개발도상국들이 국제적으로 최상의 수출경쟁력을 보장하는 정책과 사업환경을 제공하는 데 반해, 북한은 〈표 7-2〉의 정책 (1)~(7) 및 사업환경을 보장하지 못하였기 때문이다.

◈ 남한 기업과 위탁가공계약을 맺은 북한의 봉제·직물 대남수출의 경우

〈그림 7-3〉의 아래 부분에서 보여주듯이 남한 사기업과 위탁가공계약 하에 북한에서 생산한 봉제 및 직물의 대남수출액은 1993년의 850만 달러에서 2002년의 8,580만 달러로 꾸준히 늘었다. 그러면 북한의 위탁가공에 의한 봉제·면직물의 세계시장 수출(대남수출 제외) 추세와 동일 제품의 대남수출 추세 간의 큰 차이는 상대적으로 대남수출의 국제경쟁력 개선을 의미하는 것인가? 이런 질문에 대한 답은 아래에서 설명하는 북한 기업과의 위탁가공계약 하에 북한의 대남 봉제수출에 관여하고 있는 남한 기업들의 현장경험이 분명히 보여주듯이, 긍정적일 수 없다. 단 한 가지 예외는 위탁가공계약 하에 남한의 원자재나 중간재로 북한에서 제조한 대남수출품은 남한의 수입관세가 면제되는 점이다.

수출지향적 외국기업과 제휴하는 국내 및 외국기업에 대한 국제적으로 가장 모범적인 정책보따리의 주요 구성요소로, 〈표 7-2〉에 수록된 정책 (1)~(7)을 다시 고찰하면, 남한 기업이 북한 기업과 위탁가공 형태의 제휴를 하는 데 있어 〈표 7-2〉의 정책 (2), (3), (4)가 보장되어 있지 않은 데서 오는 어려움을 묵과할 수 없으나, 아래에서 검토할 가장 심각한 문제는 정책 (5), (6)과 관계된 것이다. 북한 내의 모기장정책이라는 제한은 일반적으로 외국기업에 다 적용된다고 이해된다. 하지만 특히 북한 기업과 위탁가공 형태의 제휴중인 대부분 남한 기업에 이른바 3불통의 형태로 적용되는 제한조치야말로 세계무역기구(WTO)의 합의사항 중 최혜국대우로 알려진 가장 중요한 국제무역규범인 무차별원칙을 위반하는 극단적인 경우라고 볼 수 있다. 그리고 남한 기업과 위탁가공계약을 맺고 있는 대부분

북한 기업의 남한 기업과의 위탁가공계약 체결에서부터 계약집행을 위한 여러 과정에서 기업활동의 자율성 결여는 추가적인 차별대우로 아래에서 고찰한다.

3불통은 남한 기업이 대부분의 해당 북한 기업과 통신, 통행 및 통상(즉, 직접적인 무역계약)을 하지 못하도록 금지하는 북한 당국의 금지조치인데, 이것은 남북 간의 더욱 활발한 위탁가공에 의한 교역의 급속한 성장을 가로막는 가장 심각한 장애요소라는 것이 잘 알려져 왔다(Rhee, 2001b; Dong, 2003). 북한에 있는 북한 기업과 위탁가공계약을 추구하거나 집행하고 있는 대부분의 남한 기업은 다음과 같은 금지조치에 직면하여 왔다.

① 직통전화선, 팩스선, 모바일 전화, 인터넷 연결 및 우편망의 부재 또는 금지로 인하여 북한의 파트너 기업과의 위탁가공계약 및 계약이행에 관한 통신의 금지
② 북한의 파트너 기업이나 공장을 방문할 목적으로 여행하는 것이 금지되거나 방문비자를 승인하지 않아 위탁가공계약 체결, 노동자들의 현장실습교육[9] 그리고 제품의 품질검사 등을 시행하기 위한 통행의 불가능
③ 북한의 파트너 기업과의 직접교역계약이 금지되기 때문에 직접 통상의 불가능

9) 북한 파트너 공장노동자에 대한 현장실습교육 금지나 제한은 바로 남한 기업에 대한 차별대우로부터 연유된다. 예를 들면, 북한의 위탁가공법상 '해외 한국 교포'나 '외국기업'에 남한인이나 남한 기업이 포함되는지에 대한 명확한 문구가 없다. 위탁가공계약과 관계된 현장실습교육이나 제품의 기술검사를 하기 위한 외국 기술자들의 북한 방문비자를 허락한다는 위탁가공법 제33조에도 불구하고 북한 기업과 위탁가공제휴를 하고 있는 대부분 남한 기업들은 북한의 공장노동자에 대한 현장실습교육을 정상적으로 할 수 없었다.

이와 같은 금지나 불가능으로 인하여 북한의 위탁가공 파트너를 물색하기 위한 남한 기업의 최초 접촉을 주로 중국에 주재중인 중국 무역회사, 북한의 민족경제협력연합회(민경련) 대표나 아시아 태평양 평화위원회 대표 등의 제3자 중계자를 통하여 하게 된다.

특히, 수출사업과 관계된 공장과 기업소에게 더 많은 자율권을 부여하겠다는 7.1조치 및 후속조치를 통하여 북한 당국이 천명한 정책과는 정반대로, 최근에 북한 기업과 제휴하는 남한 기업의 중앙집권적 감독제도가 더 강화되어 위탁가공의 북한 파트너를 모색하는 남한 기업은 먼저 중국의 단둥에 사무실을 두고 있는(또는 최근에는 개성공단 내의 남북경제협력 사무실에 위치한) 북한의 민경련 대표를 통하도록 그 절차가 일원화되었다. 남한 기업들은 취급품목에 따라서 민경련 산하의 5개 총회사 중 하나를 선택하여 그 총회사와 계약을 체결하여야 된다. 예를 들면, 삼천리총회사는 전기나 전자제품에 대한 계약을 담당하고 있으며, 의류제품계약은 새별총회사가 담당하고 있다. 북한의 은하무역총회사가 의류분야에서 남한 기업으로부터 가장 많은 위탁가공 수주를 받아 왔던 회사로 알려져 왔으나, 정식계약은 은하가 아닌 새별총회사와 체결하도록 되어 있다. 은하는 북한의 많은 주요 도시에 100개 이상의 산하 봉제공장을 두고 있다. 남한 기업들이 북한의 생산공장과 직접 위탁가공계약을 하지 못하기 때문에 새별총회사와의 계약 하에 수출의류를 생산하는 북한 공장의 정확한 이름과 위치를 알지 못하는 경우도 많은 것 같다(KOTRA, 2000d; KITA, 2000b).

정식으로 위탁가공계약을 하기 전에 남한 기업이 최초로 접촉한 북한 기관을 통하여 보낸 제품견본과 생산지침 또는 설명서에 의하여 북한의 예상되는 파트너 공장에서 시험제품을 생산하게 되어 있다. 시험제품 또는 수출제품 생산단계에서 북한의 파트너 공장 생산직원과의 직접적인 접촉이 불가능한 상태에서 이러한 제품견본을 통한 시험제품 생산이라는 간접적인 과정을 통하여 예상되는 파트너 공장 직원의 기술수준을 판단하게 된다. 물론 남한 파트너 기업 기술진의 현장 생산지도 없이 최초 접촉한 북한 기관을 통하여 보낸 제품견본과 생산지침간으로 시제품 생산을 하고, 필요한 기능과 기술진이 없는 북한의 계약기관에게 수출품 본생산 과정의 현장감독을 의존함으로써 수출품의 품질수준과 완제품의 적기 배달을 보장하기 힘들었다. 수출품의 품질수준과 적기 배달을 보장할 수 있는 최상의 방법은 남한 기업이 북한의 생산공장과 직접 위탁가공계약을 맺을 수 있게 하고, 위에서 강조한 바와 같이 남한 기술진데 의한 북한 노동자와 경영진의 현장실습교육을 원활하게 할 수 있도록 보장하여 주는 것이다.

그리하여 한국무역협회의 특수연구보고서에서 북한 기업과 위탁가공 형태의 제휴를 하여 온 업체들이 북한 공장의 노동자들과 경영진에게 현장실습교육을 시키기 위한 기술자들의 방북을 허용받지 못함으로 인한 심각한 문제들을 1990년대 초부터 여러 가지 토론이나 경로를 통하여 제기하였으나,[10)] 불행하게도 남한의 김대중 및 노무현 정부 하의 남북경제협력 당국자들은 이 문제에 대하여 아무런 조치도 취하지 못하였다(KITA, 2002, pp. 147~149). 끝으로, 최근에 한국무역협회 이종근 수석연구위원의 연구보고서(Lee, 2005)에서는 남한 사업자의 북한 생

10) 예를 들면, 2000년 4월 28일 한국의 위탁가공업자협회 창립총회와 2000년 남북정상회담 후 2000년 7월 5일에 KOTRA가 주최한 남북경제협력 토론회에서 주요 과제로 제기하였던 것이, 바로 북한의 위탁가공 파트너 공장의 노동자에 대한 현장실습교육 제한으로 인한 심각한 문제였다(KITA, 2000a; KOTRA, 2000c, 2000d).

산현장 접근이 용이하도록 북한측의 정책변경을 유도하기 위하여 이 문제를 남북당국회담의 의제로 상정하도록 제안하였다.

위에서 설명한 사실을 이해한다면, 〈그림 7-3〉에서 보여준 남한과 위탁가공 하에 이루어진 1993~2002년간 북한의 대남의류수출의 증가추세에 놀라는 대신, 김대중 및 노무현 정부가 북한의 3불통, 모기장정책, 그리고 북한 공장노동자의 현장실습교육 금지 등 그렇게 심각하고 큰 문제들을 남북경제협력 당국자들로 하여금 강도 높은 토론을 거쳐 해결할 방도를 찾도록 하지 못한 무노력과 무조치에 놀랄 것이다.

개성수출공단

2008년 2월 이전의 한국 정부는 남한의 공기업과 사기업이 북한에 건설중이고 일부 운영중인 개성공단을 남북경제협력사업의 핵심으로 간주하여 왔다(Ministry of Unification, 2006b).

◈ 개성공단 개발계획

〈표 7-3〉에 개성공단의 단계별 개발계획을 요약한다.

개성수출공단 건설 및 운영사업은 현대아산이 2000년 8월에 북한 정부로부터 사업독점권을 확약받은 대형 남북경제협력사업 9개 중 하나였다. 북한은 2002년 11월에 개성공단법을 선포하였다. 현대아산의 재정 문제로 인하여 남한의 국영기업체인 한국토지공사가 개성공단의 공단개발자 및 자금제공자가 되었다. 또한 전기·통신·용수 등 인프라스트럭처 구축도 한국전력 같은 공기업들이 담당하고 있다. 따라서 개성수출공단은 개인기업이 건설·운영하는 사적 수출공단이 아니라 정부기업이

표 7-3 개성공단의 단계별 개발계획

		1단계	2단계	3단계	확장구역·	개성시가지	합계
면적 (100만 평)[11]	공장용 공단	1.0	1.5	3.5	2.0		8.0
	배후시설용 공단[12]		1.0	2.0	5.0	4.0	12.0
	합계	1.0	2.5	5.5	7.0	4.0	20.0
공장수		300	700	1,000			2,000
종업원수(1,000)		70 (70~100)[13]	130	150			350 (700)[14]
개발일정		2002~2007	2006~2009	2008~2012			

자료: Ministry of Unification(2006b); The Export-Import Bank of Korea(2005a).

건설·운영하는 공적 수출공단이 되었다.

제1단계에 개발된 공단토지는 노동집약적 공장을 지어서 운영할 중소기업체에 분양하고, 제2단계에 개발될 공단토지는 여러 형태의 수출산업에 분양할 계획이다. 제3단계에 개발예정인 공단토지는 기술집약적 산업에 분양할 계획이다.

2012년 4월에 123개 남측 기업에 북측 근로자 5만 1,518명이 일하고 있으며, 개성공단의 북한의 수출성과가 2007~2010년에 $101, $290, $417와 $705(100만)를 보여주었으나, 차 교수(Cha, 2012)에 의하면 개성공단의 조업개시비용(인프라스트럭처)은 $

11) 100만 평은 817에이커와 같고, 1평은 3.3058m²와 같음.

12) 배후시설용 공단은 공단노동자 주거용, 거주자 이용상가 및 관광시설 건설용임.

13) NKchosun.com(2005k). 2007년 4월 23일 한국 통일부 장관이 개성공단의 제1단계 공사가 완성되면 500개 기업이 10만 명 노동자를 고용하여 연간 20억 달러의 수출실적을 올릴 수 있을 것이라고 예측하였다. 이러한 수출액은 2000년부터 건의한 북한의 위탁가공관계 정책개혁 하의 남한 기업에 의한 위탁가공 수출증대로 인한(즉, 수출공단 밖의) 북한의 2007년 수출증대 추정액(Rhee, 2001b)의 반에 불과함.

14) *Washington Post*(2006).

374 million이었으며 현대아산과 남한 정부에서 40~60%의 비율로 분담하였다. 위에서 서술한 대로 1992년에 남북기본합의서가 '통행 · 통신 · 통상'과 함께 그 효력을 발휘하였다면 현재 $1.5 billion가 아닌 $47.2 billion의 수출을 할 수 있었다.

◈ 국제개발 경험에 비추어 본 개성공단에 대한 의견

과거 반 세기 동안 개발도상국과 체제전환국에서의 닫힌 수출공단에 대한 국제적 개발경험을 잘 알지 못하고, 또한 위에서 고찰한 바와 같이 세계에서 가장 열악한 개성공단 밖의 북한 정책 및 사업환경 하에서 남한 기업과의 위탁가공제휴에 의하여 제조된 대남수출품(<그림 7-3>에서 볼 수 있듯이 그러한 대남수출품이 최근에는 연간 1억 달러에 달하였음)이 과거 15년간 남한 시장에서 판매되어 왔다는 사실을 잘 알지 못하는 사람들은 마치 개성공단 내 남한 기업의 제품이 남북 기업체 간 제휴하에 북한 노동자가 생산한 첫 번째 제품으로 착각하여 개성공단 공장현장을 보고 감명을 받을 수도 있을 것이다. 특히, 1950~1953년 동안의 한국전 이래 존재하던 남북한 간 적대적 대치관계를 상징하는 비무장지대 근처에서, 자본주의 경영을 하는 남한의 현대화된 공장에서 공산치하의 북한 노동자들에 의하여 제조된 수출품이 해외시장으로 출하되는 현장을 보면 감명을 받을 것이다. 아마도 통일된 고려의 수도였던 옛 개성의 역사를 따라서 남북통일을 이루는 데 개성공단이 개척자가 될 것이라는 꿈을 꾸는 자도 있을 것이다. 아래에서는 남한 기업과의 위탁가공제휴 하에 이루어 온 북한의 수출경험 및 닫힌 수출공단에 대한 국제적 개발경험에 비추어 본 개성공단의 분석을 요약한다.[15)]

15) 계획하고 있는 개성공단이라는 하나의 개발도구의 혜택과 비용을 분석하는

개성공단은 만병통치약이 아니다

위에서 검토한 현 북한의 특수상황뿐 아니라 아래에서 더 다룰 국제적 개발경험에 비추어 남북경협 당국에 처음부터 분명하게 전하고 싶은 메시지는 다음과 같다. 즉, 많은 사람들은 개성공단이 북한 경제의 세계화를 위한 북한의 새로운 개발전략을 이끌어 갈 만병통치약이기를 바랄지 모르지만 그러한 만병통치약이 아니라는 것이다. 개성공단은 북한 경제의 세계화를 목적으로 새로운 개발전략을 시작하기 위한 북한의 노력에 필수불가결한 외국투자, 합작(또는 합영) 및 위탁가공 등 모든 형태의 수출지향적 외국기업과의 제휴를 위한 5가지 제도 중 하나인 닫힌 수출공단제도를 적용할 수 있는 많은 공단 가운데 하나에 불과하다.

〈표 7-2〉에 수록된 5개의 제도 중 북한에 적합하지 못한 중국식 경제특구제도를 제외한 4개의 제도를 북한이 수출지향적 외국·국내기업에 모두 적용하도록 위에서 건의한 바 있다. 북한의 닫힌 수출공단전략은 외국투자, 합작(또는 합영) 및 위탁가공 등 외국기업과의 제휴를 유인할 목적으로 〈표 7-2〉에 수록된 제도 중 북한이 실시하여야 할 국제적으로 모범적인 닫힌 수출공단제도에 추가하여 국제적으로 모범적인 열린 수출공단제도, 보세공장제도와 일부 수출기업제도 등을 모두 포함하는 전체적인 세계시장 침투전략의 일부라는 것을 간과해서는 안 된다.

데 있어 북한이 채택할 수 있을 〈표 7-2〉에 수록된 각종 개발도구 '대안'과 계획하고 있는 공단개발에 소요되는 자원의 '기회비용'을 분석하는 등 옳은 방법을 쓰는 것이 중요하다. 개성공단을 평가하는 데 있어 많은 사람들이 범하고 있는 심각한 분석상의 오류는 공공정책 분석에 있어 중추가 되는 기회비용과 대안에 대한 개념을 전혀 무시하는 것으로 보인다.

이러한 전체적인 세계시장 침투전략 차원에서 2000년에 북한과 체결한 4대 합의서 대신 또는 4대 합의서에 추가하여 남북위탁가공촉진합의서를 체결하지 못하였던 것이 아쉽다고 위에서 강조한 바 있다. 더구나 북한이 국제적으로 모범적인 개성수출공단의 성공을 위해서는, 첫째 공단기업 활동의 자유를 위한 공단의 정책환경 보장 역할이 국제적 모범수준을 유지하여야 한다. 즉, 〈표 7-2〉에 명시한 정책 (1)~(6)을 전부 국제적 규범에 따라 보장하여야 한다. 개성수출공단의 그러한 정책 목표를 북한의 고질적인 외환위기의 근원인, 〈그림 4-1〉 상부에 명시된 4개의 장애요인과 연관시키지 않고 성취하기는 힘들다.

둘째, 수출공단의 산업공단시설 개발은 마치 산업공단시설 개발업자와 지원시설 건설자와 운영자들이 모두 순수한 사기업들인 것처럼 대부분의 공단시설(WTO가 인정하는 기본 인프라스트럭처 제외) 및 지원시설의 건설 및 운영경비를 수출공단을 이용하는 모든 사기업들이 부담하여야 한다는 국제관행을 따라야 한다. 그 이유는 산업공단시설의 개발과 운영의 지속성을 보장하고 정부보조금에 대한 국제적 규범에 어긋나지 않기 위해서이다.

개성수출공단과 연관하여 닫힌 수출공단의 정책 및 산업공단시설의 두 가지 다른 측면에 대한 국제적 개발경험에 비추어 본 관점을 터득하기 위한 가장 이상적인 출발점은, 아마도 〈표 7-4〉에 열거한 개발도상국의 닫힌 수출공단 중 하나인 도미니카공화국의 수출공단을 택하여(저자가 전에 도미니카공화국 수출공단에 관계된 국내외 기업체 대표들 및 관리들과 인터뷰한 결과(Rhee and Others, 1990) 가운데 일부 정보를 최신의 것으로 수정하였음) 〈표 7-4〉에서 개성공단과 비교하는 것이다. 외국과 같이 북한도 여러 개의 닫힌 수출공단을 개발하여야 하지만, 개성공

표 7-4 개발도상국의 전형적인 닫힌 수출공단제도(도미니카공화국 수출공단)와 개성공단의 비교

도미니카공화국 수출공단	개성수출공단
(1) 규제체계: 수출자유지역법 8-90 하나가 국제적으로 가장 모범적이라고 할 수 있는 가장 간략한 규제체계를 제공하여, 이 법이 도미니카공화국 내의 현존하는 53개 수출공단과 앞으로 더 생길 수출공단 투자자와 기업체에게 아주 신속하고 간편한 방법으로 자유무역에 준하는 상태와 자유화된 외국투자와 국내투자정책을 보장한다. 결국 아주 경미한 울타리에 의하여 국제적으로 모범적인 수출공단정책을 보장한다.	(1) 규제체계: 개성공업지구법 이외에 17개의 하위규정과 합의서[16]가 개성공단에 국한된 규제체계를 제공한다(나진-선봉 경제무역지대와 신의주 경제특구에 대한 규제체계는 별도의 법들이 제공한다). 3불통(통신·통행·통관상의 어려움)[17]으로 인하여 수출공단의 행정이 국제적 모범에서 크게 떨어져 있으며, 아마도 모든 개발도상국의 수출공단 중 가장 열악할 것으로 추측됨. 개성공단의 요새화된 고립구역의 목적은 통상적인 수출공단의 정책목표(즉, 신속한 세관통관에 의한 자유무역에 준하는 상태 및 자유로운 외국인 및 국내투자 보장 등)에 추가하여 남한 및 여타 외국기업과 종업원들을 격리시키는 이른바 모기장[18]을 치는 것으로 간주됨. 공단 내 기업의 국제경쟁력을 보장하기 위하여는 국제적인 관행을 따르기 위한 규제체계 개혁이 요구된다.

16) 개성공업지구 개발, 기업창설 운영, 노동, 세금, 관리기관 설립운영, 출입·체류·거주, 세관, 광고, 외환관리, 부동산, 기업재정, 회계 및 회계검증 등에 관한 13개 규정이 있으며, 개성공업지구 통신과 검역에 관한 3개 합의서와 개성공업지구와 금강산관광지구의 출입 및 체류에 관한 1개의 합의서가 있다(Export-Import Bank of Korea, 2005a).

17) 개성공단 내의 남한 기업에 대한 3불통은 북한의 수출공단 밖에서 일어나는 위에서 검토한 남북교역상의 3불통과 다르다. 특히, 개성공단 내의 통관, 즉 화물의 신속한 통관이 용이하지 못한 문제가 북한의 수출공단 밖에서 일어나는 남북교역상의 통상, 즉 직교역 금지 문제를 대치한다(Korea Development Bank, 2006). 개성공단 기업협의회 사무총장은 2007년 8월 2일에 서울의 한 토론회에서 남북경제협력 당국에 자기 회원사들의 정책환경 개선을 위한 적절한 조치를 요구하였다. 개선조치를 요구한 2개 분야는 출입·통관절차 간소화와 노동자 공급 문제이다(노동자 공급 문제에 관하여는 다음의 (3)에 요약

표 7-4 계 속

도미니카공화국 수출공단	개성수출공단
(2) 산업공단규모와 노동자 공급 문제: 860만 명의 인구를 가진 작은 나라의 각처에 산재해 있는 수출공단의 수는 53개이다. 〈표 7-5〉에서 보여주듯이, 평균고용원수는 1개 공단에 3,400명에 불과하다. 정부의 보조금 없이 개인기업들이 많은 소규모 수출공단의 위치를 인구가 집중되어 있는 도시 근처에 잡아 노동자들이 자기 집에서 출퇴근할 수 있도록 하였다. 노동자 숙소를 위한 추가적인 큰 인프라스트럭처 비용을 들이지 않고 노동자 공급 문제를 해결함으로써 외국이나 국내기업을 많은 중소 수출공단으로 쉽게 유치하는 데 성공하였다. 또한 시장원리에 의하여 수출공단이 각 지역에 산재할 수 있게 함으로써 지역발전을 유도한다는 정책목표도 달성할 수 있었다. 결국 모범적인 닫힌 수출공단들을 개발하고 운영할 수 있게	(2) 산업공단규모와 노동자 공급 문제: 개성수출공단은 2,250만 명의 인구를 갖은 북한에서 개발하도록 계획된 유일한 닫힌 수출공단이다. 2007년 5월 25일 도미니카공화국 수출공단의 평균 노동자수의 4.4배에 해당되는 1만 5,000명의 북한 노동자들이 23개의 남한 공장에서 일하고 있었다. 이들 북한 노동자들은 아직까지 개성지역과 인근 농촌에 위치한 자기들 집에서 출퇴근하고 있다. 개성공단에 자기 집에서 출퇴근할 수 있는 노동인력이 아마도 머지않아 다 동원될 것으로 추측되어 노동자들의 숙소와 지원시설물을 건축할 계획을 준비중임. 〈표 7-3〉의 단계별 공단개발 계획에 의하면 제1단계 말에 개성공단 고용인원은 도미니카공화국 수출공단 1개당 평균 고용인원의 20~30배가 되고, 제3단계 말에는 100~200배가 될 것으로 추정

되어 있음). 현재 북한의 연간 80일의 공휴일에는 출입·통관이 불허되고 있으나 연중 365일 다 출입·통관할 수 있도록 개선이 필요하며 현재 출입은 3일 전에 통보하여야 하며, 통보한 출입 날짜와 시간을 꼭 지키게 되어 있어 불편하다. 또한 아직까지 개성공단 내 남한 기업의 인터넷 사용이 허락되지 않아 불편하다(NKchosun.com, 2007w).

18) 위에 언급한 3불통, 다음의 (3)에 기술한 노동자 채용절차상의 제한조치 및 (4)에 기술한 북한 기업의 개성공단 내 기업활동 불허 등에 추가하여 다음과 같은 개성공단 내에서의 관행은 모기장정책에 의한 제한에서 연유되는 것 같다. 첫째, 남측 최고책임자(법인장 또는 공장장)가 북한 근로자에게 업무지시를 하려면 북측 직장장이나 총무를 통하여야 되므로 경영의 자율성이 훼손된다(NKchosun.com, 2007r). 둘째, 남한 기업의 경영자나 감독관이 북한 노동자들과의 자유로운 접촉이 금지되어 있다(NKchosun.com, 2006d). 북한 노동자들과 남한 또는 여타 외국인 경영진 및 기술진과의 긴밀한 접촉 없이는 북한이 산업발전의 국제적 수준의 경쟁력을 구축해 나가는 과정을 계속 지연시키기 때문에 그러한 금지는 반개발적 조치이다.

표 7-4 계 속

도미니카공화국 수출공단	개성수출공단
한 것은 시장원리였으며, 수출공단의 규모, 위치 및 수를 결정하는 가장 중요한 요소는 인구집중지역들에 공단들을 건설하고 운영하는 것이었다. 원자재나 제조품의 수송은 어느 공단에서든지 별 문제가 없었다.	된다. 아마도 개성공단 내 남한의 개인기업체들이 지불하는 공단분양가와 전기·용수·전화 등의 사용료를 가능하게 하는 공공기관의 지원에 추가하여 그 많은 노동자들을 먼 곳에서 공단으로 데려오기 위하여 필요한 추가적인 인프라스트럭처 건설을 위하여 남한 공공기관의 추가적인 지원이 필요하리라 예측된다. 만약 한 개의 거대한 수출공단을 건설한다는 아이디어에 동의한다면, 개성공단이 물건을 남한의 주요 항구에서 운반하는 데 편리하게 위치하고 있다는 데 의문을 제기하는 자는 없을 것이다. 그러나 그렇게 거대한 한 개의 수출공단을 건설하기로 결정하기 전에 도미니카공화국의 경우 같이 많은 수의 중소형 닫힌 수출공단을 많은 인구집중도시 근처에 건설할 현명한 대안을 왜 검토해 보지 않았나? 결국 도미니카공화국의 경우와는 판이하게 비시장경제 요소들이 북한의 닫힌 수출공단의 규모와 수를 결정하여 왔던 것 같다. 다시 말하면, 북한의 경우 인구집중지역들에 수출공단들을 건설·운영하여야 된다는 가장 중요한 요소가 수출공단의 수, 규모 및 위치결정에 아직까지는 별 영향을 못 끼친 것 같다.

표 7-4 계 속	
도미니카공화국 수출공단	개성수출공단
(3) 임금결정과 노동자 채용: 국제경쟁력 있는 시장임금이야말로 도미니카공화국 수출공단으로 외국인 투자를 유치하는 가장 매력적인 요인이었다. 그러한 임금이 ① 노동자의 이동과 시장활동이 자유스러웠고, ② 자유로운 외환시장에 의한 단일 시장환율이 존재하였기 때문에 가능하였다. 저자가 도미니카공화국 수출공단들의 출입구 앞에서 공단기업 노동자 채용간부와 면접을 하고 싶어서 줄을 서서 기다리고 있는 여러 종류의 기능과 경험을 갖춘 각 등급의 노동자들을 흔히 목격할 수 있었다. 자유로운 노동자 채용활동이 나라 전체의 자유로운 노동자 이동과 활발한 노동시장 활동을 촉진시켰다. 전국에 있는 노동자들이 수출공단의 임금과 작업환경이 타직장에서보다 우월하다고 생각하여 그 곳으로 옮기고 싶어하였다. 한편, 주어진 기능과 경력을 가진 노동자에 대한 주어진 날짜의 국내통화상 시장임금은 시장환율에 의하여 바로 미국 달러 시장임금으로 쉽게 표시할 수 있었다.	(3) 임금결정과 노동자 채용: 2002년 7.1 조치에도 불구하고 북한은 다음과 같은 기본적인 시장지향적 경제개혁을 시작하지 못하였다. 즉, ① 노동자의 자유로운 이동과 노동시장 활동의 자유 ② 자유로운 외환시장에 의한 단일시장 환율 그리하여 ①과 ②의 부재로 인하여 국제경쟁력 있는 시장임금을 제시할 수 없었다는 것이 북한의 수출공단 밖이나 안에서 외국인 투자와 여타 형태의 외국기업과의 제휴를 가로막는 가장 심각한 원인 중의 하나였다. 개성공단 노동자의 기본 월급인 57.5달러를 외국기업이 북한의 공단관리관에 지급하고 있는데, 이 수준은 ①과 ②가 존재한다면 결정될 수 있는 진실한 시장임금보다 훨씬 높을 뿐 아니라[19] 노동자들이 이 외화임금을 극심하게 낮은 공정환율로 환산된 북한 돈으로 받도록 강요(남한 통일부가 마련한 한 설명서에서 확인함(Ministry of Unification, 2006))하는 데서 오는 노동자들의 근무의욕 저하가 막대[20]하고, 이러한 노동자들의 의욕상실을 공단에 있는 외국기업들이 좋아할 리가 없다. ①의 부재가 시장원칙에 입각한 노동자 채용제도 부재를 결과하였다. 일반적으로 정부의 노동알선기관에서 추천한 노동자를 개성공단 기업들이 그대로 받아들이게 되어 있다. 북한 노동알선기관의 노동자 선발기준은 아마도 노동자들의 기능보다는 사회적인 배경이나 정부에 대한 충성

표 7-4 계 속

도미니카공화국 수출공단	개성수출공단
	심을 더 강조하여 왔던 것 같다.[21] 이렇게 하는 의도는 아마도 공단 내의 북한 노동자와 외국기업 경영진, 감독관 및 기술진 사이에 모기장을 칠 의도 때문인 것 같다.
(4) 국내기업의 기능수련: 약 절반의 수출공단 기업이 100% 국내투자기업 및 합작기업이다. 이러한 기업들은 외국기업과의 위탁가공계약 하에 수출품을 제조하고 수출한다. 세계은행의 연구보고서(Rhee and others, 1990)는 국내기업의 경영진·기술진과 노동자들이 위탁가공계약 중인 외국기업의 경영진과 기술진으로부터 받은 생산·수출마케팅 및 국제적 경영기능 수련 효과가 막대하다는 것을 확인하였다.	(4) 국내기업의 기능수련: 북한은 개성공단 내에 북한 기업이 100% 국내투자나 합작으로 진출하는 것을 불허해 왔다. 투자자금 부족 때문이라면 남한 기업과의 위탁가공 경험이 보여주듯이 제휴하는 외국기업이 기계와 장비를 위탁가공비 선불 형태로 제공할 수 있다. 만약 북한 기업과 남한 기업의 접촉을 방지하기 위해서라면 이는 북한 기업의 기능수련의 기회를 막는 반개발정책이다.

19) 북한식 사회주의 하에서 과거 반 세기 동안 형성된 생산성과 작업윤리에 비추어 보아, 이러한 북한의 고정된 외화임금수준의 국제경쟁력에 대하여 동남아 국가나 중국과 비교하였을 때에 얼마나 유리한지에 대한 의문을 제기하는 사람들이 있다(Jo, 2005). 또한 북한식 사회주의 하에서 오랫동안 형성된 작업윤리를 바꾸기가 힘들 것이라는 점을 지적하는 자들도 있다(Graduate School of Public Administration, 2005).

20) Ministry of Unification(2006c)에 의하면 월당 기본 임금 57.5달러에서 사회보험 7달러 50센트, 사회문화비 15달러를 뺀 35달러를 공정환율로 바꾼 북한 돈으로 받게 된다. 달러당 공정환율이 150원이므로 35달러는 5,250원에 해당된다. 그러나 2005년 후반기의 달러당 암시장환율 3,000원으로 환산하면 35달러는 10만 5,000원에 해당되고, 5,250원은 1달러 75센트밖에 되지 않는다. 북한의 잘못된 환율제도와 고정된 외화임금 지불제도로 인하여 초래되는 왜곡된 경제질서의 나쁜 영향은 막대하다.

21) 개성공단기업체협의회 사무총장은 2007년 8월 2일에 서울에서의 한 토론회에서 회원사들의 자격 있는 북한 노동자에 대한 수요를 시의적절히 충족할 수 없다고 불평하였다. 추가적인 북한 노동자를 보내달라고 북한 노동자 알선기관에 요구하면 약 2~4개월을 기다려야 되며, 최근에는 자기들이 원하는 것보다 나이가 많은 노동자들을 받을 수밖에 없었다(NKchosun.com, 2007w).

표 7-4 계 속

도미니카공화국 수출공단	개성수출공단
(5) 해외시장 진출: 도미니카공화국의 수출품은 수출공단 안에서나 밖에서 생산된 것을 불문하고 CBI, CBTPA, 로메콘벤숀, 그리고 도미니카공화국·중미 자유무역협정 등에 의하여 미국과 유럽 시장에 무관세로 수출되어 왔다.	(5) 해외시장 진출: 현재 북한 수출품의 무관세 수입을 허락하는 남한 시장이 북한 수출품의 주 수출시장 중의 하나다. 북한 제품의 미국 수출은 현재 컬럼 2의 높은 수입관세로 인하여 거의 불가능하며, 일본과 유럽연합 시장 수출은 통상적으로 수입관세율의 우대를 받는 여타 개발도상국에 비하여 불리하다. 한·미 자유무역협정에 의하여 구성될 한반도역외가공지역위원회가 개성공단을 역외가공지역으로 지정하여 공단 제품이 무관세로 미국 시장에 진출하려면 비핵화는 물론 국제적 규범에 위배되지 않는 임금관행과 사업 및 경영관행 등의 요구조건을 충족시켜야 된다.
(6) 중단되지 않는 전력공급: 발전소에서 공급하는 전력문제로 전력공급이 중단될 때를 대비하여 모든 수출공단 공장들이 소형 발전기와 디젤유를 항상 비치하고 있다.	(6) 중단되지 않는 전력공급: 개성공단의 규모를 그렇게 거대하게 계획한 주 이유 중의 하나가 북한의 전력위기로 인하여 남한에서 전력을 개성공단 공장에 제공하기 위해서라고 설명할 수도 있을 것이다. 그러나 남한이 개성공단에 전력을 제공하기 위한 현대식 시설에 큰 투자를 하고 있기 때문에 그러한 투자에 대한 혜택과 비용을 그 대안, 즉 소형 발전기와 디젤유로 북한 발전소 전력공급을 보충하는 안의 혜택·비용과 비교하여 평가하는 것이 현명하였을 것이다.
(7) 시장경제와 자유로운 접촉: 시장원리에 입각한 사기업의 시장활동에 대해서는 수출공단 안과 밖의 구별이 있을 수 없다. 마찬가지로 외국기업과 국내기업을 불문하고 자유로운 직원 간의 접촉에 대해서도 수출공단 안과 밖의 구별이 있을 수	(7) 시장경제와 자유로운 접촉을 지향하며: 예를 들면, 개성공단 내에서 국제경쟁력 있는 시장임금을 보장하려면 자유로운 노동시장과 자유로운 단일시장환율을 가능하게 하는 북한 경제 전반의 개혁이 있어야 한다. 마찬가지로 북한 경제의 세계

표 7-4 계 속

도미니카공화국 수출공단	개성수출공단
없다.	화를 위한 새로운 개발전략의 필수불가결한 외국기업과의 야심적 제휴를 시작하려면 수출공단 안과 밖을 불문하고 모기장 정책을 중단하여야 된다. 개성공단이 북한 경제의 세계화를 위한 유익한 수단으로서 성공적인 역할을 하려면 공단 안과 밖을 불문하고 국제적인 규범을 보장하기 위한 개혁을 빨리 시행하여야 된다.

단이 북한의 유일한 닫힌 수출공단일 뿐 아니라 현 계획을 그대로 따르면 국제적으로 모범적인 닫힌 수출공단이 되기가 어려울 것 같다.

만약 북한이 국제적으로 모범적인 여러 개의 닫힌 수출공단을 개발하기를 원한다면, 북한의 닫힌 수출공단전략도 〈그림 4-1〉에 있는 4개의 장애요소를 근본적으로 개혁하기 위해 필요한 조치들과 연관 없이 별도로 취급할 수 없다. 4개의 장애요소가 현 북한의 비효율적인 비시장적·대내지향적인 개발전략의 개혁을 가로막는다고 제4장에서 논의한 바 있다.

닫힌 수출공단제도와 관련하여 닫힌 수출공단의 산업공단시설 제공의 역할과 자유로운 기업활동을 위한 정책환경의 보장 역할을 명백히 구분하여야 한다고 위에서 언급하였다. 북한 내에 위치하고 있는 개성수출공단의 경우, 닫힌 수출공단의 산업공단시설은 전적으로 남한의 국영기업이 개발하고 개별 공장들은 남한 사기업의 설계와 자금으로 건설되는 반면, 수출공단정책은 북한 당국이 관장하며 건설작업 및 공장운영을 위한 노동자들은 남한의 기술자나 경영진을 빼고는 전부 북한인이라는 점이 여타 개발도상국의 닫힌 수출공단에 비하여 특별하다.

국제적 모범이라 할 수 있는 전형적인 개발도상국 수출공단과 북한의 실상에 대하여 〈표 7-4〉에서 다음의 7개 분야에 초점을 두고 개성공단의 현황 및 계획과 비교한다.

① 수출공단의 정책 및 규제체계의 성격
② 산업공단시설의 규모, 관계되는 정부보조 문제, 그리고 노동자 공급 문제
③ 국제경쟁력의 근간인 시장임금, 자유로운 노동시장 및 채용활동, 단일시장환율, 노동자 보상 및 정부간섭
④ 수출공단 내의 국내기업, 경영진, 감독관 및 노동자들이 수출공단 내 위탁가공계약 하의 외국기업, 경영진 및 감독관으로부터 북한 경제의 세계화를 위한 북한의 개발전략 수행에 필수적인 수출생산, 생산품, 마케팅 노하우와 국제적 사업경영기능 등을 배울 수 있는 기회
⑤ 수출공단 제품의 해외시장 진출
⑥ 원활한 전력공급 문제
⑦ 전국적인 시장활동과 자유로운 대인접촉과 닫힌 수출공단 내의 그러한 활동과 접촉 간의 관계

닫힌 수출공단의 정책적 측면

개성 수출공단정책이 개발도상국의 대표적인 닫힌 수출공단, 즉 도미니카공화국 수출공단정책과 가장 큰 차이(〈표 7-4〉의 (1)항목의 규제체계 비교 참조)를 보이는 것은 남한 및 여타 외국기업 직원과 북한 노동자 사이에 모기장을 치는 북한 고유의 정책이다. 물론 이러한 정책은 위의 〈표 7-2〉의 정책 (5)에

직접적으로 상충된다. 여타의 사회주의, 체제전환, 개발도상국 또는 선진국가 중 어느 나라도 그들의 닫힌 또는 열린 수출공단 안이나 밖에서 그러한 정책을 채택한 일이 없다.

모기장정책은 북한의 반'경제의 세계화' 정책의 가장 심각한 형태였다고 거듭 지적하여 왔다. 더구나 북한의 세계시장 진출에 있어 남북 기업 간의 제휴가 개척자적 역할을 시작할 수 있도록 남북한의 지도자들이, 중국 경제의 세계화를 시작하는 데 있어서 중국과 홍콩·대만·싱가포르 기업 간의 자유로운 제휴가 막중한 역할을 가능하게 한 덩샤오핑의 영도력을 답습하지 못한 결과가 모기장정책이었다. 개성공단 내에서 남한 기업이 당면하고 있는 3불통은 아마도 개성공단 자체가 요새화된 격리지역(예를 들면, 2007년 8월에 공단 내 기업들이 출입 및 세관 절차를 간편하게 해 달라는 긴급요청을 하였음)이기 때문에 개성공단 밖에서 대부분 남한 기업에게 적용되는 3불통보다 경미하다고 할 수 있을지 모르지만, 그러한 차이가 큰 위안은 되지 못한다. 그 이유는 바로 개성공단 밖의 북한 전역에서 적용되고 있는 3불통, 모기장정책 및 북한 공장노동자의 현장실습교육 금지 등을 전폐하든지 절감하는 어려운 과제를 비켜가려는 것이 개성공단의 목적이라면, 이는 북한 경제의 세계화를 위한 개발전략과 남북경제협력정책에 현명한 일이 아니라고 여겨지기 때문이다. 북한 당국은 아마도 개성공단이 개성공단 밖의 북한 전역에서 남한 기업과 제휴함으로써 얻을 수 있는 더 큰 기회를 포기하면서, 전국적인 모기장정책과 경제정책 개혁을 시도하지 않으면서, 생존에 필요한 외환을 취득할 수 있는 최선책이라고 간주하였을 수도 있다. 이를 북한의 섬나라경제전략(Korea Development Institute, 2002) 또는 북한의 생존전략(Yoon, 2006)이라고 부르는 자들이 있다. 만약 이것이 사실이라면, 개성공단이 과거 10년간의 남북경제협력사업 중 가장 성공적인 것이었다고 국제개발 전문가들에게 정당화하기 힘들 것이다.

닫힌 수출공단은 국제적 모범이 될 수 있도록 정책 및 산업공단의 국제적 규범을 잘 준수한다 하더라도, 여러 가지 경제개혁 하에 합리적인 개발전략을 추구하는 저소득 개발도상국들이 수출지향적 외국기업제휴를 유도하기 위한 많은 개발도구 중의 하나에 불과하다(World Bank, 1992). 남북경제협력 당국자들이 북한의 세계시장 진출을 위한 새로운 개발전략을 실시하기 위한 많은 개발도구와 함께 개성수출공단을 하나의 유익한 개발도구로 발전시키기 위하여 필요한 조치들을 더 이상 지체하지 않기를 바란다. 그러한 개발전략에는 닫힌 수출공단의 안이든 밖이든 3불통 및 모기장정책, 공장노동자 현장실습교육 금지 등을 받아들일 자리가 있을 수 없다는 것을 분명히 할 필요가 있다.

국제적 모범인 닫힌 수출공단과 개성수출공단 간의 두 번째로 중요한 공단정책상의 차이를 〈표 7-4〉의 임금결정 및 노동자 채용항목(항목 (3))에 요약하였다. 대부분의 개발도상국들은 ① 자유로운 노동이동과 시장활동 및 ② 단일시장환율이 전국적으로 실시되어 있으며, 이에 의하여 수출공단 내의 기업들이 자기들의 노동자 채용기준에 의하여 국내통화단위의 시장임금을 지불하면서 노동자들을 선발·채용할 수 있다. 개성공단의 경우와는 판이하게 정부가 수출공단 안이나 밖에서 외국기업의 임금결정과 노동자 채용활동에 간섭할 틈이 없다. 특히, 정부기관이 외국기업의 노동자 임금을 외국기업으로부터 외화로 받지만 노동자들에게는 아주 낮은 공정환율로 환산한 국내화폐로 지불함으로써, 실은 암시장환율과 낮은 공정환율의 차이에 의한 실질임금과 지불임금의 차액을 정부기관이 가져가는 것 같은 간섭을 할 틈이 없다. 국제적 기준에 의하여 국제경쟁력 있는 시장임금과 자유로운 노동자 채용활동을 보장할 수 있는 유일한 방법은 제4장에서 검토한 바와 같이 노동시장 활동과 외환규제제도상의 전국적인 개혁을 하루 빨리 시행하는 것이다. 과거 반 세기의 후진국 개발경험에 비추어 볼 때, 개성공단 단독으로는 북한 경제 전체는 물론이고 개성공단 자체에서도 어떤 경제적 기적을 가져올 수 있으리라는 것을 기대할 수는 없다.

국제적 모범인 닫힌 수출공단과 개성수출공단 간의 세 번째로 중요한 공단정책상의 차이는 〈표 7-4〉의 항목 (4)에서 지적하였듯이 합작(또는 합영)이나 위탁가공계약의 남한 파트너나 다른 외국 파트너로부터 북한 기업들이 수출생산, 수출품과 수출마케팅 기능뿐 아니라 국제적 사업경영기술을 배울 수 있는 절호의 기회를 개성공단이 만들어 주지 못하는 데에 있다. 위에서 간략하게 언급한 바와 같이 북한 기업이 합작(또는 합영) 또는 위탁가공 파트너로 개성공단에서 활동할 기회를 주지 않는 것이 만약 북한의 모기장정책에서 연유되었다면, 이는 반경제발전·반경제의 세계화 정책이라고 간주된다. 왜냐 하면, 북한 기업이 개성공단의 안이나 밖에서 외국의 제휴기업으로부터 배우는 것은 이러한 외국기업들과 제휴함으로써 단기적으로 취득하는 외화보다 중장기적으로 북한 경제를 세계화하기 위한 북한의 노력에 더 중요할 것이기 때문이다. 예를 들면, 저자는 도미니카공화국 수출공단 내에서 외국기업과 제휴중인 도미니카공화국 파트너들과의 아주 심층적인 면접결과에서 수출지향적 외국기업과의 제휴를 통한 국내기업의 학습효과의 막중함을 보여주었다(Rhee and others, 1990).

닫힌 수출공단의 산업공단 기반시설 측면

〈표 7-4〉의 항목 (2)에서 보여준 개발도상국의 닫힌 수출공단을 대표한다고 선택한 도미니카공화국 수출공단의 산업공단 평균 규모와 개성공단 개발계획상의 산업공단규모의 파격적인 차이는 개성공단의 산업공단규모가 도미니카공화국의 53개 수출공단의 소규모 산업공단에 비교하여 매우 거대함을 보여준다. 도미니카공화국 수출공단의 소규모 산업공단들은 대부분 개인기업이 그 나라 각지에 흩어져 있는 도시 및 타운 근방에 건설하여 운영하고 있으며, 수출공단 노동자들은 모두 자기 집에서 출퇴근한다.

사실 3,400명이라는 도미니카공화국 1개 수출공단당 평균 고용인원에 비하여, 〈표 7-5〉에 수록된 고용자 통계가 있는 26개의 개발도상국 내 362개의 모든 닫힌 수출공단 1개당 총평균 고용인원은 5,000명보다 약간 적은 것으로 계산되었다. 이들 수출공단들 중 국가단위의 평균 최대고용인원은 1만 5,000명을 초과하지 않았고 국가단위의 최소고용인원은 600명도 되지 않았다. 이러한 세계 평균치에 비하여 남한 정부의 계획에 의하면, 〈표 7-3〉에 요약한 바와 같이 2,000만 평 개성공단의 산업공단토지는 3단계에 걸쳐 다 개발되고 2,000개의 남한 및 외국인 공장이 건설·운영되면, 35만~70만 명의 북한 노동자들이 고용될 것으로 예측되고 있다. 그렇다면 계획된 개성수출공단의 산업공단규모는 세계평균 닫힌 수출공단 규모의 70~140배로 추정된다. 이와 같은 세계평균에 비하여 개성수출공단의 거대한 산업공단규모에 대한 많은 질문을 북한의 특수상태뿐 아니라 국제개발 경험의 입장에서 조심성 있게 고찰할 필요가 있다. 개성수출공단 계획자들이 전례 없이 대규모인 닫힌 산업공

표 7-5 개발도상국의 제조업 수출품 위주의 닫힌 수출공단규모

국 가	닫힌 수출공단수의 합계	닫힌 공단(직접적) 노동자 합계	1개 공단당 평균(직접적)노동자수	주
알제리	5	25,550	5,110	
바레인	1	3,000	3,000	
볼리비아	7	12,500	1,786	
캄보디아	3	20,000	6,667	
케이프버데	2	1,141	571	
칠레	2	10,000	5,000	
콜롬비아	12	12,355	1,030	
코스타리카	12	34,000	2,833	
도미니카공화국	53	181,130	3,418	
이집트	11	67,000	6,091	UN(1999)
엘살바도르	17	70,000	4,118	
가나	4	9,500	2,375	
과테말라	20	69,200	3,460	
아이티	4	10,000	2,500	
온두라스	28	106,457	3,802	
인도	7	95,000	13,571	
자메이카	3	20,000	6,667	
케냐	40	40,000	1,000	EPZA-Kenya (2006)
말레이시아	14	200,000	14,286	
나미비아	11	29,000	2,636	
필리핀	56	304,500	5,438	UN(1999); 직접적 노동자와 간접적 노동자비율을 1 대 1로 가정함
스리랑카	12	111,033	10,094	
토고	1	7,213	7,213	
터키	20	31,226	1,561	
베트남	10	107,000	10,700	
짐바브웨	7	22,000	3,143	
합계	362	1,598,805	4,417	

자료: ILO(2003).

단을 설계할 때 자기들이 생각하는 형태의 닫힌 수출공단의 적정규모에 관한 국제개발 경험을 자세히 검토하였는지는 알 수 없다.[22)]

국제개발 경험에 비추어 볼 때, 개발도상국의 닫힌 수출공단의 산업공단 평균 규모와 계획된 개성공단의 산업공단규모 간의 그렇게 엄청난 차이는 무엇을 나타내는가? 개성수출공단이 개인기업이 개발하고 운영하는 닫힌 수출공단이고 비정상적으로 높은 고용인원이 닫힌 산업공단의 기반시설 개발자인 사기업과 그러한 시설에 공장을 짓고 운영할 사기업들의 이윤계산에 의한 것이라면, 적어도 닫힌 산업공단 기반시설비용 부담면에서는 별 문제가 없을 것 같다. 물론 북한의 합리적인 닫힌 수출공단 개발전략의 수립 및 집행과 관계된 의문은 여전히 남아 있을 것이다. 그러나 개성공단 내의 공장들은 사기업들의 설계와 비용으로 건설되고 운영되지만, 부수되는 전력·전기 등의 시설과 새로운 노동자 주거 및 신도시 시설을 포함한 산업공단 기반시설은 사기업이 아닌 남한 정부의 기업에 의하여 개발되고 있다. 또한 공단시설은 남한의 수도에서 60km 정도 떨어진 북한 영토 내에 위치하고 있다. 한편, 세계은행의 수출공단에 관한 한 보고서(World Bank, 1992)에 의하면, 과거에 정부가 건설한 많은 산업공단들이 과오를 범하여 거대한 건설비용

22) Lim(2007)에 의하면, 남한의 사기업인 현대 회장과 북한 지도자가 북한의 남한 공단 위치를 개성으로 결정하기 전에 해주, 신의주 그리고 통천 등의 위치를 고려한 바 있었다고 한다. 아마도 중국의 경제특구 형태의 공단을 고려하였을 수도 있지만 개성공단은 실제로 개인기업이 아닌 공기업이 건설하는 닫힌 수출공단으로 개발되었다. 이러한 개발과정에서 중국 경제특구와 닫힌 수출공단 간에는 현격한 차이가 있고 중국식 경제특구는 북한에는 〈표 7-2〉와 연관하여 검토한 바와 같이 적합하지 않다는 점, 더구나 현대의 재정상 어려움으로 인하여 개성공단의 산업공단 기반시설 개발을 국영기업이 담당하게 된 이후에도 닫힌 수출공단의 정책 측면과 산업공단 측면에 대한 국제개발 경험을 깊이 있게 참고할 노력을 하였는지는 확실하지 않다.

을 낭비하였던 것을 반복하지 않기 위하여 사기업 개발자에 의하여 수출공단의 산업공단 기반시설이 개발되어야 한다고 건의한 바 있다.

개성수출공단의 산업공단 기반시설 개발비용에 관한 두 가지 다른 예측치에 의하면, 〈표 7-3〉에 요약한 3단계를 다 포함하고 확장구역과 개성시까지 포함한 개성공단의 산업공단시설 개발 총비용은 62억 5,000만 달러(Export-Import Bank of Korea, 2005a)와 인프라스트럭처 건설비용까지 포함된 것으로 보이는 82억 8,000만 달러(Lim, 2007)로 알려져 있다. 이러한 개발비용 예측액은 각각 2004년의 북한 국민총소득(〈표 1〉, 부록 I 참조)의 약 30%와 40%에 해당된다. 이러한 공단개발비용에다가 공단 내에 투자하는 사기업들의 투자비용을 추가한, 〈표 7-3〉의 개성공단 개발계획을 집행하기 위한 총투자액을 산업은행은 14조 8,200억 원으로 추정(Lim, 2007)하였는데, 2006년의 환율(1달러당 929.6원)로 환산하면 약 160억 달러에 해당한다. 남한의 공적 및 사적 자금으로 지급해야 할 이러한 개성공단 총투자액 추정치는 2004년 북한 국민총소득의 77%에 해당된다. 이렇게 계획된 개성수출공단의 산업공단규모가 역사상 비교할 수 없이 거대함에 따라 부수되는 남한 투자액도 투자를 받아들이는 북한의 국민총소득에 비하여 역사상 유례를 찾을 수 없이 클 것 같다.

개성공단 산업공단 기반시설의 1단계 건설비용(3,765억 원)의 30%는 남한 정부가 부담하는 것으로 보도되었는데, 주로 산업공단의 기초적 기반시설 건설비용인 것으로 간주된다. 또한 정부는 공단을 위한 전기 및 전화시설을 건설하는 공기업과 공단 내에 공장을 건설하는 사기업들에게 1단계 건설비용의 30%가 조금 넘는 액수에 대하여 저리융자금으로 지원하는 것으로 알려져 있다(KOTRA, 2006; Lim, 2007). 개성공단 노동자들의 주거시설[23] 및 관련시설의 건설이 주로 뒷단계로 계획된 것을 볼 때, 제2단계 및 제3단계에서는 정부지원 비중이 1단계보다 더 클 것으로 예상된다. 위에서 예측한 개성공단계획을 집행하기 위한 막대한 공적 및 사적 투자비용에 비추어, 정부는 계획된 거대한 한 개의 닫힌 수출공단, 중형의 많은 닫힌 수출공단 대안, 그리고 열린 수출공단에 대하여 적절한 방법으로 신중하게 공적 이득과 비용을 분석하였어야 했다. 한편, 우리는 평당 149만 원의 분양가격(즉, 50년간의 개발된 공단토지 평당 사용료)과 국영기업체의 이러한 공단토지의 참된 개발비용의 차이가 있는지 또는 차이는 얼마인지에 대한 자료나 연구보고서를 보지 못하였다. 물론 1단계 공단토지 100만 평의 50년간 사용료로 북한 당국에 지불하는 1,600만 달러(Lim, 2007)도 공단토지 개발업자의 개발비용에 포함시켜야 될 것이다. 또한 후에 노동자 숙소 및 부수적인 지원시설을 건설하는 비용도 원칙적으로는 분양되는 공단토지의 평당 개발비용에 추가적으로 포함시켜야 될 것 같다. 거대한 닫힌 수출공단의 타당성과 계속성을 공단정책과 함께 평가하기 위하여, 이와 같은 유사한 전기·통신 등의 시설 건설과 관계된 비용분담 문제[24]를 포함한 공단토지 개발

23) 남한의 경제부총리에 의하면, 개성공단 1단계의 450개 공장의 8만 노동자용 주택건설비가 3,500억 원(3억 7,890만 달러), 그리고 2단계의 10만 노동자용 주택건설비가 5,000억 원(5억 4,120만 달러)으로 추정된다(*Korea Times*, 2007c). 개성공단 관리위원회에 의하면, 2010년에 1단계 공사가 끝나면 450개 공장이 10만 명의 북한 노동자를 고용할 계획이며, 4만 명은 개성과 개풍 지역에서 조달되고 6만 명은 황해 지역 등 원거리에서 데려와야 하기 때문에 북측과 주택건축 문제를 상의 중이다(NKchosun.com, 2007(2)).

24) 한국전력에 의하면, 개성공단 공장에 공급하는 전력으로 인한 연간 평균 손실이 193억 원(2,080만 달러)으로 추정되므로, 정부에서 이러한 손실을 국내의 일반소비자 전기값을 통해 보상할 방안을 구상 중이라 한다. 이렇게 되면 남한 국민이 개성공단 공장의 전력비를 보조하는 결과가 되므로 여러 면에서

의 공적 이득과 비용 및 비용분담 문제를 비롯하여 북한 노동자 공급 문제[25] 등에 관한 질문을 북한의 수출공단전략 검토의 일부로 제기하여야 할 것이다.

북한 경제의 세계화를 위한 합리적인 수출공단전략

위에서 분석한 개성수출공단의 정책 및 산업공단시설의 양 측면에 대한 국제개발 경험에 비추어 본 개관은, 북한 경제의 세계화를 위한 북한의 새로운 개발전략의 일부로 북한의 새로운 수출공단전략을 수립하고 그러한 북한의 개발전략을 시작할 때 선구자적 역할을 할 새로운 남북경제협력사업을 준비하는 데 있어 중요한 시발점이 될 수 있을 것이다.

첫째, 위에서 요약한 국제적으로 보편화된 닫힌 수출공단의 정책 및 산업공단시설과 비교하여 현재 개성공단의 가장 파격적인 정책면과 가장 파격적인 산업공단 시설계획면의 밀접한 상관관계를 면밀히 분석할 필요가 있다. 개성공단의 산업공단 시설기안자들의 우선순위는 하나의 거대한 군사방어기지에 버금가는 닫힌 산업공단시설을 구축함으로써 모기장정책의 목적을 수용하는 데 있었던 것 같다. 그렇게 거대한 공단시설에서 일하는 노동자들이 자기 집에서 출퇴근하는 것은 불가능하기 때문에 막대한 건설자금이 드는 거대한 노동자 주거시설과 부수되는 편의도시시설 구축이 필수적일 것이다. 그에 반해서 개발도상국들의 모든 닫힌 수출공단들의 유일한 목적은 자유무역

문제가 될 것 같다(chosun.com, 2007j).

25) 최근의 한 한국무역협회 연구보고서는 개성공단의 계획대로 양질의 공단노동력을 공급할 구상과 그렇게 거대한 수의 노동력 이동을 가능하게 하는 북한 당국의 내부적 복안에 대하여 적절한 문의를 제기하였다(KITA, 2006).

에 준하는 상태와 기타의 수출품 생산과 판매에 필요한 정책과 사업환경을 아주 신속하고 간편한 절차를 통하여 능률적으로 보장하는 것이었다. 모기장정책 같은 목적은 상상할 수도 없었다. 동시에 성공적인 닫힌 수출공단의 산업공단시설은 정부의 보조 없이 개발된 공단의 땅사용료 그리고 기타 시설사용료를 공단입주기업이 시장가격이나 실비로 부담할 수 있게 하기 위하여 사기업체들이나 사기업과 똑같이 운영된 정부기관에서 건설·운영해 왔다(World Bank, 1992). 한 개발도상국 안에서 많은 수의 소규모나 중소규모 산업공단시설을 인구가 집중된 여러 도시 근처에 지으면 닫힌 수출공단 노동자들이 자기 집에서 출퇴근하게 되어 공단시설비를 절약함으로써 시장경제원칙에 입각한 산업공단 시설목적을 성취하였다.

개성수출공단의 정책 및 산업공단 시설면에 대한 고찰로 돌아가서, 개성수출공단의 산업공단시설 기안자들이 심각하게 고려하지 못하였던 점은 잠재적인 외국투자자들의 공단정책에 대한 공감대와 거대한 공단시설에서 생산된 수출품의 해외시장으로부터의 수용도인 것 같다. 다시 말하면, 개성수출공단의 목적에 그렇게 반'경제의 세계화'적이며 반외국기업적인 모기장정책이 포함되어 있고 산업공단시설 및 공장의 현재 또는 장래의 건축 및 운영과 관계된 어떤 면이 국제무역상의 규범[26]에 비추어 잠재적으로 문제를 제기할 수 있는 요소가 있다면, 개성공단이 북한의 세계시장 진출의 개척자 역할을 하기가 힘들

26) 개성수출공단의 산업공단시설 건축비 비용분담과 관계된 국제사회의 우려에 대하여, 예를 들면 Graham(2006)과 Haggard and Noland(2007b)를 참조. 한·미 자유무역협정 제1.2조의 1장은 "협정의 각 측은 국제무역기구(WTO) 합의사항을 포함하여 현존하는 양국이 당사자인 양국 간과 다자 간의 협정 하에 상대방에 대한 현존하는 권리와 책임을 재확인한다"고 기술하고 있다. 따라서, 특히 역외가공지역(OPZ)에서 생산된 수출품은 정부보조금 및 보복조치에 관한 합의를 포함하여 국제무역기구의 합의를 어기지 않도록 해야 할 것이다.

것이다. 따라서 개성수출공단은 모기장정책 같은 비합리적 정책을 포기하고, 국제경쟁력을 보장하는 자유시장임금과 자유로운 노동자 선발절차를 포함하여 산업공단시설의 건설 및 운영과 수출공장 건설 및 운영을, 정부간섭 없이 주로 시장원리에 의하여 많은 개발도상국들이 과거 반 세기 동안 수행해 왔던 모범적 닫힌 수출공단의 정책 및 산업공단시설 건설상의 규범을 따르도록 하는 것이 최상일 것이다.

대한민국과 미합중국 간 자유무역협정에 한반도의 역외가공지역(OPZ)위원회 설치에 관한 부록이 포함되어 있는바, 그런 위원회가 ① 북한의 비핵화 진도, ② 남북 간의 관계에 미치는 영향, ③ 노동 및 환경기준과 관행, 국제규범과 비교한 임금관행과 영업 및 경영관행 등의 조건을 충족시키는 데 따라서 개성공단과 기타 지역을 역외가공지역으로 지정함으로써 그런 지역에서 생산된 수출품을 자유무역협정상의 혜택을 받을 수 있는 제품으로 인정받을 수 있다(부록 Ⅱ 참조).

위에서 검토한 닫힌 수출공단에 대한 국제적인 개발경험에서 배워야 할 교훈, 그리고 한·미 자유무역협정과 북한의 비핵화라는 두 가지 역사적 사건에 연관된 좋은 진전이 가져올 수 있는 개성공단과 관계된 일들에 대하여 적절한 평가를 함으로써, 남북경제협력 당국자들은 북한의 새로운 세계시장 지향적 개발전략의 일부인 북한의 새로운 수출공단전략 차원에서 개성공단의 장내 과제를 조심스럽게 검토할 최상의 기회를 가질 수 있을 것이다. 아마도 그들이 걱정하여야 할 일은 개성공단뿐 아니라 북한 내의 새로 개발될 다른 닫힌 수출공단들과 새로 지정될 열린 수출공단 기업들까지 한·미 자유무역협정 하의 역외가공지역으로 지정받도록 하려면 남북경제협력 당국자들과 개성공단 경영진이 어떠한 새로운 북한의 수출공단전략을 즉시 실천에 옮겨야 하는 것일까 하는 더욱 적극적인 것이어야 할 것이다.

근본적인 개혁을 통하여 시장지향적 새로운 개발전략을 채택하고, 끝으로 미국과의 국교관계를 정상화하게 된다면,[27] 북한은 컬럼 1의 저관세율 또는 일반특혜관세율(GSP)의 혜택을 받을 수 있는, 미국과 정상무역관계를 누릴 수 있는 국가 중의 하나로 지정받을 자격을 목표로 삼아야 할 것이다. 그러한 정상무역관계국의 지정을 받게 되면 북한은 역외가공지역 지정보다 더 유리하거나 동일한 혜택을 받을 수 있을 것이다. 그 이유는 개성공단, 여타 닫힌 수출공단들, 열린 수출공단 기업들, 또는 북한 내의 어느 곳에서 생산되었건 북한의 모든 수출품은 미국 시장에 저율의 관세를 내고 들어올 수 있기 때문이다. 위에서 검토한 국제적 경험에 비추어 북한의 새로운 수출공단전략과 새로운 세계시장 지향적 개발전략의 일부로서 다음과 같이 건의하는 새로운 개성공단전략은 북한의 총수출제품과 개성공단 수출품이 모두 특혜관세의 혜택을 받으며 미국 시장에 진출하기 위한 상기 2가지 접근방법[28](즉, 한·미 자유무역협정 하

27) 일반적으로 21세기의 국제적 기준은 시장경제규범과 인권상의 규범을 포함하고 있다. 미국의 리처드 루가(Richard Lugar) 상원의원은 2007년 8월 2일 자유아시아방송과의 인터뷰에서 북한 주민들이 스스로 식량문제를 해결할 수 있는 인권문제를 해결하는 것이 북·미 간의 국고관계 정상화의 전제조건이 되어야 한다고 강조하였다. 북한의 경제개혁 없이'는 그러한 인권문제를 해결하기 힘들다. 국제개발 금융기구의 경제개혁을 포함한 차관조건에 대하여는 Rhee(2001a) 참조.

28) 1998년 이래 미·이스라엘 자유무역협정 하에 요르단의 자격 있는 산업공단(QIZ) 산물에 이스라엘의 부가가치를 더한 후 미국 시장에 이스라엘 제품으로 수출되어 왔던 경력을 쌓은 후, 미국과 요르단 간의 자유무역협정이 2000년 10월에 체결되었다(Lowrence, 2007). 이는 디국이 요르단과 긴밀한 관계를 맺고 있었고, 2000년 4월 요르단의 세계무역기구(WTO) 가입에 비추어 요르단이 국제무역규범을 준수할 수 있다는 신뢰를 쌓아 왔기 때문이었다. 이와 유사하게 한·미 자유무역협정 하의 역외가공지역(OPZ) 지정과 북한에 대한 정상적 무역국가 지정에 대한 좋은 결과는 북·미 국교관계 정상화의 진전

에 역외가공지역 제품으로 지정받아 무관세 혜택을 받는 방법과 북·미 국교정상화 후에 정상적인 무역관계(NTR)국 지위를 인정받아 저율이나 특혜관세 혜택을 받는 방법)에 필요한 조건을 모두 만족시키는 최선책을 제공할 수 있을 것이다.

남북경제협력당국이 다음과 같은 몇 개 항목으로 구성된 북한의 새로운 수출공단전략에 합의한 후 국제사회에 공표하기 위한 조치를 취하리라 믿는다.

◈ 북한의 새로운 수출공단전략

① 북한의 모기장정책이 앞으로 개성공단을 포함한 북한의 닫힌 수출공단, 열린 수출공단, 보세공장, 그리고 일부 수출업자제도 등과 여타 제도들의 목적이 아닐 것임을 분명히 한다.

② 한·미 자유무역협정의 역외가공지역 규정이 요구하는 국제적인 노동기준과 상황, 임금상황, 사업과 경영상황 등의 요구조건을 노동계약, 노동자 채용, 그리고 지불된 임금을 받아서 노동자에게 전달하는 일을 담당하는 정부기관의 간섭 없이 자유로운 노동자 이동과 노동시장, 공장경영상의 무간섭, 그리고 자유로운 외환시장에 의한 단일환율 등에 의하여 충족시킬 것이다. 다시 말하면, 국제경쟁력 있는 시장임금과 자유로운 노동자 고용·해고, 그리고 공장경영상의 완전한 자율성이 보장될 것이다.[29]

과 북한의 국제무역규범 준수에 대한 신뢰구축에 달려 있다.

29) 제4장에서 언급한 바와 같이 북한이 2004년 9월부터 실시하고 있는 외국인 투자기업에 대한 새로운 임금(즉, 30유로나 38달러)을 개성공단 노동자에게도 적용하였어야 했다. 북한의 새로운 수출공단전략의 일부로 채택될 시장임금제도가 정착될 때까지 이런 외국인 투자기업에 대한 새로운 임금을 적용해

③ 다음과 같은 새로운 균형 잡힌 수출공단 개발방향이 한 개의 거대한 닫힌 수출공단(즉, 개성공단)에만 의존하는 현재의 수출공단전략을 대치한다.

- 닫힌 수출공단 노동자들이 자기 집에서 출퇴근할 수 있고 지역발전에도 동력을 제공할 목적으로, 남한이나 기타 외국의 사기업 또는 사기업같이 운영하는 공기업이 북한의 인구집중지역에 남한 정부의 보조 없이 중소규모의 닫힌 수출공단을 많이 개발하여 운영한다. 개성공단도 다음 단계의 공단개발에 있어 위에서 제시한 방향이 공단, 노동자 주거시설 및 관련된 새로운 지원서비스 도시건설 및 운영에 관계되는 막대한 비용에 대한 남한 정부지원으로 인하여 국제무역기구의 보조금규정을 어길 위험을 최소화하는 한 이런 방향을 따를 것이다. 또한 현 개성공단법을 개정함으로써 개성공단에 추가하여 닫힌 수출공단을 많이 개발할 수 있는 법적 근거를 제공한다.
- 외국기업과의 위탁가공이나 합작(또는 합영) 등의 제휴가 있건 없건 전액 수출하는 북한과 외국기업에게 닫힌 수출공단과 똑같은 정책을 보장하기 위하여 열린 수출공단제도를 신설한다. 이러한 제도는 닫힌 수

야 할 것이다. 이에 반해서 개성공단 노동자 기본 임금이 현 57.5달러에서 60.375달러로 2007년 8월부터 5% 인상되었다는 보도가 있었다(NKchosun.com, 2007t). 남한의 전 통일부 장관이 개성공단의 역할은 북한 당국에게 자체 노동력을 통해서 외화를 취득하는 방법을 가르치는 것이라고 언급하였다(NKchosun.com, 2006a). 여기에서 제안하는 새로운 수출공단전략의 모든 항목들이 그러한 가르침의 핵심이 되기를 바란다. 한편, Nam(2007)은 나진·선봉무역 및 경제특구의 실패를 반복하지 않기 위하여 북한은 개성공단의 규제정책을 자유화하라고 제안하였다. 개성공단의 16개 기업의 2006년 경영실적 분석에 의하면 13개 기업(즉, 80%)이 손실을 보았는데, 이는 열악한 정책환경의 악영향을 실증하는 것으로 판단된다(NKchosun.com, 2007(1)).

출공단과 병행하여 외국기업과의 제휴를 극대화하여 제조업 수출을 활성화하려는 목적에서 실시될 것이다. 이 제도를 신설하기 위한 새로운 열린수출공단법을 제정할 것이다.[30)]

- 개성공단에 추가하여 열린 수출공단 기업과 여타의 닫힌 수출공단들도 한·미 자유무역협정하의 역외가공 지역에 지정됨으로써 자유무역협정상의 수출품으로 미국 시장에 진출할 수 있도록 한국 정부는 미국 정부와 교섭한다.[31)]

④ 현재 개성공단 내 사업에 대한 북한 기업의 참여를 금지하는 개성공단법을 수정하여, 북한 기업이 개성공단이나 여타의 닫힌 수출공단, 또한 열린 수출공단 내에 있는 남한이나 여타 외국기업과 합작(또는 합영) 및 위탁가공을 할 수 있도록 정책을 바꾼다. 이러한 새 정책은 북한 경제의 세계화를 시작하는 데 필수불가결한 수

30) 최근의 한 한국무역협회 연구보고서는 북한의 정책 및 사업환경의 열악함으로 인하여 위탁가공과 관계된 남북교역을 제외하고는 남한 정부가 대북사업을 허락한 총 73사례 중 단 10개의 남한 기업만이 아직도 대북사업을 포기하지 않고 있다고 지적하였다(KITA, 2006). 이 보고서는 현재로서는 개성공단 이외에는 남한 기업이 북한에서 사업과 투자를 고려할 수 있는 북한의 법적 체계가 없다고 지적하였다. 여기에서 건의하는 열린 수출공단법과 제도는 수정될 개성공단법(또는 새로 제정될 닫힌 수출공단법과 제도)과 함께 새로운 북한 법체계와 필요한 정책 및 사업환경을 제공함으로써 남한의 무역협회 보고서의 지적에 대한 일부의 답을 제공할 수 있을 것이다.

31) 남한은 싱가포르, 유럽자유무역협회(EFTA) 국가, 그리고 아시아 국가들과의 자유무역협정에서와 같이 개성공단 제품을 유럽연합과의 자유무역협정상 남한 상품으로 유럽연합 시장에 수출할 수 있게 하였다(Napsnet, 2007). 2007년 4월에 제정된 남한의 개성공단지원법은 개성공단 밖에서 북한에 투자하고 싶어 하는 남한 기업에 대하여 차별대우를 하는 또 하나의 남한 정부정책을 나타낸다고 간주된다(Export-Import Bank of Korea, 2007). 그러한 개성공단에 한하는 정책에 비하여 한·미 자유무역협정상의 역외가공지역 규정은 더 합리적이라고 판단된다. 그 이유는 개성공단을 넘어서 북한 전체에 수출공단정책과 수출기회를 확대시킬 수 있는 가능성을 제공하기 때문이다.

출제품, 생산 및 마케팅 노하우와 국제적 사업경영기술을 외국 파트너 기업으로부터 현장실습교육을 통하여 배우는 기회를 최대한으로 이용할 수 있게 할 것이다.

경제적으로 세계화된 한반도

『노태우 회고록』에 의하면, 1992년 2월 18일 평양에서 제6차 남북고위급 회담이 열렸다. 이 회담에서 남북 양측은 5차 회담에서 채택한 '남북 사이의 화해와 불가침 및 교류협력에 관한 합의서'를('한반도 비핵화에 관한 공동선언'과 함께 그러나 '핵사찰 규정'이 미완성이었음) 정식으로 발효시켰다. 그러나 '통행·통신·통상의 3통위원회'를 설치할 수 없어 '남북기본합의서'의 교류협력이 아무 의미가 없었졌다. 위에서 몇 번 강조한 바와 같이 만약 '통행·통신·통상'이 1992년 2월 18일부터 잘 설치되어 '남북기본합의서' 교류협력이 잘 이행되었다면, 북한은 현재 $1.5 billion가 아닌 $47.2 billion—30배가 넘는—의 수출을 성취하고, 로버트 루카스 주니어가 주장하는 가장 중요한 현장실습교육을 남한이 북한에게 제일 중요한 공헌을 하고 계속 지속하도록 하였을 것이며(Lucas, Jr., 2002), 핵무기와 대량살상무기에는 전혀 관심이 없었을 것이다. 이러한 '통행·통신·통상'은 세계의 모든 세계무역국가(WTO)들이 하는 것과 같이 북한이 통상을 정상적으로 허락하여 달라는 것이었다.

'통행·통신·통상'이 불통된 상태에서 2000년 6월 15일의 김대중-김정일 제1차 남북정상회담과 2007년 10월 4일 노무현-김정일 제2차 남북 정상회담에서 그 이상 보다 더 중요한 일이 무엇인지 알 수 없지만, 소위 남한의 '햇볕정책'의 남북고위급

회담들은 북한을 '사회주의와 주체'의 전근대적 사고방식에서 적어도 남북교류를 통해서만이라도 세계 각국과의 교역을 하도록 할 수 없었던 것은 참으로 너무나 후회스러울 수밖에 없다. 이러한 노태우·김대중·노무현 대통령들의 북한의 개혁·개방에 더 적극적이지 못한 점에 대한 남한의 실책이 2012년의 남한 대통령선거전에서 크게 논의되기를 기대한다.

따라서 2013년의 남북정상회담의 가장 중요한 의제는 '핵구기 없는 북한'을 6자회담 또는 더 큰 틀에서 하루 빨리 해결하고 '글로벌 시장경제의 북한'의 제일 중요한 '통행·통신·통상'을 빨리 이행하고, 북한 경제의 '세계화 정책에 대한 공동선언'을 건의한다.

북한의 세계화 정책에 대한 공동선언

경제적으로 세계화된 한반도나 세계화에서 뒤떨어진 북한 경제의 차이를 줄이기 위한 북한 경제의 세계화 정책(또는 간략하게 세계화 정책으로 지칭)에 대한 공동선언이야말로 분명하지 못한 민족경제의 균형발전, 한국판 마셜계획, '햇볕'정책, 또는 '포용'정책에 비하면 다음의 3개 사항을 아주 명확하게 할 것이다(이 3개 사항은 상호 의존관계로 인하여 분리할 수 없음). 즉, 세계화 정책은

(i) 경제의 세계화를 통한 특히 야심적인 외화획득 확장과 산업경쟁력의 현격한 제고 등 북한의 막대한 혜택을 명확하게 하고,

(ii) 북한 경제의 세계화를 돕기 위한 남한 사기업의 역할

과 남한 정부지원의 역할을 분명히 하고.

(iii) • 북한의 완전한 비핵화가 경제적으로 세계화된 한반도의 전제조건이라는 것을 명심하여 완전한 비핵화의 속도를 증대하기 위한 북한 정부의 역할을 분명히 하고,

• 북한 경제의 세계화에 필수불가결한 정책개혁을 위한 북한 정부의 역할을 분명히 하고,

• 남한이나 다른 외국사기업과 제휴하여 국제시장에 진출할 북한의 자율화된 기업의 역할을 분명히 할 것이다.

북한 경제의 세계화 정책이 새로운 남한의 지도층과 북한의 지도층에 대한 주 건의사항이다. 우리는 이 정책을 과거 남북경제협력 관리(governance)에 관한 깊이 있는 평가에 의하여 건의하며, 이 정책이 앞으로 십수 년간과 그 이후 장래의 남북경제협력 관리의 방향을 제시하기를 바란다. 만약 이런 세계화 정책을 남한의 새 정부가 채택한다면, 그러한 정책이 새 정부의 남북경제협력의 목적과 그 목적을 달성하기 위한 수단(북한의 완전한 비핵화의 속도증진과 경제개혁은 그러한 수단 중의 핵심부분임)을 아주 명백하게 할 수 있을 것이다.

세계화 정책에 의하여 북한의 비핵화 과정의 속도를 증대하고 북한 경제의 세계화에서 뒤떨어진 차이를 줄이기 위한 새로운 남북경제협력전략을 채택하여야 할 것이다. 비핵화부문을 제외한 새로운 전략의 기본 전제와 잠정적으로 제안할 수 있는 항목들을 아래에 요약한다.

① 북한의 국가우선순위는 북한의 비교우위를 따라서 외화

획득을 하는 데 있다. 그 이유는 북한 경제의 회생과 정치적 안정이 외화획득의 팽창에 달려 있기 때문이다.

② 북한이 비교우위에 의하여 외화획득을 팽창할 수 있는 유일한 방법은 '북한의 자율화된 기업들의' 남한 사기업과 (여타 외국기업과의) 위탁가공, 합작, 직접투자, 기술·마케팅계약, 그리고 턴키공장 등의 밀접하고 확대된 제휴를 통하여 국제시장의 치열한 경쟁에서 이기는 방법밖에 없다. 즉, 북한 경제의 세계화에서 뒤떨어진 차이를 줄이는 방법밖에 없으며 이들이 북한 사기업의 중추가 될 것이다.

③ 이렇게 북한 경제의 세계화 차이를 줄일 수 있는 유일한 방법은 과거 반 세기 동안의 국제개발 경험에 의하면 북한의 현재의 비시장 위주와 대내지향적 개발전략을 시장 위주와 대외지향적 개발전략으로 전환시키는 길밖에 없다. 따라서 북측은 그러한 개발전략의 전환을 시작하겠다는 결단을 공표할 수 있을 것이다.

④ 남측은 주 남북경제협력사업으로 북측의 개발전략 변천과 외화획득 팽창노력을 전폭적으로 지원할 것이다. 한편으로, 만약 북측의 개발전략 전환이 단계별로 시행되고 외화획득 팽창이 빠른 속도로 이루어질 수 있다면 북측의 정치적 안정이 약화되기보다는 오히려 강화될 수 있을 것이다. 동시에 남과 북은 남북경제협력의 유일한 목적은 다만 위에서 언급한 두 가지 분야(즉, 북측의 개발전략 전환과 외화획득 팽창노력)에 한할 것이라는 것을 명백하게 동의하여야 한다. 다시 말하면, 인도적 지원은 참으로 위기를 맞았을 때로 국한하고, 인프라스트럭처 건설지원은 위의 두 가지 분야를 집행하는 데

필수불가결한 것에 국한될 것이다.

⑤ 북한의 개발전략 전환을 지원하기 위한 최초의 가능한 남북경제협력 과제들

- 개발전략 전환을 위한 기본 골격의 기안
- 개발전략 전환을 위한 최초의 구체적 과제들
  - 종합적인 새로운 수출공단전략
  - WTO 회원 같은 교역정책
  - 수출지향적 남한 및 여타 외국기업과의 제휴를 유인하는 데 필수불가결한 우선순위에 있는 외환통제 및 노동시장 금지정책 개혁 등

⑥ 북한이 외화획득 팽창을 즉시 시작할 수 있는 최초의 가능한 남북경제협력 과제들

- 수출지향적 남한 또는 여타 외국기업과의 제휴(위탁가공, 합작, 직접투자, 기술·마케팅계약, 그리고 턴키공장 등의 다원적 형태)를 확대하는 데 필수적인 정책 및 사업환경을 보장하기 위한 정책개혁과제 건의
- 수출지향적 남한 또는 여타 외국기업과의 제휴를 시급하게 유인·확대하기 위한 야심적인 마케팅전략의 수립
- 수출의 급속한 팽창에 필요한 인프라스트럭처 지원전략을 다음과 같은 지침에 따라 수립. 즉, 공단, 교통, 항구, 공항, 전력 및 통신분야의 인프라스트럭처 건설 지원은
  - 수출산업들의 특수한 인프라스트럭처 수요와
  - 사금융이나 국제금융 제공소스와 공동으로 자금을 공급할 수 있는 가능성(이러한 자금제공은 정책개혁의

조건이 충족되지 않으면 불가능함) 등과 세밀히 조정되고, 시기를 마치고, 단계적으로 이루어지도록 계획하여야 한다.

Chapter 8

맺는 말

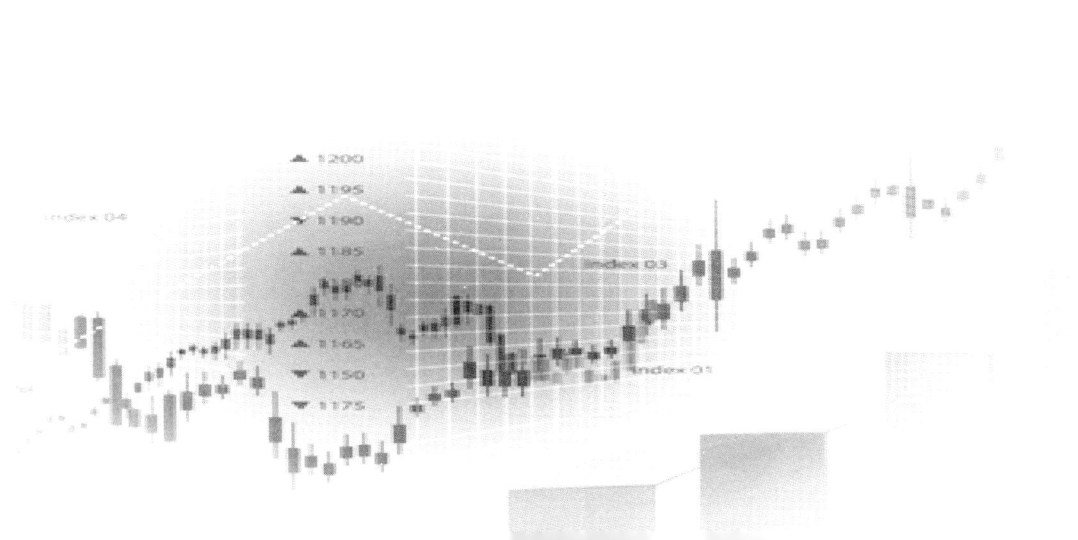

노벨 경제학상을 수상한 로버트 루카스 주니어(Lucas, Jr., 2002)에 의하면 경제성장의 주동력은 '인적자본 형성(The Accumulation of Human Capital)—즉, 지식의 축적'이며, 여러 나라들의 경제수준의 주 차이점은 인적자본 형성의 다른 점 때문이다. 기계나 공장 등 '물적자본 형성(The Accumulation of Physical Capital)'이 경제성장에 중요하나 결정적으로 '인적자본 형성'보다 부수적인 역할밖에 하지 못한다. 인적자본 현성은 학교, 연구소, 그리고 생산방법과 무역방법에서 습득된다. 그러나 잘 성장한 나라일수록, '실제 작업상의 실습(learning on the job)'이 가장 효과적이고 제일 중요하다.

후진국 개발경협의 값진 경험은 모든 후진국의 시장경제과정에서 습득한 것이다. 그러나 북한의 사회주의와 주체사상은 세계에서 하나밖에 없어서 여기서 제외되었다. 북한의 사회주의와 주체사상에서 '글로벌 시장경제의 북한'으로 전환하도록 하려면 정말로 현재 있는 '북한 사회주의와 주체사상 인적자본 형성'을 모든 후진국과 선진국의 인적자본 형성으로 대치하는 역사적 과업을 북한, 남한, 그리고 여러 나라들이 참여해야 된다. 이러한 역사적 과업은 많은 시간과 노력이 필요하다. 중국의 개혁과 개방으로부터 30여 년간 중국, 베트남, 캄보디아, 라오스, 그리고 동구권 국가들이 많은 노력을 들였지만, 북한 경제는 이제 겨우 시작이므로 많은 노력을 기울여야 된다. 예를 들면, 1992년에 모든 나라들이 수행하는 '통행·통신·통상'을 남북기본합의서에서 하도록 하지 못한 것을 20년이 지난 현재까지도 언제 할 수 있을지 예측할 수 없다.

다행히 북한은 2012년 6월 28일 "우리식의 새로운 경제관리체제 확립에 대하여"에서 태스크포스(TF)를 구성해 운영 중이라고 하였는데, 우선 알려진 바에 의하면 다음과 같은 좋은 방향으로 움직이고 있다고 한다.

① 군과 내각으로 양분된 경제사업을 내각으로 일원화한다.
② 협동농장의 분조단위 축소(농민 수확물 중 30% 개인소유 인정)
③ 기업의 경영자율권 확대(생산, 판매, 수익, 분배를 공장·기업소가 자체적으로 결정하게 되었다)

새로운 남한 대통령이 한반도의 통일전략을 위하여 '핵무기 없는 북한' 그리고 '글로벌 시장경제의 북한'에 필수적인 북방정책을 수립하는 리더십을 발휘할 수 있을까?

첫째, 제6장 한반도 통일전략에서 고찰하였지만, 어느 남한 대통령 후보가 '핵무기 없는 북한'을 위한 한반도의 통일전략에 가장 적합한가? 새누리당 박근혜 대통령 후보가 2012년 9월 10일 서울 신라호텔에서 열린 제15회 중앙글로벌포럼에 참석해 축사를 통해 "(북한 지도부가) 핵무기를 포기하고 주민들의 삶의 질을 근본적으로 개선할 수 있는 결단을 내려야 한다"고 밝혔다. 민주당 문재인 대통령 후보는 노무현 대통령 비서실장으로서 북한 핵의 자금을 지원 내지 용인한 '햇볕정책'의 주요 임원이었다(2004년 11월 13일 노무현 대통령이 방미 중(로스앤젤스의 국제문제협의회)에 "북한은 핵과 미사일을 외부의 위협에서 자신을 지키기 위한 억제수단이라고 주장하고 있다. ……이 문제에 관해서는 북한의 주장에 일리 있는 측면이 있다고 본다"). 무소속 안철수 대통령 후보는 "남북이 ……평화체제를 정착시켜야 북한이 핵에 의존할 명분을 제거할 수 있다고 생각한다"는 지론을 그의 저서 『안철수의 생각: 우리가 원하는 미래 지도』(2012. 7)에서 기술하고 있다. 따라서 새누리당 박근혜 대통령 후보만이 투철한 '핵무기 없는 북한'에 리더십을 발휘할 수 있을 것이다.

둘째, 제6장 한반도 통일전략에서 또한 고찰하였지만, 어느 남한 대통령 후보가 '글로벌 시장경제의 북한'을 위한 통일전략에 가장 적합한가? 문재인 후보는 새로운 북한의 '글로벌 시장경제의 북한'을 '햇볕정책'의 낡은 도구(개성공단)를 많은 추가 공적자금으로 당초 계획대로 3단계 2,000만 평까지 발전시키는 것이 남북경제연합의 시작이라고 하고, 안철수 후보는 그의 저서 『안철수의 생각: 우리가 원하는 미래 지도』에서 북한이 '사회주의와 주체사상'을 1979년(중국의 개혁·개방)부터 현재까지 개혁과 개방을 못하고 세계에서 유일한 북한 경제의 파산상태의 역사적 고민을 하지 못했다면, 이러한 대통령 후보들이 '글로벌 시장경제의 북한'을 위한 통일전략의 역사적 의미를 이해하기 힘들 것이다.

위에서 설명하였듯이, 북한은 현재까지 유지하고 있는 '북한 주체사상과 사회주의 인적자본 형성'을 모든 후진국의 인적자본 형성으로 대치하여야 한다. 제일 중요한 것은 무역과 외국과의 투자, 합작, 위탁가공, 기술 마케팅, 그리고 턴키공장 등으로 합작하는 것이며 후진국의 인적자본 형성을 모방하는 것이다. 첫째로, '통행·통신·통상'이 모두 이행되는 전 세계 국가들과 교역을 같이 할 수 없을 때에는 세계에서 하나밖에 없는 (문재인 후보가 추천하며, 안철수 후보도 그의 책에서 확대를 지지하는) 개성공단 형태를 더 이상 확대하여 공공자금이 $374 million의 몇 배가 들어가는 것을 다시 재고하는 것은 현명하지 않을 것 같다. 1992년 2월 18일에 남북기본합의서가 '통행·통신·통상'과 함께 그 효력을 역사적으로 발휘하였다면, 북한은 현재 $1.51 billion가 아닌 $47.2 billion—30배가 넘는—의 수출을 하였을 것이다. 둘째로, 북한 외화획득의 원천인 수출산업을 육성하는 것이 무엇보다 가장 중요한데, 외국과의 여러 가지 형태의 합작 없이는 불가능하며 여기서 '핵무기 없는 북한'이 가장 중요하다. 안철수 후보의 몇 개의 프로젝트들은 북한의 수출산업보다 더 중요하지도 않고 제일 큰 우선순위가 아닌 것 같다. 박근혜 후보는 "(북한 지도부가) 핵무기를 포기하고 주민들의 삶의 질을 근본적으로 개선할 수 있는 결단을 내려야 한다"고 하였으며, "북한이 고립 국면을 탈피하려는 변화에 나설 경우, 집권시 그에 상응하는 대북정책을 취할 것이란 시그널을 보낸 것"이라고 하였다. 박근혜 후보는 북한이 핵무기를 포기하면 주민들의 삶의 중추인 북한 수출산업의 육성에 최대한의 지지를 보낼 것이다. 따라서 박근혜 후보는 '글로벌 시장경제의 북한'을 위한 통일전략에 가장 적합하며 글로벌 리더십을 발휘할 수 있을 것이다.

부　　록

I. 기본 통계자료
II. 대한민국과 미합중국 간 자유무역협정 제22장 제도규정 및 분쟁해결
III. 남북 경공업 및 지하자원 개발협력에 관한 합의서

Ⅰ. 기본 통계자료

표 1 북한과 남한의 총국민소득(GNI), 수출 및 수입(10억 달러)/GNI(%), 1965, 1970, 1980, 1990~2007; 저소득후진국의 무역/GNI(%), 1990 및 2000~2007

연도	북한				남한				저소득후진국
	GNI ($ bil)	수출 ($ bil)	수입 ($ bil)	무역 GNI(%)	GNI ($ bil)	수출 ($ bil)	수입 ($ bil)	무역 GNI(%)	무역/GNI (%)
1965	1.9	0.19	0.20	21	3.0	0.18	0.46	21	
1970	3.2	0.34	0.44	24	8.1	0.84	1.98	35	
1980	13.5	1.57	1.86	25	60.5	17.50	22.29	79	
1990	23.1	1.96	2.76	20	252.3	65.02	69.84	58	25
1991	22.9	1.01	1.71	12	294.9	71.87	81.52	56	
1992	21.1	1.02	1.64	13	314.3	76.63	81.78	56	
1993	20.5	1.02	1.62	13	361.4	82.24	83.80	53	
1994	21.2	0.84	1.27	10	422.3	96.01	102.35	54	
1995	22.3	0.74	1.32	9	515.5	125.06	135.12	59	
1996	21.4	0.73	1.25	9	569.9	129.72	150.34	60	
1997	17.7	0.90	1.27	12	528.7	136.16	144.62	66	
1998	12.6	0.56	0.88	11	352.1	132.31	93.28	81	
1999	15.8	0.52	0.96	9	455.8	143.69	119.75	72	
2000	16.8	0.57	1.41	12	530.8	172.27	160.48	78	41
2001	15.7	0.65	1.62	14	503.5	150.44	141.10	72	40
2002	17.0	0.74	1.53	13	576.2	162.47	152.13	67	37
2003	18.4	0.78	1.61	13	644.2	193.82	178.83	71	35
2004	20.8	1.02	1.84	13	724.5	253.84	224.46	80	38
2005	24.2	1.00	2.00	12	843.9	284	261	79	41
2006	25.6	0.95	2.05	12	952.5	325	309	81	44
2007	26.7	0.92	2.02	8	1,051.2	375	357	86	63
2008	24.8	1.13	2.69		937.9	422	435		
2009	22.4	1.06	2.35		838.1	364	323		
2010	26.0	1.51	2.66		1,014.6	466	425		

자료: National Statistic Office(2000); KIEP(2003a); Bank of Korea(2003); Bank of Korea (2005); World Bank(2002, 2003, 2004, 2005a, 2006a); 통계청, 북한의 주요 통계지표 2008~2011; World Bank(2009); Bank of Korea(2010)
명목 GNI는 2005년을 기준년으로 작성(한국은행); 남한의 무역(GNI(%))은 Current Price(한국은행); 저소득후진국의 무역(GNI(%))은 World Bank.

표 2 동아시아 체제전환국과 북한의 1인당 수출(달러)과 국내총생산(100만 달러), 1990, 2009; 동아시아 체제전환국과 북한의 1990년과 2004년간의 국내총생산 성장률

		라오스	캄보디아	북한	중국	베트남
수출 (100만 달러)	(a) 1990	78	86	1,960	62,091	2,404
	(b) 2009	940	4,200	1,060	1.201,534	57,096
인구 (100만 명)	(c) 1990	4	6.8	17.2	981.2	53.7
	(d) 2009	6.0	15.0	24.0	1,331	87.0
1인당 수출 (달러)	(e) 1990 ((a)/(c))	20	13	114	63	45
	(f) 2009 ((b)/((d))	157	280	44	903	656
국내총생산 (100만 달러)	(g) 1990	865	1,115	23,100	354,644	6,472
	(h) 2009	5,600	9,700	22,400	4,856,200	87,700
	(i) 1990년과 2009년간의 성장률	647%	870%	−3%	1,369%	1,355%

자료: World Bank(2002, 2006a); 〈표 1〉, 부록 I.

표 3 북한의 2002. 7. 1 이전과 2002. 7. 1 조치 때의 공정판매가격과 2003. 1 또는 2의 암시장가격

품 목	(a) 2002. 7. 1 이전 국가유통망의 공정판매가격(원)	(b) 2002. 7.1 조치시 국가유통망의 공정판매가격(원)	(b)/(a)	(c) 2003. 1. 또는 2 암시장가격(원)(2005. 1)	(c)/(b)
쌀(kg)	0.08	44	550	280~350 (700*)	6.4~8.0 (11.4)
옥수수(kg)	0.06	24	400	150~200	6.3~8.3
돼지고기(kg)	10	280	28	400~500	1.4~1.8
운동화(켤레)	18	180	10	850~2,500	4.7~13.9
전기(1,000kw)	35	2,100	60		
석탄(ton)	34	1,500	44		
기차표(평양-청진)	16	590	37		
버스·지하철 값	0.1	2	20		
양말(켤레)		465		2,139	4.6
남자 와이셔츠(벌)		2,325		10,000	4.3
넥타이(개)		1,240		5,704	4.6
월간잡지(권)	1.2	35	29		

자료: KDI(2002); KIEP(2003b); *JoongAng Daily*(2005a).

표 4 북한의 2002. 7. 1 이전과 2002. 7. 1 조치 때의 노동자 및 정부관리들의 공정 기본월급

	(a) 2002. 7. 1 이전의 월급(원)	(b) 2002. 7. 1 조치 때의 공정 기본월급(원)	(b)/(a)
비숙련공	100	1,000 ~ 2,000	10 ~ 20
광산 · 건설노동자	240 ~ 300	5,000 ~ 6,000	20
군인(장교)		5,000 ~ 6,000	
군인(사병)		3,000 ~ 5,000	
정부관리(간부)		2,000 ~ 2,500	
정부관리(일반)		1,500 ~ 2000	
사무직원		1,500 ~ 2,000	
상 인		1,500 ~ 2,500	
의 사		2,000	
간 호 사		1,600	
직물 · 봉제노동자		1,200 ~ 2,800	

자료: KIEP(2003b); Joins North Korea Net(2003).

표 5 북한의 공정환율(미화 1달러당 북한 원)

연 도	공정환율(미화 1달러당 북한 원)
1975	2.15
1980	1.79
1985	2.43
1990	2.14
1991	2.15
1992	2.13
1993	2.15
1994	2.16
1995	2.05
1996	2.14
1997	2.16
1998	2.20
1999	2.17
2000	2.19
2001	2.21
2002. 1～6	2.21
2002. 7～12	153
2003	145
2004	139
2005	140
2006	141
2007	135
2008	130
2009	100
2010	101

자료: National Statistics Office(2000); Bank of Korea(2005); NKchosun.com(2007m).

표 6 방글라데시의 봉제수출액과 북한의 총상품수출액의 비교, 1985~2009

연 도	방글라데시의 봉제수출 (100만 달러)	북한의 전체 상품수출 (10억 달러)
1985	131.48	1.31
1986	298.67	1.51
1987	433.92	1.65
1988	471.09	2.03
1989	609.00	1.91
1990	735.63	1.96
1991	1,064.00	1.01
1992	1,240.48	1.02
1993	1,291.65	1.02
1994	2,232.09	0.84
1995	2,547.13	0.74
1996	3,001.25	0.73
1997	3,781.94	0.90
1998	4,019.98	0.56
1999	4,349.41	0.52
2000	4,859.83	0.57
2001	4,583.75	0.65
2002	4,912.09	0.74
2003	5,686.69	0.78
2004	6,417.6	1.02
2005	8.65(10억 달러)	1.0
2006	9.21(10억 달러)	0.95
2007	12.18(10억 달러)	0.92
2008	12.35(10억 달러)	1.13
2009	15.57(10억 달러)	1.06

자료: Bangladesh Garment Manufacturers & Exporters Association and Export Promotion Bureau, 부록 I의 〈표 1〉 및 National Statistics Office(2000).

표 7 북한의 대세계시장(대남한시장 제외) 봉제·직물수출액과 북한의 대남한시장 봉제·직물수출액, 1993~2002

연 도	북한의 대세계시장 봉제·직물수출액 (1,000달러)	북한의 대남한시장 봉제·직물수출액 (1,000달러)
1993	200,950	8,477
1994	198,783	18,515
1995	233,668	28,834
1996	210,464	44,458
1997	184,171	47,092
1998	148,097	38,795
1999	130,616	45,501
2000	140,044	53,693
2001	140,530	54,937
2002	123,061	85,849

자료: KOTRA.

표 8 북한의 대남한 및 대중국 상품수입액(100만 달러), 1995~2010

연 도	북한의 위탁가공과 관계되는 대남수입	개성공단사업	북한의 대남한 수입 총액	북한의 대중국 수입 총액
1995	24.7		64.4	486
1996	38.2		69.6	497
1997	36.2		115.3	535
1998	29.6		129.7	356
1999	45.9		211.8	329
2000	57.2		272.8	451
2001	52.3		226.8	571
2002	68.4		370.2	467
2003	73.4		435.0	628
2004	68.2	41.6	439.0	800
2005	78.5	156.9	715.5	1,081
2006	93.6	222.8	830.2	1,232
2007	125.4	339.4	1,032.6	1,392
2008	150.9	518.3	888.1	2,033
2009	155.6	522.6	744.8	1,888
2010	95.0	737.5	868.3	2,278

자료: KITA(2007); Hyundai Research Institute(2006), p. 8; KOTRA(2003), p. 266; Lee(2005), p. 5; Lee(2006); KOTRA(2007); Statistics Korea(2011).

표 9 북한의 대남한 및 대중국 상품수출액(100만 달러), 1995~2010

연 도	북한의 위탁가공과 관계된 대남수출액	개성공단사업	북한의 대남한 수출 총액	북한의 대중국 수출 총액
1995	21.2		222.9	64
1996	36.2		182.4	69
1997	42.9		193.1	122
1998	41.4		92.3	57
1999	53.7		121.6	42
2000	72		152.4	37
2001	72.8		176.2	167
2002	102.8		271.6	271
2003	111.6		289.3	395
2004	107.7		258.0	586
2005	131.2	19.7	340.3	499
2006	159.4	75.9	519.5	468
2007	204.5	101.1	765.3	582
2008	257.3	290.1	932.3	754
2009	254.0	417.9	934.3	793
2010	222.5	705.2	1,043.9	1,188

자료: KITA(2007); Hyundai Research Institute(2006), p. 8; KOTRA(2003), p. 266; Lee(2005), p. 5; Lee(2006); KOTRA(2007); Statistics Korea(2011).

표 10 중국의 수출발전에 있어서 위탁가공과 해외직접투자(및 합작투자)의 중요성, 1988～2000

연 도	중국의 총수출에서 위탁가공수출이 차지하는 비중	중국의 총수출액에서 해외직접투자 및 합작회사 수출이 차지하는 비중
1988	27%	5%
1989		9%
1990		13%
1991	45%	17%
1992		20%
1993	48%	28%
1994	47%	29%
1995	50%	32%
1996	56%	41%
1997	55%	41%
1998	57%	44%
1999	57%	45%
2000	55%	48%

자료: Lardy(2002), p. 7 및 p. 38.

표 11 북한 기업과 위탁가공제휴중인 남한 기업체수 및 북한 공장에 자본재를 제공하는 남한 기업체수의 증가추세

연 도	북한 기업과 위탁가공 제휴중인 남한 기업체수	자본재를 북한 공장에 제공한 위탁가공제휴 중인 남한 기업체수	위탁가공제휴중인 남한 기업이 북한 공장에 제공한 자본재의 가치(1,000달러)
1992	4		
1993	12		
1994	11		
1995	24	2	532
1996	70	3	670
1997	64	4	490
1998	66	6	1,380
1999	131	13	5,234
2000	157	20	7,653
2001	147	30	8,993
2002	108	18	6,232
합 계			31,184 (북한의 위탁가공 관계 대남수출액의 6.8%)

자료: Ministry of Unification(2003); KOTRA(2003).

Ⅱ. 대한민국과 미합중국 간 자유무역협정 제22장 제도규정 및 분쟁해결

부속서 22-나 한반도 역외가공지역 위원회

1. 대한민국의 헌법상 위임 및 안보이익과, 미합중국의 상응하는 이익을 인정하면서, 양 당사국은 한반도 역외가공지역 위원회를 설립한다. 위원회는 한반도에서의 상황이 역외가공지역들의 설립 및 개발을 통한 추가적 경제개발에 적절한지 여부를 검토한다.

2. 위원회는 각 당사국의 공무원들로 구성된다. 위원회는 이 협정 발효 1주년이 되는 일자에 회합하며, 그 후 매년 최소 1회 또는 상호합의하는 대로 어느 때나 회합한다.

3. 위원회는 역외가공지역들로 지정될 수 있는 지리적 구역들을 결정한다. 위원회는 역외가공지역으로부터의 상품이 이 협정의 목적상 원산지 상품으로 간주될 수 있기 전에 충족되어야 하는 기준을 수립한다. 그 기준은 다음을 포함하나 이에 한정되지 아니한다.

- 한반도 비핵화를 향한 진전
- 역외가공지역들이 남북한 관계에 미치는 영향, 그리고
- 그 역외가공지역에서 일반적인 환경기준, 노동기준 및 관행, 임금관행과 영업 및 경영관행. 이 경우 현지경제의 그 밖의 곳에서 일반적인 상황 및 관련 국제규범을 적절하게 참고한다.

4. 위원회는 그러한 역외가공지역이 위원회가 수립한 기준을 충족하였는지 여부를 결정한다. 위원회는 또한 역외가공지역의 지리적 구역 내에서 원산지 최종상품에 추가될 수 있는 총투입가치의 최대 한도를 설정한다.

5. 위원회의 일치된 동의에 따라 내려진 결정은 양 당사국

에게 권고되며, 양 당사국은 역외가공지역들에 대하여 이 협정의 개정을 위한 입법적 승인을 구할 책임을 진다.

Ⅲ. 남북 경공업 및 지하자원 개발협력에 관한 합의서

남과 북은 남북경제협력 추진위원회 제10차 회의 합의문 제1항의 이행과 관련하여, 경공업 및 지하자원 개발협력이 민족공동의 번영과 이익을 도모하며 민족경제의 균형적 발전에 적극 기여해야 한다는 데 대해 인식을 같이하고 다음과 같이 합의하였다.

1. 남측은 2007년부터 북측에 의복류, 신발, 비누생산에 필요한 경공업 원자재를 유상으로 제공하며 북측은 지하자원 개발협력이 추진되는 데 따라 자기측 몫으로 분배되는 지하자원 생산물, 그리고 지하자원 개발권, 생산물 처분권 또는 기타 경제적 가치가 있는 것으로 그 대가를 상환한다. 남측이 제공하는 경공업 원자재의 품목 및 수량, 수송경로 등 세부 절차는 쌍방의 이행기구 사이에 협의하여 정한다.

2. 남측은 2007년에 미화 8,000만 달러분의 경공업 원자재를 북측에 제공하며, 북측은 2007년 중에 경공업 원자재 대가의 3%를 아연과, 마그네사이트 등으로 상환한다. 잔여분은 5년 거치 후 10년간 원리금을 균등분할하여 상환하고, 이자율은 연 1%로 하며, 원리금에 대한 연체발생시 그 해 원리금에 대한 연체이자율은 연 4%로 한다.

3. 경공업 원자재와 상환물자의 가격은 해당 시기의 국제시장가격 또는 쌍방이 합의하는 가격으로 정하며, 북측은 남측이 제공한 경공업 원자재 및 그 제품을 제3국에 수출하지 않는다.

4. 북측은 경공업 협력이 원만히 진행되도록 전문가들의 현장방문, 기술지원, 남측 인원들의 신변안전, 수송수단의 안전운행과 기타 편의를 보장한다.

5. 남과 북은 아연, 마그네사이트 등 합의되는 광종의 광산들에 공동으로 투자하도록 한다. 투자광산 선정, 사업성 평가, 협력방식과 생산물 처분 등은 쌍방의 이행기구 사이에 협의·확정한다.

6. 북측은 지하자원 개발협력이 적극 추진될 수 있도록 합의되는 협력대상의 광물탐사자료, 굴진, 채광, 선광 등 설비자료, 해당 지역의 기반시설 자료를 비롯한 필요한 자료를 최대한 보장한다.

7. 북측은 지하자원 개발협력과 관련하여 전문가와 기업인들의 현지공동조사, 그에 따르는 투자효과성 평가, 필요한 시설 설치와 기술지원, 도로-철도-항만-전력-용수-통신 등 기반시설, 해당 인원들의 출입 및 체류, 신변안전, 수송수단의 안전운행 등을 적극 보장한다.

8. 남과 북은 이 합의서가 발효되는 날부터 1개월 이내에 경공업 및 지하자원 개발협력문제를 협의처리하는 총괄이행기구를 지정하여 상대측에 통보한다. 쌍방은 이행기구가 통보되는 날부터 15일 내에 접촉을 가지고, 경공업 및 지하자원 개발협력에 관한 문제들을 협의하며, 남측은 8월부터 합의되는 품목의 경공업 원자재를 제공한다.

9. 이 합의서를 이행하는 과정에서 제기되는 문제는 남북 당국이 협의하여 해결한다.

10. 이 합의서는 남북경제협력 추진위원회 제12차 회의 합의문 제1항에 따라 효력을 발생하며, 남북 당국의 합의에 따라 수정·보충할 수 있다.

2006년 6월 6일

남북경제협력 추진위원회

남측 위원장
대한민국
재정경제부 차관 박병원

북남경제협력 추진위원회
북측 위원장
조선민주주의인민공화국
민족경제협력위원회 부위원장 주동찬

참고문헌

Ahn, Cheol-soo, *Ahn Cheol-soo's Thoughts*, Kim Young Sa, 2012.

Annan, Kofi, *Address to 10th United Nations Conference on Trade and Development*, Bangkok, Thailand, February 12, 2000.

______, "'In Larger Freedom': Decision Time at UN," in *Foreign Affairs*, 2005, May/June 2005.

Armitage, Richard L. and Joseph S. Nye, *The US-Japan Alliance: Getting, Asia Right through 2020*, Center for Strategic and International Studies, February 2007.

Assistance to North Korea by the Congressional Research Service, January 22, 2009.

Bae, Jong Yul, "North Korea's External Economic Policy Changes After July 1 Measures: Evaluation and Prospects," *Ex Im North Korea Economic Review*, Summer 2007.

Balassa, Bela and Associates, *Development Strategies in Semi-industrial economies*, A World Bank Research Publication, 1982.

Banbury, Tony, "World Food Press Conference on the DPRK," Napsnet Special Report, March 31, 2005.

Bhagwati, Jagdish, *Anatomy and Consequence of Exchange Control Regimes*, National Bureau of Economic Research, 1978.

Breitbart.com, "Full Text of 6-Party Document on Accord for N Korea's Denuke Actions," October 3, 2007.

Cha, Victor, *The Impossible State: North Korea, Past and Future*,

Harper Collins Publishers, 2012.

Chance, David and David Stanway, "North Korea launches barbed attack on Chinese investor," Reuters Reprtints, September 5, 2012.

Chinoy, Mike, *Meltdown*, St Martin's Press, 2008.

Cho, Myong-Chul, "Peoples Well-Being Was Not a High Priority in North Korea's Economic Diplomacy," NKchosun.com. March 31, 2005.

Cho, Myoung-Chul and others, *A Study of the July 1, 2002 Measures' Contributions and Tasks: Prospects for North Korea's Economic Reforms*, KIET Policy Analysis 03-13, KIET, 2003.

Choi, Su Young, "Changes in North Korea's Macro Economy After July 1 Measures," *Ex Im North Korea Economic Review*, Summer 2007.

chosun.com, "Lee: Firm Against Northern Nuclear—Flexible for Assistance," June 15, 2007a.

______, "Jung Hyung Kun: Need Aggressive, Active North Korea Policy," July 4, 2007b.

______, "Inter-Korea Economic Cooperation Projects May Cost Minimum 50 Trillion Won—Eventually Citizen's Burden," October 5, 2007c.

______, "Economic Community Is Peace Community: Long-Term and Continuing Investment Is Needed," October 3, 2007d.

______, "President Roh Proposes South-North Economic Community," October 3, 2007e.

______, "North Korea Refutes Expressions Such as 'Reforms and

Opening'," October 9, 2007f.

______, "Gaeseong Industrial Zone Corner in the Home Page of the Ministry of Unification Removed the 'Reform and Opening' Expressions," October 10, 2007g.

______, "Korea Land Corporation Prepared a Road Map for the North Koran Development Focusing on Specialized Industrial Estates or Zones in Six North Korean Cities," September 28, 2007h.

______, "Bold Investment? Kim Jong Il and President Roh Do Not Understand the Market Principle," October 8, 2007i.

______, "Attempting to Include Losses Stemming from Electricity Supply to Gaeseong Industrial Zone in Domestic Consumers' Electricity Bills," September 18, 2007j.

______, "GNP: South Paid $1.1 Billion Cash to North over Ten Years," October 21, 2007k.

______, "First Meeting of the Joint Committee for Inter-Korea Economic Cooperation: South and North Differ on the Focus of the Meeting," December 4, 2007l.

______, "Twisted Inter-Korea Meeting," December 29, 2007m.

______, "Commuter Train Service and Worker Housing Construction for Gaeseong Industrial Zone to Start Next Year," December 22, 2007n.

______, "Summary of President-elect Lee's Statements in New Year Press Briefing," January 14, 2008.

Collins, Susan, "Multiple Exchange Rates, Capital Controls, and Commercial Policy," in Rudiger Dornbush and F. Leslie Helmers (eds.), *The Open Economy: Tools for Policy Makers in*

Developing Countries, Vol. I, Economic Development Institute of the World Bank, 1986.

Congressional Research Service, US-South Korea Relations, November 28, 2011.

Development Committee, "Development Committee Communiqué," April 23, 2006.

Dong, Myung Han, "Success Model of Inter-Korea International Subcontracts and Investment Projects," in KOTRA, 2003.

Dong, Yong-Seung, "New Approach to Inter-Korea Economic Cooperation," *JoongAng Daily*, July 13, 2007.

Dorfman, Robert, Paul Samuelson, and Robert Solow, *Linear Programming and Economic Analysis*, McGraw-Hill Book Company, 1958.

Export-Import Bank of Korea, *Ex Im North Korea Economic Review*, Summer Issue 2004.

______, *Investment Climate of Gaeseong Industrial Complex*, December 2005a.

______, Inter-Korea Economic Cooperation Fund Website, July 9, 2005b.

______, *Ex-Im North Korea Economic Review*, Spring 2006.

______, *Ex-Im North Korean Economic Review*, Summer 2007.

Export Processing Zone-KENYA, WWW.EPZAKENYA.COM, May 19, 2006.

Financial Times, "Aid Plan Likely to Be Focus of Korean Summit," October 2, 2007a.

______, "Pledge on Permanent Deal to End Korean War," October 5, 2007b.

Foster-Carder, Aidan, "Chat-to-China Choo Choo: Kim Rides the Rails Again," 38 North, May 23, 2011.

French, Howard, "North Korea Experiments, with China as Its Model," *New York Times*, March 28, 2005.

Friedman, Milton, *Price Theory*, Aldine de Gruyter, 1962.

Graduate School of Public Administration, Seoul University, Unification Policy Research Team, *South and North Korea: If Unified, All Would Be Ruined*, Random House Joongang, 2005.

Graham, Edward M., "The Matter of the Kaesong Industrial Complex in the Korea-US Free Trade Agreement Negotiations," Institute for International Economics, 2006.

Green, Michael, "Five Problems with the South-North Summit Declaration," *JoongAng Daily*, October 9, 2007.

______, "In the North Korean Denuclearization Diplomacy, Good Times Are Over," *JoongAng Daily*, January 11, 2008.

Ha, Yung Sun, "Two Remaining Issues Raised by the October 4 Summit Declaration," NKchosun.com, October 5, 2007.

Haggard, Stephan and Marcus Noland, *Famine in North Korea: Markets, Aid, and Reform*, Columbia University Press, 2007a.

______, "Aid Could Nip the North Korean Nuclear Threat," *Newsweek International*, September 17, 2007b.

______, "Economic Implications of Summit Agreement," *Korea Herald*, October 12, 2007c.

Hannon, Brian and Yung Whee Rhee, "Globalization, Trade, and Investment," Background Paper for Chapter 2: Driving Economic Growth, in United States Agency for International Development, 2002.

Hong, Sung-kuk, "Status and Prospects of the Recent North Korean Economy," *Ex Im North Korea Economic Review*, Winter 2006.

Hyundai Research Institute, *The Reunited Korea Economy Briefs*, Vol. 9, April 20, 2006.

Institue for Science and International Security," North Korea.s Estimated Stocks of Plutonium and Weapons-Grade Uranium," June 2012.

International Atomic Enegy Agency, Information, INFIRC/457, 2 November 1994.

International Labor Organization, *ILO Data Base on Export Processing Zones*, ILO, 2003.

Jo, Dongho, "How to Utilize North Korean Worker," Paper Presented at a Korean National Assembly Forum on "the Current Status of North Korean Economy and Politics" held on March 17, 2005, NKchosun.com, March 17, 2005.

______, "North Koreans Ask, 'What Is a Joint Stock Company?': Urgent Need for a Channel to Exchange Economic Information," *JoongAng Daily*, June 13, 2006.

______, "Importance of Building National Consensus on Inter-Korea Economic Cooperation Activities," NKchosun.com, June 11, 2007a.

______, "Need to Correct North Korea Assistance Policy Objective," *JoongAng Daily*, August 1, 2007b.

______, "There Should Be Right Order Even in Nailing," *JoongAng Daily*, December 12, 2007c.

Joins North Korea Net, "North Korean Workers' Basic Wages," June

29, 2003.

Joins North Korea Net News, "Central Bank Says Capitalism Rising in North," April 24, 2002.

_______, "North Korea, Ration Reduced and High Inflation," February 12, 2005.

JoongAng Daily, "Kim Jong Il: 'Revolutionary Change in Economic Thinking Needed'," August 2, 2002.

_______, "North Korean Rice Price Increased 300% in One Year," February 21, 2005a.

_______, "Reveal Agreements on Baekdu Mt Tourism," July 20, 2005b.

_______, "Jaebul in North Korea," February 27, 2006.

_______, "400,000 Ton Rice Shipment Started—North Korean Aid Resumed," June 27, 2007a.

_______, "President Roh's Own Accounts of the Summit Dialogue," October 5, 2007b.

_______, "Ministry of Unification Home Page That Eliminated 'Reform and Opening Up' under Pain Whole Day," October 11, 2007c.

_______, "JoongAng Global Forum—Lee Myong Bak Announces New Korean Peninsular Doctrine," September 11, 2007d.

_______, "From North Korea I Will Bring Many New Orders (for Korea Land Corporation and Korea Expressway Corporation," September 21, 2007e.

_______, "North Korea: Transforming into Market Socialism," November 10, 2007f.

_______, "North Korea-China agreed to introduce market economy in

Nasun," August 15, 2011.

______, "North Korea Took the Position of Nuclear State in the New North Korean Constitution," May 31, 2012a.

______, "China demands strongly North Korea.s Reform and Opening," July 5, 2012b.

______, "North Korea.s food rationing will be reduced more," August 10, 2012c.

______, "North Korea Pressure Will Increase Under Obama or Romney," September 6, 2012d.

______, "Park Geun-hye wants to new North Korean policy," September 11, 2012e.

Jung, Se Jin, *From Plan to Market: Political Economy of North Korea's System Change*, Han Ul Academy, 2000.

Kaesong Industrial District Management Committee, "Investment Climate and the Zone Development Plan of the Kaesong Industrial District," Kidmac.com, March 25, 2005.

Kim, Jung Ho, "The US.s Strategic Resonses to North Korea.s Foreign Exhange Demands," *Exim North Korea Economic Review*, Summer, 2011.

Kim, Ki Chun, "Is North Korea Ready for Economic Cooperation," NKchosun.com, October 8, 2007.

Kim, Yun Chul, "Introduction," in Myong-Chul Cho and others, *A Study of the July 1, 2002 Measures' Contributions and Tasks: Prospects for North Korea's Economic Reforms*, KIET Policy Analysis 03-13, KIET, 2003.

Korea Development Bank, "Difficulties Gaeseong Industrial Zone Enterprises Are Facing and KDB's Recommended Measures,"

KDB Economic Research Center, February 2006.

Korea Development Institute, *Search for North Korea's Economic Development Strategy*, 2002.

Korea Economic Institute, *Korea Insight*, Vol. 9, No. 6, June 2007.

Korea Federation of Textile Industries, "Overseas Investments and Prospects," KOFOTI home page, May 13, 2005.

Korea Institute for International Economic Policy (KIEP), *North Korean Economy White Paper 2002*, 2003a.

______, "Implementation of North Korea's July 1 2002 Measures to Improve Its Economic Management and Changes Observed After Implementation," February 2003b.

______, "Lessons from North Korea's Special Economic Zone Policy and Policy Issues," KIEP, September 17, 2007.

Korea Institute for National Unification, *Current Status and Prospects of North Korea's Economic Crisis*, 1997.

______, "The Trends of North Korea's Economic Reforms," North Korean Status Analysis 2005-02, March 22, 2005.

Korea International Trade Association (KITA), *Inaugural Meeting of the Inter-Korea International Subcontract (ISC) Association*, April 28, 2000a.

______, *First Inter-Korea Economic Cooperation Forum in 2000*, KITA, June 28, 2000b.

______, A Study of Road Map for the Inter-Korea Economic Cooperation, KITA, December 2002.

______, "The Status of Building a Foundation for Establishing a South-North Korean Economic Community," April 2006.

______, Inter-Korea Trade Data, March 2, 2007.

Korea.Net/News, "Leaders of Two Koreas Sign Peace Declaration," October 4, 2007.

Korea Times, "Grand National Party Policy Debate Forum," June 20, 2007a.

______, "Chairman Kim: Problem of Slow Speed in Gaeseong Industrial Zone—South and North Exposed Different Temperatures," October 4, 2007b.

______, "An Economic Mission Composed of 200 Businessmen Scheduled to Visit North Korea in Early December, 2007," October 11, 2007c.

______, "U.S. President approves North Korea under the International Emergency Economic Powers Act," June 19, 2012a.

______, "North Korea's chance to meet with Hujintao and Wanjabao," August 18, 2012b.

______, "Political Amateur," by Kim Dong Kuk, 2012. 10. 12.

Korea Trade-Investment Promotion Agency (KOTRA), "Recent Status of Foreign Direct Investment in the Rajin-Sonbong Economic and Trade Zone," *North Korea News Letter*, March 1999.

______, *Click, the North Korean Economy*, June 2000a.

______, *Inter-Korea Economic Cooperation Forum*, July 5, 2000b.

______, "International Subcontract Procedures (with North Korean Partners)," North Korean Economic Information Web-Site, August 26, 2000c.

______, Inter-Korea Economic Cooperation Strategy in the 21st Century Northeast Asia Era, 2003.

______, "Prospects of North Korea's Open Door Policy and Gaeseong Industrial Park," February 2006.

______, "North Korea's External Trade in 2005: Summary," 2007.

Kwon, Young Kyung, "Analysis of the Progress in North Korea's Recent Economic Reforms," *Ex Im North Korea Economic Review*, Winter 2005.

Lankov, Andrei, "North Korea Will Collapse in 3-4 Years If It Carries Out Economic Reforms," NKchosun.com, April 18, 2007.

______, "North Korea's Dangerous Reforms," Washington Post, September 7, 2012.

Lardy, Nicholas, *Integrating China into the Global Economy*, Brookings Institution, 2002.

Lawrence, Robert, *A US-Middle East Trade Agreement: A Circle of Opportunity?*, Peterson Institute for International Economics, 2007.

Lee, Jong Keun, "The Current Status of and Promotion Measures for the Inter-Korea International Subcontract-Related Trade," KITA, June 2005.

______, "South Needs to Purchase Part of North's Light Manufactured Products by Making Payments in the Form of Input Material Supplies to Ensure Self-Sustainability," NKchosun.com, July 23, 2007.

Lee, Jong Suk, *Understanding the Modern North Korea* (New Version), YukSa Bipyung Sa, 2000.

Lee, Yung Hoon, "North Korea-China Trade and Its Influence on North Korean Economy," The Bank of Korea, February 2006.

Lim, Eul-chul, *Kaesong Industrial Complex*, Haenam Publishing Co., 2007.

Lucas, Jr., Robert, *Lectures on Economic Growth*, Harvard University Press, 2002.

Martin, Will, *Trade Policy Reform in the East Asian Transition Economies*, Policy Research Working Paper 2535, World Bank, January 2001.

Michalopoulos, Constantine, "WTO Accession," in Bernard Hoekman, Aaditya Mattoo, and Philip English (eds.), *Development, Trade, and the WTO: A Handbook*, The World Bank, 2002.

Ministry of Unification, *Unification White Paper 2003*, 2003a.

______, *Implementation of Peace and Cooperation: Five Years of the People's Government*, February 2003b.

______, Statistics of Humanitarian Assistance to North Korea, April 30, 2006a.

______, *Introduction to and Implication of Gaeseong Industrial Complex Project*, April 2006b.

______, "Gaeseong Industrial Complex: Frequently Asked Questions," May 19, 2006c.

______, "Briefing Materials for the Law on the Development of the Inter-Korea Relations," January 16, 2006d.

______, "Key Statistics for Gaeseong Industrial Complex (As of June 30, 2007), August 2007.

Moon, Chong-in, "Managing Collateral Catastrophe: Rationale and Precondition for International Economic Support for North Korea," in Choong-yong Ahn, Nicholas Eberstadt, and Young-sun Lee, *A New International Engagement Framework for North Korea*, Korea Economic Institute, 2004.

Moon, Sung Min, "Recent Changes and Reform Tasks on North

Korea's Money and Banking," The Bank of Korea, November 2005.

"N. Korea Assembly Silent on expected reforms," Washington Post, Semptember 26, 2012.

Nam, Sung Wook, Presentation at a Forum Commemorating the First Anniversary of the Unification Research Center, Seoul University, June 29, 2007(NKchosun.com, June 29, 2007).

Napsnet, "DPRK Economic Reforms," August 19, 2004.

______, "Special Report: Full Text of Six-Nation Statement on North Korea," September 20, 2005.

______, "EU-ROK FTA and Kaesong," May 15, 2007a.

______, "Inter-Korea Economic Cooperation," October 18, 2007b.

National Statistics Office, *Comparison of Economic and Social Data of North and South Korea*, 2000.

Natsios, Andrew S., *The Great North Korean Famine: Famine, Politics, and Foreign Policy*, US Institute of Peace Press, 2001.

NKchosun.com, "North Koreans' Dollar Holdings Estimated to Be 0.6 to One Billion Dollar," January 12, 2003a.

______, "This Year's North Korean Military Expenditures Estimated to Be Five Billion Dollar," April 13, 2003b.

______, "North Korea's Rationing System Collapsed—Food Crisis Deepens," April 9, 2004a.

______, "North Korea, Even National Security Officials' Families Were Asked to Involve in Commercial Activities," March 10, 2004b.

______, "North Korea, Land Lease to Individuals from March," April 8, 2004c.

______, "North Korea's Inflation Rate Slowed," April 1, 2004d.

______, "North Korea's Economic Changes Led by 386 Generation," December 23, 2004e.

______, "North Korean Market Prices Determined by Demand & Supply," December 23, 2004f.

______, "North Korea Discontinued Economic Reforms," August 20, 2004g.

______, "North Korean Workers, 30% Unemployed or Underemployed," December 22, 2004h.

______, "North Korean District Markets Implement Four Point Regulations," October 31, 2004i.

______, "Food Aid Supply to North Korea Drained — Additional Supply Urgently Needed," March 26, 2005a.

______, " North Korea's Unofficial Exchange Rate Increased Drastically," March 29, 2005b.

______, "North Korean Annual Fertilizer Production 0.45 Million Ton, Only 30% of Demands," April 7, 2005c.

______, "North Korean Agencies and Enterprises Asked to Send Input-Materials for Farmers," April 24, 2005d.

______, "Text of 10th Meeting of Inter-Korea Economic Cooperation Committee," July 12, 2005e.

______, "Unification Minister Jung Explains Next Year's Policy Direction to the US Authority," December 22, 2005f.

______, "Unification Minister Lee: Do Not Invest in Gaeseong Industrial Complex If No Confidence to Make Profit," June 9, 2006a.

______, "Inter-Korea Economic Cooperation Promotion Committee: Light Manufacturing Cooperation Agreement (Full Text)," June

5, 2006b.

_______, "Gyeongui Line to Be Run after Three Years Costing 700 Billion Won," May 15, 2006c.

_______, "No Social Contacts between South and North Korean Workers at Gaeseong Industrial Complex," March 1, 2006d.

_______, " North Korea's Last Year Grain Production 3.8 Million Ton: One Million Ton Shortage," February 20, 2007a.

_______, "North Korea May Face Maximum Two Million Ton Food Shortage If South Korea Cuts off Its Food Aid," February 27, 2007b.

_______, "Grain Shops Appear in North Korea: Market Transactions of Rice Allowed," April 10, 2007c.

_______, "240 Billion Won Aid to North Korea Even Though There Is No Progress in Denuclearization Process," May 16, 2007d.

_______, "Supplementary Agreement Adopted for the Outward-Processing Zones for Gaeseong Industrial Zone and Other Zones," April 4, 2007e.

_______, "Some Firms in Gaeseong Industrial Complex Doubt Their Hopes and Expectations," April 16, 2007f.

_______, "Inter-Korea Rice Credit and Light Manufacturing Agreements to Be Effective Tomorrow," May 21, 2007g.

_______, "Jung Dong Young: Must Form Economic Community with North Korea," NKchosun.com, April 12, 2007h.

_______, "Former Prime Minister Lee Hae Chan Criticizes Lee Myung Bak's Statement on North Korea," May 9, 2007i.

_______, "President Roh's Statement Big Strategic Mistake," February 17, 2007j.

______, "Inter-Korea Light Manufacturing-Mining Cooperation Agency Inaugurated," May 18, 2007k.

______, "North Korea: All Problem Be Resolved in Accordance with the Military First Policy," May 25, 2007l.

______, "North Korea's Defense Budget Trends," April 11, 2007m.

______, "Gyeongui and Donghae Lines Test Runs Done but at Least Additional 3 Trillion Won Needed for Normal Use of the Inter-Korea Railroads," May 18, 2007n.

______, "North Korean Workers in Gaeseong Industrial Complex Exceed 15,000," May 25, 2007o.

______, "Hill: North Korea's Human Rights Need to Be Improved for Complete Diplomatic Normalization," March 26, 2007p.

______, "Gaeseong Industrial Zone First Stage Project Completion Ceremony," October 16, 2007q.

______, "Gaeseong Industrial Complex Enterprises: Is There an Attempt to Form Labor Union?," June 13, 2007r.

______, "Ten Million Dollar 'Red Capitalists' Emerge," June 29, 2007s.

______, "North Korea Demands 5% Wage Increases for Gaeseong Industrial Complex Workers from August," July 27, 2007t.

______, "North Korean Economy's Negative Growth After 8 Years," August 16, 2007u.

______, "North Korean Flood Resulting in Rice Price Increase," August 23, 2007v.

______, "Gaeseong Industrial Zone's Passage and Custom Clearance Impossible for 80 Days Annually," August 2, 2007w.

______, "Rapid Rise of North Korean Rice Price — Threatening Poor,"

September 30, 2007x.

______, "South-North Korean Peace and Prosperity Declaration," October 4, 2007y.

______, "Inter-Korea Economic Cooperation Projects May Require Maximum 10 Trillion Won," October 5, 2007z.

______, "Lee Han Gu: '80% of Gaeseong EPZ Firms Incurred Negative Profit'," October 7, 2007(1).

______, "200,000 pyung Shipbuilding Complex Planned at North Korea's Anbyeon," October 23, 2007(2).

______, "Female Troops Occupying North Korean District Markets Threaten North Korean System," November 8, 2007(3).

______, "North Korean Economic Changes May Follow Third Way," November 1, 2007(4).

______, "Agreements of the Inter-Korea Prime Minister Meeting (Full Text)," November 16, 2007(5).

______, "Agreements of the First Meeting of the Joint Committee for Inter-Korea Economic Cooperation," December 6, 2007(6).

______, "US Assistant Secretary of State Hill: North Korea's Nuclear Disablement, 75% Completed," January 7, 2008a.

______, "New Government to Put No Label on North Korean Policy,"January 9, 2008b.

Nobelprize.org, Nobel Lecture, December 10, 2000.

Noland, Marcus, "The Future of North Korea is South Korea," *World Economics*, Vol. 8, No. 3, July-September 2007.

Paik, Haksoon, "Changing Dynamics of the North Korean System," in New Paradigms for Transpacific Collaboration, Joint US-Korea Academic Studies 16, Korea Economic Institute,

2006, pp. 121~141.

Park, Geun Hye, "Korea's Choice for a New Future," Speech at Seoul Correspondence Club, April 9, 2007.

______, "A New Kind of Korea: Building Trust Between Seoul and Pyongyang," *Foreign Affairs*, September/October, 2011.

Park, Hyung Joong, "North Korea's Change Is Pre-Condition for Successful Implementation of the Summit Declaration," NK-chosun.com, October 9, 2007.

Park, Jung Ho, "Labor in Socialism: Common and Special Elements in the North Korean Case," in *Labor in North Korea*, Han Ul Academy, 2007.

Park, Kwan Yong, *Korean Unification Will Come Like Landslide*, Kyung Duck, 2006.

Park, Young Hee, "North Korea's National Budget System," in Park Young Hee, *Korea's Budget and Policy*, 2002.

Quinn, Andrew, "U.S. says willing to meet with Iran on nukes but no talks set," www.reutersreprints.com(2012. 10. 20).

Rhee, Yung Whee, *Instruments for Export Policy and Administration: Lessons from the East Asian Experience*, World Bank Staff Working Papers, No. 725, World Bank, 1985.

______, *Trade Finance in Developing Countries*, Policy and Research Series, No. 5, World Bank, 1989.

______, "Managing Entry into International Markets: Lessons from the East Asian Experience," in Shu-Chin Yang (ed.), *Manufactured Exports of East Asian Industrializing Economies: Possible Regional Cooperation*, M.E. Sharpe, 1994.

______, "Effective Ways for North Korea's Active Economic Cooperation with the International Development Institutions," Paper presented at the KITA Seminar to Commemorate the First Anniversary of July 1, 2000 South-North Joint Declaration, June 11, 2001, KITA, 2001a.

______, "A Strategy for Sequencing North Korea's Initial Transition To a Global Market-Oriented Economy," October 1, 2001b.

Rhee, Yung Whee, Bruce Ross-Larson, and Garry Pursell, *Korea's Competitive Edge: Managing the Entry into World Markets*, Johns Hopkins University Press, 1984.

Rhee, Yung Whee and Therese Belot, "Export Catalysts in Low-Income Countries," World Bank Discussion Papers, No. 72, World Bank, 1990.

Rhee, Yung Whee, Katharina Katterbach, and Janette White, *Free Trade Zones in Export Strategies*, Industry Series Paper No. 36, The World Bank, December 1990.

Rhee, Yung Whee, Bruce Ross-Larson, Garry Pursell, *How Korea Did It ?: From Economic Basket Case To Successful Development Strategy In the 1960s and 1970s*, (Second Edition), Random House Korea, Seoul, 2010.

Rho Tae Woo Recollection, Chosun News Press, 2011.

Samsung Economic Research Institute, *South-North Economic Cooperation Guideline*, 2001.

Seliger, Bernhard, "Monetary and Exchange Rate Policy in North Korea—A Tentative Appraisal," Paper Presented at Joint KAEA-AEA Session in Chicago, January 5~7, 2007.

Sharma, Ruchir, *Breakout Nations: In Pursuit of the Next Economic Miracles*, W.W.Norton & Company, 2012.

Smith, Hazel, *Hungry for Peace: International Security, Humanitarian Assistance, and Social Change in North Korea*, United States Institute of Peace Press, 2005.

Solow, Robert, *Capital Theory and the Rate of Return*, North-Holland Publishing Company, 1963.

Song, Jong Hwan, "Future of the Document Ignoring Reality and Lacking Justification," NKchosun.com, October 9, 2007.

Stiglitz, Joseph, "More Instruments and Broader Goals: Moving Towards the Post-Washington Consensus," (processed), World Bank, January 1998.

Stuck, William, *The Korean War: An International History*, Princeton University Press, 1997.

Thant, Myo, Min Tang, and Hiroshi Kakazu, *Growth Triangles in Asia: A New Approach to Regional Economic Cooperation*, Asian Development Bank, 1995.

The Bank of Korea, Monthly Bulletin, March 2003.

______, "Inter-Korean Comparisons of Major Economic Statistics," January 31, 2005.

The Economist, September 23~29, 2000, p. 19.

Tietmeyer, Hans, *The Role of the Financial Sector During the German Unification: Speech Delivered at the Bank of Korea*, The Bank of Korea, November 7, 2000.

United Nations, *World Investment 1999: Foreign Direct Investment and the Challenge of Development*, UN, 1999.

United States Agency for International Development, *Foreign Aid in the National Interest: Promoting Freedom, Security, and Opportunity*, 2002.

US Department of Defense, Nuclear Posture Review Report, 2010.

US Department of State, "North Korea-Denuclearization Action Plan," February 13, 2007.

US Department of the Treasury, "Statement by DAS Glaser on the Disposition of DPRK－Related Funds Frozen at Banco Delta Asia," March 19, 2007.

USA Today, "'Wall of Distrust' Shadows Korean Talks," October 4, 2007.

Van Kemenade, Willem, *China, Hong Kong, Taiwan Inc.: The Dynamics of a New Empire*, Alred A. Knopf, 1997.

Wall Street Journal, "Inter-Korea Pack Is Seen as Light on Substance," October 5, 2007.

Washington Post, "Two Koreans Learn to Work as One: New Industrial Park Matches South's Capital and Know-How with North's Low-Cost Labor," February 28, 2006.

______, "North Korea Gets $25 Million Frozen by U.S. Probe," June 15, 2007a.

______, "Korean Summit Featured Oddly Congenial Kim," October 5, 2007b.

______, "Editorial: Change in North Korea? So far, there's little Sign of it," October 13, 2007c.

______, "Waiting for Mr. Kim: The Bush administration shows an abundance of patience with a regime it once deemed 'evil'," January 4, 2008a.

______, "All Nuclear Efforts Disclosed, N. Korea Says: U.S. Calls Pyongyang's Declaration Incomplete but Says Negotiations Will Continue," January 5, 2008b.

Wasington Post Editorials, "North Korea.s 『hidden gulg: The West.s Indifference is inexcusable," April 13, 2012.

Washington Times, "North Korea Pumps Money into Military," August 3, 2004.

Westphal, Larry, Yung W. Rhee, and Garry Pursell, *Korean Industrial Competence: Where It Came From*, World Bank Staff Working Paper No. 469, July 1981.

World Bank, *Export Processing Zones*, 1992.

______, *The East Asian Miracle: Economic Growth and Public Policy*, 1993.

______, *Global Economic Prospects and the Developing Countries 1998/99*, 1998.

______, *Globalization, Growth, and Poverty: Building an Inclusive World Economy*, May 2001.

______, *World Development Indicators 2002*, 2002.

______, *World Development Indicators 2003*, 2003.

______, *World Development Indicators 2004*, 2004.

______, *World Development Indicators 2005*, 2005a.

______, *Global Monitoring Report 2005: Millennium Development Goals: From Consensus to Momentum*, 2005b.

______, *World Development Indicators 2006*, 2006a.

______, *Governance Matters 2006: Worldwide Governance Indicators*, September 15, 2006b.

______, "Worldwide Governance Indicators Country Snapshot: Cross Country Comparison for Government Effectiveness," 12/2/2006c.

______, *Global Economic Prospects: Managing the Next Wave of Glo-*

balization, 2007.
Yang, Moon-Soo, *The Structure of the North Korean Economy: Mechanisms of Economic Development and Stagnation*, Seoul University Press, 2001.
______, "Assessment of Fifth Anniversary of July 1 Measures and Prospects: Focusing on Economic Management System," *Ex Im North Korea Economic Review*, Summer 2007.
Yeats, Alexander J., "Just How Big Is Global Production Sharin?," Policy Research Working Paper, No. 1871, World Bank, January 1998.
Yeung, Yue-Man, "Infrastructure Development in the Southern China Growth Triangle," in Myo Thant, Min Tang, and Hiroshi Kakazu (eds.), *Growth Triangles in Asia: A New Approach to Regional Economic Cooperation*, Asian Development Bank, 1995.
Yonhap News, "IAEA North Korean Yongbyon Construction Successful," August 31, 2012.
______, "U.S. Democradic Convention: More Stronger Difference on North Korean Policy," September 5, 2012.
Yoo, Ho-yul, Presentation at a Forum Sponsored by the North Korea Democratization Network, NKchosun.com, July 4, 2007.
Yoon, Deok Ryong, "Economic Reform and SEZ as Survival Strategy of DPRK," KIEP, April 2006.
Yu, Seung Ho, "Exchange Rate Changes Since North Korea's July 1, 2002 Measures and Implications," in *Ex Im Overseas Economies*, December 2003.
______, "Characteristics and Limitations of Changes in North Korea's

Foreign Exchange Management System," in *Ex Im North Korea Economic Review*, Summer 2004.

______, "Status of North Korea's Recent Banking Reform," in *Ex Im North Korea Economic Review*, Summer 2007.

Zellweger, Kathi, "Caritas and the North Korean Crisis: Concern for People in Need," October 2003.

Zoellick, Robert B., "An Inclusive and Sustainable Globalization," World Bank, October 10, 2007.

찾아보기

ㄱ

ㄴ

ㅈ

ㅊ